本书主编

刘志敏

中级注册安全工程师职业资格考试辅导系列丛书

安全生产法律法规

考试重点与精选题库

北京注安注册安全工程师安全科学研究院　组织编写

北京交通大学出版社
·北京·

内 容 简 介

本书根据《中级注册安全工程师职业资格考试大纲》、全国中级注册安全工程师职业资格考试辅导教材《安全生产法律法规》，以及历年真题、网络资料编写而成。本书在深入研究考试大纲、辅导教材、历年试题的基础上，对相关的学习内容进行了汇总、精简，精心筛选考试重点，并按照考试重点分章编制模拟试题，让学员在学习考试重点的基础上进行训练，从而更容易掌握考试的知识点。本书对所编制的模拟试题均给出了标准答案和详细的解析，便于学员点对点地掌握考试重点知识。

图书在版编目（CIP）数据

安全生产法律法规考试重点与精选题库 / 北京注安注册安全工程师安全科学研究院组织编写. — 北京 ：北京交通大学出版社，2020.8

（中级注册安全工程师职业资格考试辅导系列丛书）

ISBN 978-7-5121-4324-1

Ⅰ. ① 安… Ⅱ. ① 北… Ⅲ. ① 安全生产－安全法规－中国－资格考试－自学参考资料 Ⅳ. ① D922.54

中国版本图书馆 CIP 数据核字（2020）第 169274 号

安全生产法律法规考试重点与精选题库

ANQUAN SHENGCHAN FALÜ FAGUI KAOSHI ZHONGDIAN YU JINGXUAN TIKU

策划编辑：高振宇　　责任编辑：张利军

出版发行：北京交通大学出版社　　电话：010-51686414　　http://www.bjtup.com.cn

地　　址：北京市海淀区高梁桥斜街 44 号　　邮编：100044

印 刷 者：北京时代华都印刷有限公司

经　　销：全国新华书店

开　　本：185 mm×260 mm　　印张：14.5　　字数：362 千字

版 印 次：2020 年 8 月第 1 版　　2020 年 8 月第 1 次印刷

印　　数：1～3 000 册　　定价：46.00 元

本书如有质量问题，请向北京交通大学出版社质监组反映。对您的意见和批评，我们表示欢迎和感谢。

投诉电话：010-51686043，51686008；传真：010-62225406；E-mail：press@bjtu.edu.cn。

前　言

北京注安注册安全工程师安全科学研究院是全国注册安全工程师行业第一家，也是唯一一家科学研究院，是培训注册安全工程师和落实注册安全工程师制度的专业性服务机构。

本研究院多年来致力于帮助考生学习和掌握考试重点，顺利通过中级注册安全工程师职业资格考试；提高企业主要负责人和安全生产管理人员的知识水平和业务能力；充分发挥中级注册安全工程师的作用，显著提升企业安全管理水平、专业技术人员素质和防灾、减灾、救灾能力，科学有效地预防和减少生产安全事故。

“中级注册安全工程师职业资格考试辅导系列丛书”包括《安全生产法律法规考试重点与精选题库》《安全生产管理考试重点与精选题库》《安全生产技术基础考试重点与精选题库》《安全生产专业实务——道路运输安全考试重点与案例分析》《安全生产专业实务——道路运输安全精选题库与模拟试卷》，均由本研究院组织的国家级权威专家和相关专业人士精心编写而成。本书在编写过程中紧扣考试大纲的要求，深入研究考试教材和相关政策法规，精心筛选考试重点。

本书作为系列丛书之一，专门为考生考前复习量身打造，具有较强的针对性、指导性、实用性。本书适合在教材学习阶段巩固学习成果，在冲刺复习阶段抓住学习重点，在考试之前进行自评自测。本书也可作为道路运输企业主要负责人和安全生产管理人员的学习参考用书。

由于编写时间仓促、编者水平有限，如有错误和遗漏敬请批评指正，以便持续改进。联系电话 010-56386900，亦可扫描下方二维码联系我们。

北京注安注册安全工程师安全科学研究院

2020 年 8 月

扫码关注微信公众号

目　　录

第一部分　考试大纲

第二部分　考试重点

第三部分　精选题库

第一部分

考试大纲

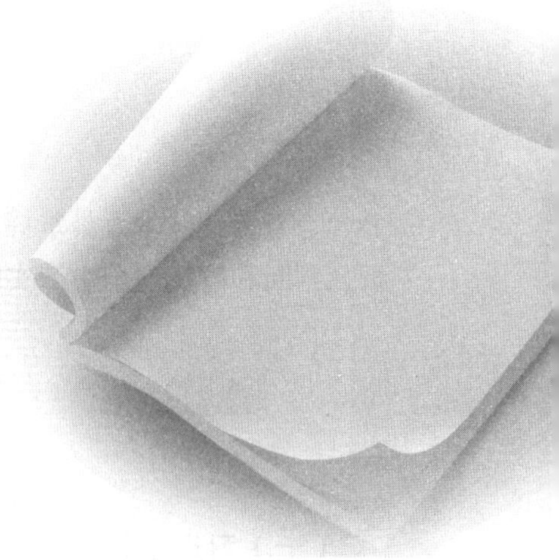

试卷结构

《安全生产法律法规》属于公共科目，其考试题型均为客观题，分为单项选择题和多项选择题两部分。单项选择题的备选项中，只有 1 个最符合题意。多项选择题的备选项中，有 2 个或 2 个以上符合题意，至少有 1 个错项。错选不得分；少选，所选的每个选项得 0.5 分。试卷中有 70 个单项选择题，每题 1 分；15 个多项选择题，每题 2 分。

考试目的

考查专业技术人员掌握和运用现行安全生产法律、法规、规章的有关规定和要求，分析、判断和解决安全生产实际问题的能力。

考试内容及要求

（一）习近平新时代中国特色社会主义思想有关内容

深刻理解习近平新时代中国特色社会主义思想和党的十九大精神，掌握习近平总书记关于依法治国、安全生产的重要论述精神，以及中共中央国务院印发的有关安全生产的重要文件。

（二）安全生产法律体系

依照我国安全生产法律体系的框架和内容，判断安全生产相关法律、行政法规、规章和标准的地位和效力，了解安全生产依法行政与法治政府等内容。

（三）中华人民共和国安全生产法

依照本法分析、解决生产经营单位的安全生产保障、安全管理机构与人员的职责、从业人员的安全生产权利义务、安全生产的监督管理、生产安全事故的应急救援与调查处理以及安全生产标准化等方面的有关法律问题，判断违法行为及应负的法律责任。

（四）安全生产单行法律

1.《中华人民共和国矿山安全法》。依照本法分析、解决矿山建设、开采的安全保障和矿山企业安全管理等方面的有关法律问题，判断违法行为及应负的法律责任。

2.《中华人民共和国消防法》。依照本法分析、解决火灾预防、消防组织建设和灭火救援等方面的有关法律问题，判断违法行为及应负的法律责任。

3.《中华人民共和国道路交通安全法》。依照本法分析、解决车辆和驾驶人、道路通行条件、道路通行规定和道路交通事故处理等方面的有关法律问题，判断违法行为及应负的法律责任。

4.《中华人民共和国特种设备安全法》。依照本法分析、解决特种设备生产、经营、使用，检验、检测，监督管理，事故应急救援与调查处理等方面的有关法律问题，判断违法行为及应负的法律责任。

5.《中华人民共和国建筑法》。依照本法分析、解决建筑工程设计、建筑施工等安全生产及监督管理方面的有关法律问题，判断违法行为及应负的法律责任。

（五）安全生产相关法律

1.《中华人民共和国刑法》中与安全生产有关的内容和《最高人民法院 最高人民检察院关于办理危害生产安全刑事案件适用法律若干问题的解释》。依照生产安全刑事犯罪和处罚的基本规定，分析生产安全犯罪应承担的刑事责任，判断生产安全犯罪的主体、定罪标准及相关疑难问题的法律适用。

2.《中华人民共和国行政处罚法》。依照本法分析、解决涉及安全生产的行政处罚的种类和设定、行政处罚的实施机关、行政处罚的管辖和适用、行政处罚的决定、行政处罚的执行以及行政管理相对人的合法权益保护等方面的有关法律问题，判断违法行为及应负的法律责任。

3.《中华人民共和国劳动法》。依照本法分析劳动安全卫生、女职工和未成年工特殊保护、社会保险和福利、劳动安全卫生监督检查等方面的有关法律问题，判断违法行为及应负的法律责任。

4.《中华人民共和国劳动合同法》。依照本法分析劳动合同制度中关于安全生产的有关法律问题，判断违法行为及应负的法律责任。

5.《中华人民共和国突发事件应对法》。依照本法分析突发事件的预防与应急准备、监测与预警、应急处置与救援等方面的有关法律问题，判断违法行为及应负的法律责任。

6.《中华人民共和国职业病防治法》。依照本法分析职业病危害预防、劳动过程中的防护与管理等方面的有关法律问题，判断违法行为及应负的法律责任。

（六）安全生产行政法规

1.《安全生产许可证条例》。依照本条例分析企业取得安全生产许可证应具备的条件、应遵守的程序和安全生产许可监督管理等方面的有关法律问题，判断违法行为及应负的法律责任。

2.《煤矿安全监察条例》。依照本条例分析煤矿安全监察和煤矿事故调查处理方面的有关法律问题，判断违法行为及应负的法律责任。

3.《国务院关于预防煤矿生产安全事故的特别规定》。依照本规定判断煤矿的重大安全生产隐患和行为，分析煤矿停产整顿、关闭的有关法律问题，判断违法行为及应负的法律责任。

4.《建设工程安全生产管理条例》。依照本条例分析建设工程建设、勘察、设计、施工及工程监理等方面的有关法律问题，判断违法行为及应负的法律责任。

5.《危险化学品安全管理条例》。依照本条例分析危险化学品生产、储存、使用、经营、运输以及事故应急救援等方面的有关法律问题，判断违法行为及应负的法律责任。

6.《烟花爆竹安全管理条例》。依照本条例分析烟花爆竹生产、经营、运输和烟花爆竹燃放等方面的有关法律问题，判断违法行为及应负的法律责任。

7.《民用爆炸物品安全管理条例》。依照本条例分析民用爆炸物品生产、销售、购买、运输、储存以及爆破作业等方面的有关法律问题，判断违法行为及应负的法律责任。

8.《特种设备安全监察条例》。依照本条例分析特种设备生产、使用、检验检测、监督检查以及事故预防和调查处理等方面的有关法律问题，判断违法行为及应负的法律责任。

9.《生产安全事故应急条例》。依照本条例分析生产安全事故应急工作体制、应急准备和应急救援等方面的有关法律问题，判断违法行为及应负的法律责任。

10.《生产安全事故报告和调查处理条例》。依照本条例分析生产安全事故报告、调查和处理等方面的有关法律问题，判断违法行为及应负的法律责任。

11.《工伤保险条例》。依照本条例分析工伤保险费缴纳、工伤认定、劳动能力鉴定和给予工伤人员工伤保险待遇等方面的有关法律问题，判断违法行为及应负的法律责任。

12.《大型群众性活动安全管理条例》。依照本条例分析大型群众性活动安全责任、安全管理等方面的有关法律问题，判断违法行为及应负的法律责任。

13.《女职工劳动保护特别规定》。依照本规定分析女职工禁忌从事的劳动范围、孕产期从业等方面的有关法律问题，判断违法行为及应负的法律责任。

（七）安全生产部门规章及重要文件

1.《注册安全工程师分类管理办法》及相关制度文件。依照本办法及相关制度文件，分析注册安全工程师分类管理和注册安全工程师应负职责等方面的有关法律问题，判断违反本办法和相关制度文件的行为及应负的法律责任。

2.《注册安全工程师管理规定》。依照本规定分析生产经营单位和安全生产专业服务机构配备注册安全工程师的要求，注册安全工程师注册、执业、权利和义务、继续教育的要求，判断违反本规定的行为及应负的法律责任。

3.《生产经营单位安全培训规定》。依照本规定分析生产经营单位主要负责人、安全生产管理人员、特种作业人员和其他从业人员安全培训等方面的有关法律问题，判断违反本规定的行为及应负的法律责任。

4.《特种作业人员安全技术培训考核管理规定》。依照本规定分析特种作业人员安全技术培训、考核、发证和复审等方面的有关法律问题，判断违反本规定的行为及应负的法律责任。

5.《安全生产培训管理办法》。依照本办法分析安全培训机构、安全培训、考核、发证、监督管理等方面的有关法律问题，判断违反本办法的行为及应负的法律责任。

6.《安全生产事故隐患排查治理暂行规定》。依照本规定分析安全生产事故隐患排查和治理方面的有关法律问题，判断违反本规定的行为及应负的法律责任。

7.《生产安全事故应急预案管理办法》。依照本办法分析生产安全事故应急预案编制、评审、发布、备案、培训、演练方面的有关法律问题，判断违反本办法的行为及应负的法律责任。

8.《生产安全事故信息报告和处置办法》。依照本办法分析生产安全事故信息报告、处置方面的有关法律问题，判断违反本办法的行为及应负的法律责任。

9.《建设工程消防监督管理规定》。依照本规定分析建设工程消防设计审核、消防验收以及备案审查方面的有关法律问题，判断违反本规定的行为及应负的法律责任。

10.《建设项目安全设施“三同时”监督管理办法》。依照本办法分析建设项目安全条件论证、安全预评价、安全设施设计审查、施工和竣工验收等方面的有关法律问题，判断违反本办法的行为及应负的法律责任。

11.《煤矿企业安全生产许可证实施办法》。依照本办法分析煤矿企业安全生产条件、安全生产许可证的申请和颁发、安全生产许可证的监督管理等方面的有关法律问题，判断违反本办法的行为及应负的法律责任。

12.《煤矿建设项目安全设施监察规定》。依照本规定分析煤矿建设项目的安全评价、设计审查、施工和联合试运转、竣工验收等方面的有关法律问题，判断违反本规定的行为及应负的法律责任。

13.《煤矿安全规程》。依照本规程分析煤矿企业安全生产、应急救援等方面的要求，判断违反本规程的行为。

14.《煤矿安全培训规定》。依照本规定分析煤矿企业从业人员安全培训、考核、发证及监督管理等方面的有关法律问题，判断违反本规定的行为及应负的法律责任。

15.《非煤矿矿山企业安全生产许可证实施办法》。依照本办法分析非煤矿矿山企业应具备的安全生产条件和安全生产许可证的申请、受理、审核和颁发、延期和变更、监督管理等方面的有关法律问题，判断违反本办法的行为及应负的法律责任。

16.《非煤矿山外包工程安全管理暂行办法》。依照本办法分析非煤矿山外包工程发包单位的安全生产职责、承包单位的安全生产职责、监督管理等方面的有关法律问题，判断违反本办法的行为及应负的法律责任。

17.《尾矿库安全监督管理规定》。依照本规定分析尾矿库建设、运行、回采和闭库、监督管理等方面的有关法律问题，判断违反本规定的行为及应负的法律责任。

18.《冶金企业和有色金属企业安全生产规定》。依照本规定分析冶金企业和有色金属企业的安全生产保障、监督管理等方面的有关法律问题，判断违反本规定的行为及应负的法律责任。

19.《烟花爆竹生产企业安全生产许可证实施办法》。依照本办法分析烟花爆竹生产企业申请安全生产许可证的条件和安全生产许可证的申请、颁发、变更、延期、监督管理等方面的有关法律问题，判断违反本办法的行为及应负的法律责任。

20.《烟花爆竹经营许可实施办法》。依照本办法分析烟花爆竹经营许可证的申请、审查、颁发、监督管理等方面的有关法律问题，判断违反本办法的行为及应负的法律责任。

21.《烟花爆竹生产经营安全规定》。依照本规定分析烟花爆竹生产经营单位的安全生产保障、监督管理等方面的有关法律问题，判断违反本规定的行为及应负的法律责任。

22.《危险化学品生产企业安全生产许可证实施办法》。依照本办法分析危险化学品生产企业申请安全生产许可证的条件和安全生产许可证的申请、颁发、监督管理等方面的有关法律问题，判断违反本办法的行为及应负的法律责任。

23.《危险化学品经营许可证管理办法》。依照本办法分析经营危险化学品的企业申请经营许可证的条件、经营许可证的申请与颁发、经营许可证的变更和延期、监督管理等方面的有关法律问题，判断违反本办法的行为及应负的法律责任。

24.《危险化学品安全使用许可证实施办法》。依照本办法分析使用危险化学品从事生产的化工企业申请安全使用许可证的条件和安全使用许可证的申请、颁发、监督管理等方面的有关法律问题，判断违反本办法的行为及应负的法律责任。

25.《危险化学品输送管道安全管理规定》。依照本规定分析危险化学品输送管道的规划、建设、运行和监督管理方面的有关法律问题，判断违反本规定的行为及应负的法律责任。

26.《危险化学品建设项目安全监督管理办法》。依照本办法分析危险化学品建设项目安全条件审查、建设项目安全设施设计审查、建设项目试生产（使用）、建设项目安全设施竣工验收、监督管理等方面的有关法律问题，判断违反本办法的行为及应负的法律责任。

27.《危险化学品重大危险源监督管理暂行规定》。依照本规定分析危险化学品重大危险源辨识与评估、安全管理、监督检查等方面的有关法律问题，判断违反本规定的行为及应负的法律责任。

28.《工贸企业有限空间作业安全管理与监督暂行规定》。依照本规定分析工贸企业有限空间作业的安全保障、监督管理等方面的有关法律问题，判断违反本规定的行为及应负的法律责任。

29.《食品生产企业安全生产监督管理暂行规定》。依照本规定分析食品生产企业安全生产的基本要求、作业过程的安全管理以及监督管理等方面的有关法律问题，判断违反本规定的行为及应负的法律责任。

30.《建筑施工企业安全生产许可证管理规定》。依照本规定分析建筑施工企业安全生产条件、安全生产许可证申请与颁发以及监督管理方面的有关法律问题，判断违反本规定的行为及应负的法律责任。

31.《建筑起重机械安全监督管理规定》。依照本规定分析建筑起重机械的租赁、安装、拆卸、使用以及监督管理方面的有关法律问题，判断违反本规定的行为及应负的法律责任。

32.《建筑施工企业主要负责人、项目负责人和专职安全生产管理人员安全生产管理规定》。依照本规定分析建筑施工企业安全生产管理人员考核、安全责任以及监督管理方面的有关法律问题，判断违反本规定的行为及应负的法律责任。

33.《危险性较大的分部分项工程安全管理规定》。依照本规定分析危险性较大的分部分项工程在前期保障、专项施工方案和现场安全管理等方面的有关法律问题，判断违反本规定的行为及应负的法律责任。

34.《海洋石油安全生产规定》。依照本规定分析海洋石油开采企业和向作业者提供服务的企业或者实体的安全生产保障、监督管理、应急预案与事故处理等方面的有关法律问题，判断违反本规定的行为及应负的法律责任。

35.《海洋石油安全管理细则》。依照本细则分析海洋石油生产设施的备案管理、生产作业的安全管理、安全培训、应急管理、事故报告和调查处理、监督管理等方面的有关法律问题，判断违反本细则的行为及应负的法律责任。

36. 有关行业重大生产安全事故隐患判定标准。依据《煤矿重大生产安全事故隐患判定标准》《金属非金属矿山重大生产安全事故隐患判定标准（试行）》《化工和危险化学品生产经营单位重大生产安全事故隐患判定标准（试行）》《烟花爆竹生产经营单位重大生产安全事故隐患判定标准（试行）》《工贸行业重大生产安全事故隐患判定标准》判定相应行业生产经营单位重大生产安全事故隐患。

37.《淘汰落后安全技术工艺、设备目录》。依据该目录分析判定煤矿安全、危险化学品、工贸企业、职业健康等方面应淘汰的落后安全技术工艺、设备。

（八）其他安全生产法律、法规和规章

考生应掌握新发布、新修订的安全生产法律、法规和规章。

第二部分
考试重点

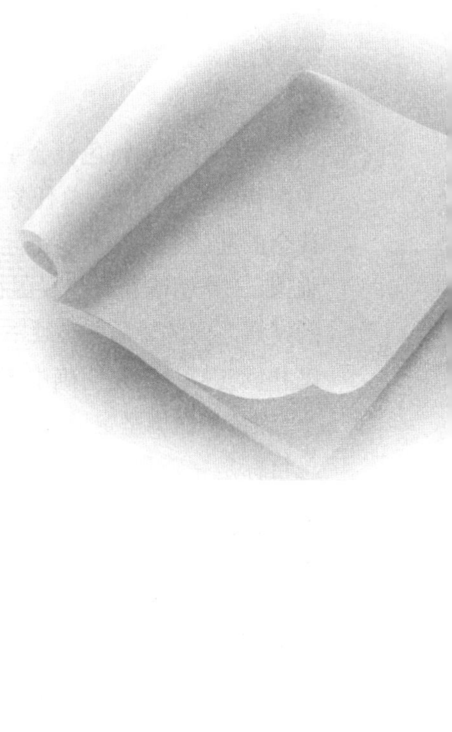

第一章　安全生产相关国家政策

第一节　习近平新时代中国特色社会主义思想及依法治国简述

新时代中国特色社会主义思想的精神内涵主要体现为八个明确。一是明确坚持和发展中国特色社会主义，总任务是实现社会主义现代化和中华民族伟大复兴，在全面建成小康社会的基础上，分两步走，在21世纪中叶建成富强民主文明和谐美丽的社会主义现代化强国；二是明确新时代我国社会主要矛盾是人民日益增长的美好生活需要和不平衡不充分的发展之间的矛盾，必须坚持以人民为中心的发展思想，不断促进人的全面发展、全体人民共同富裕；三是明确中国特色社会主义事业总体布局是“五位一体”、战略布局是“四个全面”，强调坚定道路自信、理论自信、制度自信、文化自信；四是明确全面深化改革总目标是完善和发展中国特色社会主义制度、推进国家治理体系和治理能力现代化；五是明确全面推进依法治国总目标是建设中国特色社会主义法治体系、建设社会主义法治国家；六是明确党在新时代的强军目标是建设一支听党指挥、能打胜仗、作风优良的人民军队，把人民军队建设成为世界一流军队；七是明确中国特色大国外交要推动构建新型国际关系，推动构建人类命运共同体；八是明确中国特色社会主义最本质的特征是中国共产党领导，中国特色社会主义制度的最大优势是中国共产党领导，党是最高政治领导力量，提出新时代党的建设总要求，突出政治建设在党的建设中的重要地位。

第二节　国家领导人有关安全生产的讲话

一、2013年6月6日国家领导人就做好安全生产工作作出重要指示

习近平指出，接连发生的重特大安全生产事故，造成重大人员伤亡和财产损失，必须引起高度重视。人命关天，发展决不能以牺牲人的生命为代价。这必须作为一条不可逾越的红线。

习近平要求，国务院有关部门将这些事故及发生原因的情况通报各地区各部门，使大

家进一步警醒起来，吸取血的教训，痛定思痛，举一反三，开展一次彻底的安全生产大检查，坚决堵塞漏洞、排除隐患。

习近平强调，要始终把人民生命安全放在首位，以对党和人民高度负责的精神，完善制度、强化责任、加强管理、严格监管，把安全生产责任制落到实处，切实防范重特大安全生产事故的发生。

二、中共中央总书记、国家主席、中央军委主席习近平针对 2013 年 11 月 22 日山东青岛输油管线泄漏引发重大爆燃事故作出重要批示

习近平作出重要指示，要求山东省和有关部门、企业组织力量排除险情，千方百计搜救失踪、受伤人员，并查明事故原因，总结事故教训，落实安全生产责任，强化安全生产措施，坚决杜绝此类事故。

各级党委和政府、各级领导干部要牢固树立安全发展理念，始终把人民群众生命安全放在第一位。各地区各部门、各类企业都要坚持安全生产高标准、严要求，招商引资、上项目要严把安全生产关，加大安全生产指标考核权重，实行安全生产和重大安全生产事故风险"一票否决"。责任重于泰山。要抓紧建立健全安全生产责任体系，党政一把手必须亲力亲为、亲自动手抓。要把安全责任落实到岗位、落实到人头，坚持管行业必须管安全、管业务必须管安全，加强督促检查、严格考核奖惩，全面推进安全生产工作。

所有企业都必须认真履行安全生产主体责任，做到安全投入到位、安全培训到位、基础管理到位、应急救援到位，确保安全生产。中央企业要带好头做表率。各级政府要落实属地管理责任，依法依规，严管严抓。

安全生产，要坚持防患于未然。要继续开展安全生产大检查，做到"全覆盖、零容忍、严执法、重实效"。要采用不发通知、不打招呼、不听汇报、不用陪同和接待，直奔基层、直插现场，暗查暗访，特别是要深查地下油气管网这样的隐蔽致灾隐患。要加大隐患整改治理力度，建立安全生产检查工作责任制，实行谁检查、谁签字、谁负责，做到不打折扣、不留死角、不走过场，务必见到成效。

要做到"一厂出事故、万厂受教育，一地有隐患、全国受警示"。各地区和各行业领域要深刻吸取安全事故带来的教训，强化安全责任，改进安全监管，落实防范措施。

冬季已经来临，岁末年初历来是事故高发期。希望大家以对党和人民高度负责的态度，牢牢绷紧安全生产这根弦，把工作抓实抓细抓好，坚决遏制重特大事故，促进全国安全生产形势持续稳定好转。

中共中央总书记、国家主席、中央军委主席习近平 11 月 24 日来到山东考察贯彻落实党的十八届三中全会精神、做好经济社会发展工作，下午专程来到青岛市，考察黄岛经济开发区黄潍输油管线事故抢险工作。他强调，这次事故再一次给我们敲响了警钟，安全生产必须警钟长鸣、常抓不懈，丝毫放松不得，否则就会给国家和人民带来不可挽回的损失。

必须建立健全安全生产责任体系，强化企业主体责任，深化安全生产大检查，认真吸取教训，注重举一反三，全面加强安全生产工作。

三、2015 年 8 月 15 日中共中央总书记、国家主席、中央军委主席习近平对切实做好安全生产工作作出重要指示

中共中央总书记、国家主席、中央军委主席习近平对切实做好安全生产工作高度重视，2015 年 8 月 15 日再次作出重要指示。

习近平指出，确保安全生产、维护社会安定、保障人民群众安居乐业是各级党委和政府必须承担好的重要责任。天津港“8·12”瑞海公司危险品仓库特别重大火灾爆炸事故以及近期一些地方接二连三发生的重大安全生产事故，再次暴露出安全生产领域存在突出问题、面临形势严峻。血的教训极其深刻，必须牢牢记取。各级党委和政府要牢固树立安全发展理念，坚持人民利益至上，始终把安全生产放在首要位置，切实维护人民群众生命财产安全。要坚决落实安全生产责任制，切实做到党政同责、一岗双责、失职追责。要健全预警应急机制，加大安全监管执法力度，深入排查和有效化解各类安全生产风险，提高安全生产保障水平，努力推动安全生产形势实现根本好转。各生产单位要强化安全生产第一意识，落实安全生产主体责任，加强安全生产基础能力建设，坚决遏制重特大安全生产事故发生。

四、2016 年 1 月国家领导人在中共中央政治局常委会会议上发表重要讲话

中共中央总书记、国家主席、中央军委主席习近平在中共中央政治局常委会会议上发表重要讲话，对全面加强安全生产工作提出明确要求，强调血的教训警示我们，公共安全绝非小事，必须坚持安全发展，扎实落实安全生产责任制，堵塞各类安全漏洞，坚决遏制重特大事故频发势头，确保人民生命财产安全。

习近平强调，重特大突发事件，不论是自然灾害还是责任事故，其中都不同程度存在主体责任不落实、隐患排查治理不彻底、法规标准不健全、安全监管执法不严格、监管体制机制不完善、安全基础薄弱、应急救援能力不强等问题。

习近平对加强安全生产工作提出 5 点要求。一是必须坚定不移保障安全发展，狠抓安全生产责任制落实。要强化“党政同责、一岗双责、失职追责”，坚持以人为本、以民为本。二是必须深化改革创新，加强和改进安全监管工作，强化开发区、工业园区、港区等功能区安全监管，举一反三，在标准制定、体制机制上认真考虑如何改革和完善。三是必须强化依法治理，用法治思维和法治手段解决安全生产问题，加快安全生产相关法律法规制定修订，加强安全生产监管执法，强化基层监管力量，着力提高安全生产法治化水平。四是必须坚决遏制重特大事故频发势头，对易发重特大事故的行业领域采取风险分级管

控、隐患排查治理双重预防性工作机制，推动安全生产关口前移，加强应急救援工作，最大限度减少人员伤亡和财产损失。五是必须加强基础建设，提升安全保障能力，针对城市建设、危旧房屋、玻璃幕墙、渣土堆场、尾矿库、燃气管线、地下管廊等重点隐患和煤矿、非煤矿山、危化品、烟花爆竹、交通运输等重点行业以及游乐、“跨年夜”等大型群众性活动，坚决做好安全防范，特别是要严防踩踏事故发生。

五、2016 年 7 月国家领导人在中共中央政治局常委会会议上发表重要讲话

中共中央总书记、国家主席、中央军委主席习近平在中共中央政治局常委会会议上发表重要讲话，对加强安全生产和汛期安全防范工作作出重要指示，强调安全生产是民生大事，一丝一毫不能放松，要以对人民极端负责的精神抓好安全生产工作，站在人民群众的角度想问题，把重大风险隐患当成事故来对待，守土有责，敢于担当，完善体制，严格监管，让人民群众安心放心。

习近平指出，各级党委和政府特别是领导干部要牢固树立安全生产的观念，正确处理安全和发展的关系，坚持发展决不能以牺牲安全为代价这条红线。经济社会发展的每一个项目、每一个环节都要以安全为前提，不能有丝毫疏漏。要严格实行党政领导干部安全生产工作责任制，切实做到失职追责。要把遏制重特大事故作为安全生产整体工作的“牛鼻子”来抓，在煤矿、危化品、道路运输等方面抓紧规划实施一批生命防护工程，积极研发应用一批先进安防技术，切实提高安全发展水平。

习近平强调，要加快完善安全生产管理体制，强化安全监管部门综合监管责任，严格落实行业主管部门监管责任、地方党委和政府属地管理责任，加强基层安全监管执法队伍建设，制定权力清单和责任清单，督促落实到位。要发挥各级安委会指导协调、监督检查、巡查考核的作用，形成上下合力，齐抓共管。要改革安全生产应急救援体制，提高组织协调能力和现场救援实效。要完善各类开发区、工业园区、港区、风景区等功能区安全监管体制，严格落实安全管理措施。要完善安全生产许可制度，严把安全准入关。要健全安全生产法律法规和标准体系，统筹做好涉及安全生产的法律法规和标准的制定修订工作。

习近平强调，要加强城市运行管理，增强安全风险意识，加强源头治理。要加强城乡安全风险辨识，全面开展城市风险点、危险源的普查，防止认不清、想不到、管不到等问题的发生。

习近平指出，目前正值主汛期，一些地区出现了严重洪涝灾害，这是对我们的重大考验。各级党委和政府要坚持守土有责、履职尽责，做好防汛抗洪抢险各项工作，切实保护人民群众生命财产安全。

六、2016 年 10 月 31 日国家领导人在全国安全生产监管监察系统先进集体和先进工作者表彰大会上的重要指示

习近平指出，安全生产事关人民福祉，事关经济社会发展大局。党的十八大以来，安全监管监察部门广大干部职工贯彻安全发展理念，甘于奉献、扎实工作，为预防生产安全事故作出了重要贡献。

习近平强调，各级安全监管监察部门要牢固树立发展决不能以牺牲安全为代价的红线意识，以防范和遏制重特大事故为重点，坚持标本兼治、综合治理、系统建设，统筹推进安全生产领域改革发展。各级党委和政府要认真贯彻落实党中央关于加快安全生产领域改革发展的工作部署，坚持党政同责、一岗双责、齐抓共管、失职追责，严格落实安全生产责任制，完善安全监管体制，强化依法治理，不断提高全社会安全生产水平，更好地维护广大人民群众生命财产安全。

第三节　有关安全生产的重要文件

一、中共中央国务院关于推进安全生产领域改革发展的意见

（一）总体要求

1. 指导思想

全面贯彻党的十八大和十八届三中、四中、五中、六中全会精神，以邓小平理论、“三个代表”重要思想、科学发展观为指导，深入贯彻习近平总书记系列重要讲话精神和治国理政新理念新思想新战略，进一步增强“四个意识”，紧紧围绕统筹推进“五位一体”总体布局和协调推进“四个全面”战略布局，牢固树立新发展理念，坚持安全发展，坚守发展决不能以牺牲安全为代价这条不可逾越的红线，以防范遏制重特大生产安全事故为重点，坚持安全第一、预防为主、综合治理的方针，加强领导、改革创新，协调联动、齐抓共管，着力强化企业安全生产主体责任，着力堵塞监督管理漏洞，着力解决不遵守法律法规的问题，依靠严密的责任体系、严格的法治措施、有效的体制机制、有力的基础保障和完善的系统治理，切实增强安全防范治理能力，大力提升我国安全生产整体水平，确保人民群众安康幸福、共享改革发展和社会文明进步成果。

2. 基本原则

《中共中央国务院关于推进安全生产领域改革发展的意见》提出了以下 5 项基本原则。

（1）坚持安全发展。贯彻以人民为中心的发展思想，始终把人的生命安全放在首位，正确处理安全与发展的关系，大力实施安全发展战略，为经济社会发展提供强有力的安全保障。

（2）坚持改革创新。不断推进安全生产理论创新、制度创新、体制机制创新、科技创新和文化创新，增强企业内生动力，激发全社会创新活力，破解安全生产难题，推动安全生产与经济社会协调发展。

（3）坚持依法监管。大力弘扬社会主义法治精神，运用法治思维和法治方式，深化安全生产监管执法体制改革，完善安全生产法律法规和标准体系，严格规范公正文明执法，增强监管执法效能，提高安全生产法治化水平。

（4）坚持源头防范。严格安全生产市场准入，经济社会发展要以安全为前提，把安全生产贯穿城乡规划布局、设计、建设、管理和企业生产经营活动全过程。构建风险分级管控和隐患排查治理双重预防工作机制，严防风险演变、隐患升级导致生产安全事故发生。

（5）坚持系统治理。严密层级治理和行业治理、政府治理、社会治理相结合的安全生产治理体系，组织动员各方面力量实施社会共治。综合运用法律、行政、经济、市场等手段，落实人防、技防、物防措施，提升全社会安全生产治理能力。

3. 总体目标

到 2020 年，安全生产监管体制机制基本成熟，法律制度基本完善，全国生产安全事故总量明显减少，职业病危害防治取得积极进展，重特大生产安全事故频发势头得到有效遏制，安全生产整体水平与全面建成小康社会目标相适应。到 2030 年，实现安全生产治理体系和治理能力现代化，全民安全文明素质全面提升，安全生产保障能力显著增强，为实现中华民族伟大复兴的中国梦奠定稳固可靠的安全生产基础。

（二）五项制度性改革

1. 加快落实安全生产责任制

坚持党政同责、一岗双责、齐抓共管、失职追责，完善安全生产责任体系。地方各级党委和政府要始终把安全生产摆在重要位置，加强组织领导。党政主要负责人是本地区安全生产第一责任人，班子其他成员对分管范围内的安全生产工作负领导责任。地方各级安全生产委员会主任由政府主要负责人担任，成员由同级党委和政府及相关部门负责人组成。地方各级党委要认真贯彻执行党的安全生产方针，在统揽本地区经济社会发展全局中同步推进安全生产工作，定期研究决定安全生产重大问题。加强安全生产监管机构领导班子、干部队伍建设。严格安全生产履职绩效考核和失职责任追究。强化安全生产宣传教育和舆论引导。发挥人大对安全生产工作的监督促进作用、政协对安全生产工作的民主监督作用。推动组织、宣传、政法、机构编制等单位支持保障安全生产工作。动员社会各界积极参与、支持、监督安全生产工作。地方各级政府要把安全生产纳入经济社会发展总体规划，制定实施安全生产专项规划，健全安全投入保障制度。及时研究部署安全生产工作，严格落实属地监管责任。充分发挥安全生产委员会作用，实施安全生产责任目标管理。建立安全生产巡查制度，督促各部门和下级政府履职尽责。加强安全生产监管执法能力建设，推进安全科技创新，提升信息化管理水平。严格安全准入标准，指导管控安全风险，督促整治重大隐患，强化源头治理。加强应急管理，完善安全生产应急救援体系。依法依规开展事故调查处理，督促落实问题整改。

强化部门监管责任。按照管行业必须管安全、管业务必须管安全、管生产经营必须管安全和谁主管谁负责的原则，厘清安全生产综合监管与行业监管的关系，明确各有关部门安全生产和职业健康工作职责，并落实到部门工作职责规定中。安全生产监督管理部门负责安全生产法规标准和政策规划制定修订、执法监督、事故调查处理、应急救援管理、统计分析、宣传教育培训等综合性工作，承担职责范围内行业领域安全生产和职业健康监管执法职责。负有安全生产监督管理职责的有关部门依法依规履行相关行业领域安全生产和职业健康监管职责，强化监管执法，严厉查处违法违规行为。其他行业领域主管部门负有安全生产管理责任，要将安全生产工作作为行业领域管理的重要内容，从行业规划、产业政策、法规标准、行政许可等方面加强行业安全生产工作，指导督促企事业单位加强安全管理。党委和政府其他有关部门要在职责范围内为安全生产工作提供支持保障，共同推进安全发展。

强化企业主体责任。明确企业对本单位安全生产和职业健康工作负全面责任，建立健全自我约束、持续改进的内生机制。建立企业全过程安全生产和职业健康管理制度，做到安全责任、管理、投入、培训和应急救援“五到位”。建立企业生产经营全过程安全责任追溯制度。对被追究刑事责任的生产经营者依法实施相应的职业禁入，对事故发生负有重大责任的社会服务机构和人员依法严肃追究法律责任，并依法实施相应的行业禁入。企业要定期开展风险评估和危害辨识。针对高危工艺、设备、物品、场所和岗位，建立分级管控制度，制定落实安全操作规程。树立隐患就是事故的观念，建立健全隐患排查治理制度、重大隐患治理情况向负有安全生产监督管理职责的部门和企业职代会“双报告”制度，实行自查自改自报闭环管理。严格执行安全生产和职业健康“三同时”制度。

2. 着力完善安全监管监察体制

坚持管安全生产必须管职业健康，建立安全生产和职业健康一体化监管执法体制。依托国家煤矿安全监察体制，加强非煤矿山安全生产监管监察，优化安全监察机构布局，将国家煤矿安全监察机构负责的安全生产行政许可事项移交给地方政府承担。着重加强危险化学品安全监管体制改革和力量建设，明确和落实危险化学品建设项目立项、规划、设计、施工及生产、储存、使用、销售、运输、废弃处置等环节的法定安全监管责任，建立有力的协调联动机制，消除监管空白。完善海洋石油安全生产监督管理体制机制，实行政企分开。理顺民航、铁路、电力等行业跨区域监管体制，明确行业监管、区域监管与地方监管职责。将地方安全生产监督管理部门作为政府工作部门和行政执法机构，完善各类开发区、工业园区、港区、风景区等功能区安全生产监管体制，充实执法力量，堵塞监管漏洞，切实消除盲区。按照政事分开原则，推进安全生产应急救援管理体制改革，强化行政管理职能，提高组织协调能力和现场救援时效。

3. 大力推进依法治理

研究修改刑法有关条款，将生产经营过程中极易导致重大生产安全事故的违法行为列入刑法调整范围。加强安全生产地方性法规建设，解决区域性安全生产突出问题。完善标准体系，加快安全生产标准制定修订和整合，建立以强制性国家标准为主体的安全生产标准体系。鼓励依法成立的社会团体和企业制定更加严格规范的安全生产标准，结合国情积极借鉴实施国际先进标准。建立行政执法和刑事司法衔接制度，坚持问责与整改并重，充分发挥事故查处对加强和改进安全生产工作的促进作用。建立事故调查分析技术支撑体系，建立事故暴露问题整改督办制度，事故结案后一年内，负责事故调查的地方政府和国务院有关部门要组织开展评估，及时向社会公开。完善安全生产监管执法人员依法履行法定职责制度，激励并保证监管执法人员忠于职守、履职尽责。严格高危行业领域安全准入条件。完善安全生产监管执法制度，明确每个生产经营单位安全生产监督和管理主体，制定实施执法计划，完善执法程序规定，依法严格查处各类违法违规行为。对违法行为当事人拒不执行安全生产行政执法决定的，负有安全生产监督管理职责的部门应依法申请司法机关强制执行。建立执法行为审议制度和重大行政执法决策机制，评估执法效果，防止滥用职权。健全领导干部非法干预安全生产监管执法的记录、通报和责任追究制度。完善安全生产执法纠错和执法信息公开制度，加强社会监督和舆论监督，保证执法严明、有错必纠。

4. 建立安全生产预防控制体系

加强安全风险管控，高危项目审批必须把安全生产作为前置条件，城乡规划布局、设计、建设、管理等各项工作必须以安全为前提，实行重大安全风险“一票否决”。强化企业预防措施，大力推进企业安全生产标准化建设，实现安全管理、操作行为、设备设施和作业环境的标准化。开展经常性的应急演练和人员避险自救培训，着力提升现场应急处置能力。强化城市运行安全保障，提高基础设施安全配置标准，构建现代化城市安全保障体系，推进安全发展示范城市建设。强化安全防范工程建设，重点推进对煤矿瓦斯等重大灾害及矿山采空区、尾矿库的治理，加快实施人口密集区危险化学品和化工企业生产、仓储场所安全搬迁工程。完善职业病防治体系，实施职业健康促进计划，加强企业职业健康监管执法。

5. 加强安全生产基础保障能力建设

强化安全生产预防及应急相关资金使用管理，完善安全生产专用设备企业所得税优惠目录，落实企业安全生产费用提取管理使用制度。强化安全生产科技支撑，加快安全关键技术装备研发，推动工业机器人、智能装备在危险工序和环节广泛应用。健全投融资服务体系，引导企业集聚发展灾害防治、预测预警、检测监控、个体防护、应急处置、安全文化等技术、装备和服务产业。继续加强安全生产信息化建设，提升现代信息技术与安全生产融合度，构建安全生产与职业健康信息化全国“一张网”。将安全生产专业技术服务纳入现代服务业发展规划，培育多元化服务主体。建立政府购买安全生产服务制度。支持发展安全生产专业化行业组织，强化自治自律。切实改进注册安全工程师制度。鼓励中小微企业订单式、协作式购买运用安全生产管理和技术服务。建立安全生产和职业健康技术服务机构公示制度和由第三方实施的信用评定制度，严肃查处租借资质、违法挂靠、弄虚作假、垄断收费等各类违法违规行为。建立安全生产不良记录“黑名单”制度，健全安全生产责任保险制度，切实发挥保险机构参与风险评估管控和事故预防功能。将安全生产监督管理纳入各级党政领导干部培训内容。把安全知识普及纳入国民教育，建立完善中小学安全教育和高危行业职业安全教育体系。把安全生产纳入农民工技能培训内容。严格落实企业安全教育培训制度，切实做到先培训、后上岗。推进安全文化建设，加强警示教育，强化全民安全意识和法治意识。

二、安全生产“十三五”规划

（一）规划目标

到2020年，全社会安全文明程度明显提升，事故总量显著减少，重特大事故频发势头得到有效遏制，职业病危害防治取得积极进展，安全生产总体水平与全面建成小康社会目标相适应。具体目标为：生产安全事故起数下降10%，生产安全事故死亡人数下降10%，重特大事故起数下降20%，重特大事故死亡人数下降22%，亿元国内生产总值生产安全事故死亡率下降30%，工矿商贸就业人员十万人生产安全事故死亡率下降19%，煤矿百万吨死亡率下降15%，营运车辆万车死亡率下降6%，万台特种设备死亡人数下降20%。

（二）主要任务及工作重点

1. 主要任务

《安全生产“十三五”规划》提出了安全生产工作方面的7个主要任务。

（1）构建更加严密的责任体系。强化企业主体责任，坚持“党政同责、一岗双责、齐抓共管、失职追责”和“管行业必须管安全、管业务必须管安全、管生产经营必须管安全”，强化地方各级党委、政府对安全生产工作的领导，严格目标考核与责任追究。

（2）强化安全生产依法治理。完善法律法规标准体系，加大监管执法力度，健全审批许可制度，提高监管监察执法效能。

（3）坚决遏制重特大事故。在煤矿、非煤矿山、危险化学品、烟花爆竹、工贸行业、道路交通、城市运行安全等17个重点领域、重点区域、重点部位、重点环节和重大危险源，采取有效的技术、工程和管理控制措施，加快构建风险等级管控、隐患排查治理两条防线。

（4）推进职业病危害源头治理。夯实职业病危害防护基础，加强作业场所职业病危害管控，提高防治技术支撑水平。

（5）强化安全科技引领保障。加强安全科技研发，推动科技成果转化，推进安全生产信息化建设。

（6）提高应急救援处置效能。健全先期响应机制，增强现场应对能力，统筹应急资源保障。

（7）提高全社会安全文明程度。强化舆论引导，提升全民安全素质，大力倡导安全文化。

2. 工作重点和事故防范重点

（1）安全生产法律法规制修订重点。

（2）安全生产标准制修订重点。

（3）煤矿重大灾害治理重点：瓦斯、水害、冲击地压、粉尘。

（4）危险化学品事故防范重点。

（5）工贸行业事故防范重点：粉尘涉爆、金属冶炼、涉氨制冷。

（6）道路交通事故防范重点。

（7）建筑施工事故防范重点。

（8）职业病危害治理重点：重点行业、重点作业、重点因素。

（9）安全生产科技研发重点方向。

（10）安全生产工艺技术推广重点。

（11）应急救援体系建设重点。

3. 重点工程

（1）监管监察能力建设工程。

（2）信息预警监控能力建设工程。

（3）风险防控能力建设工程。

（4）职业病危害治理能力建设工程。

（5）城市安全能力建设工程。

（6）科技支撑能力建设工程。

（7）应急救援能力建设工程。

（8）文化服务能力建设工程。

第二章　安全生产法律基础知识

第一节　法的渊源、分类及效力

一、法的渊源

当代中国法的渊源主要为以宪法为核心的各种制定法，包括宪法、法律、行政法规、地方性法规、自治法规、行政规章、特别行政区法、国际条约。

二、法的分类

（1）以法的创制和适用主体的不同为标准，可以把法分为国内法和国际法。

（2）以法的效力、内容和制定程序的不同为标准，可以把法分为根本法和普通法。

（3）以法的适用范围的不同为标准，可以把法分为一般法和特别法。

（4）以法律规定的内容的不同为标准，可以把法分为实体法和程序法。

（5）以法律的创制和表达形式的不同为标准，可以把法分为成文法和不成文法。

三、法的效力

（一）法的效力层次

我国现行立法体制是“一元、两级、多层次、多类别”。与此相适应，我国立法的效力是有层次的。法的效力层次是指规范性法律文件之间的效力等级关系。法律效力层次的主要内容如下。

（1）上位法的效力高于下位法。

① 宪法规定了国家的根本制度和根本任务，是国家的根本法，具有最高的法律效力。

② 法律效力高于行政法规、地方性法规、规章。

③ 行政法规效力高于地方性法规、规章。

④ 地方性法规效力高于本级和下级地方政府规章。

⑤ 自治条例和单行条例依法对法律、行政法规、地方性法规作变通规定的，在本自治地方适用自治条例和单行条例的规定。

⑥ 部门规章与地方政府规章之间具有同等效力，在各自的权限范围内施行。

（2）在同一位阶的法之间，特别规定优于一般规定，新的规定优于旧的规定。

（二）法的效力范围

（1）法的时间效力。法的时间效力是指法从何时开始生效，到何时终止生效，以及对其生效以前的事件和行为有无溯及力的问题。

（2）法的空间效力。法的空间效力是指法生效的地域（包括领海、领空），即法在哪些地方有效，通常全国性法律适用于全国，地方性法规仅在本地区有效。

（3）法对人的效力。法对人的效力是指法适用哪些人。在世界各国的法律实践中先后采用过四种对自然人的效力的原则：一是属人主义；二是属地主义；三是保护主义；四是以属地主义为主，与属人主义、保护主义相结合的“折衷主义”。第四种是近代以来多数国家所采用的原则，我国也是如此。采用这种原则的原因是：既要维护本国利益，坚持本国主权，又要尊重他国主权，照顾法律适用中的实际可能性。

第二节 我国安全生产法律体系的基本框架

一、上位法与下位法

根据法的不同层级和效力位阶，可以分为上位法与下位法。

（一）法律

法律是安全生产法律体系中的上位法，居于整个体系的最高层级，其法律地位和效力高于行政法规、地方性法规、部门规章、地方政府规章等下位法。国家现行的有关安全生产的专门法律有《中华人民共和国安全生产法》《中华人民共和国消防法》《中华人民共和国道路交通安全法》《中华人民共和国海上交通安全法》《中华人民共和国矿山安全法》，与安全生产相关的法律主要有《中华人民共和国劳动法》《中华人民共和国职业病防治法》等。

（二）法规

安全生产法规分为行政法规和地方性法规。

（1）行政法规。安全生产行政法规的法律地位和法律效力低于有关安全生产的法律，高于地方性安全生产法规、地方政府安全生产规章等下位法。国家现有的安全生产行政法规有《安全生产许可证条例》《生产安全事故报告和调查处理条例》《危险化学品安全管理条例》《建设工程安全生产管理条例》《煤矿安全监察条例》等。

（2）地方性法规。地方性安全生产法规的法律地位和法律效力低于有关安全生产的法律、行政法规，高于地方政府安全生产规章。经济特区安全生产法规和民族自治地方安全生产法规的法律地位和法律效力与地方性安全生产法规相同。安全生产地方性法规有《北京市安全生产条例》《天津市安全生产条例》《河南省安全生产条例》等。

（三）规章

安全生产行政规章分为部门规章和地方政府规章。

（1）部门规章。国务院有关部门依照安全生产法律、行政法规的规定或者国务院的授权制定发布的安全生产规章与地方政府规章具有同等效力，在各自的权限范围内施行。

（2）地方政府规章。地方政府安全生产规章是最低层级的安全生产立法，其法律地位和法律效力低于其他上位法，不得与上位法相抵触。

（四）法定安全生产标准

安全生产标准一旦成为法律规定必须执行的技术规范，它就具有了法律上的地位和效力。执行安全生产标准是生产经营单位的法定义务，违反法定安全生产标准的要求，同样要承担法律责任。法定安全生产标准分为国家标准和行业标准，两者对生产经营单位的安全生产具有同样的约束力。法定安全生产标准主要是指强制性安全生产标准。

二、一般法与特别法

根据同一层级的法的适用范围不同，可以分为一般法与特别法。

一般法是适用于安全生产领域中普遍存在的基本问题、共性问题的法律规范，它们不解决某一领域存在的特殊性、专业性的法律问题。特别法是适用于某些安全生产领域独立存在的特殊性、专业性问题的法律规范，它们往往比一般法更专业、更具体、更有可操作性。例如，《中华人民共和国安全生产法》是安全生产领域的一般法，它所确定的安全生产基本方针原则和基本法律制度普遍适用于生产经营活动的各个领域。但对于消防安全和道路交通安全、铁路交通安全、水上交通安全和民用航空安全领域存在的特殊问题，其他有关专门法律另有规定的，则应适用《中华人民共和国消防法》《中华人民共和国道路交通安全法》等特别法。据此，在同一层级的安全生产立法对同一类问题的法律适用上，应当遵循特别法优于一般法的原则。

第三章　中华人民共和国安全生产法

第一节　立法目的及适用范围

一、立法目的

为了加强安全生产监督管理，防止和减少生产安全事故，保障人民群众生命和财产安全，促进经济发展，制定《中华人民共和国安全生产法》（以下简称《安全生产法》）。

二、适用范围

在中华人民共和国领域内从事生产经营活动的单位（以下统称生产经营单位）的安全生产，适用《安全生产法》。

（一）空间的适用

中华人民共和国领域内。

（二）主体和行为的适用

主体适用：生产经营单位。

行为的适用：生产经营活动。

（三）排除适用

有关法律、行政法规对消防安全和道路交通安全、铁路交通安全、水上交通安全、民用航空安全以及核与辐射安全、特种设备安全另有规定的，适用其规定。

（1）《安全生产法》确定的安全生产领域基本的方针、原则、法律制度和新的法律规定，是其他法律、行政法规没有规定的，它们普遍适用于消防安全和道路交通安全、铁路交通安全、水上交通安全、民用航空安全以及核与辐射安全、特种设备安全。

（2）消防安全和道路交通安全、铁路交通安全、水上交通安全、民用航空安全以及核与辐射安全、特种设备安全的有关法律、行政法规已有规定的，不适用《安全生产法》。

（3）有关法律、行政法规对消防安全和道路交通安全、铁路交通安全、水上交通安全、民用航空安全以及核与辐射安全、特种设备安全没有规定的，适用《安全生产法》。

（4）今后修订有关消防安全和道路交通安全、铁路交通安全、水上交通安全、民用航空安全以及核与辐射安全、特种设备安全法律、行政法规时，要符合《安全生产法》确定的安全生产领域基本的方针、原则、法律制度和法律规范，不得抵触。

第二节 基本规定

一、安全生产的方针

安全生产方针是“安全第一、预防为主、综合治理”。

二、安全生产工作机制

我国安全生产的工作机制是“生产经营单位负责、职工参与、政府监管、行业自律和社会监督”。

在我国，依照工会法的规定，职工都参加工会，职工参与的形式主要由工会来表达。

三、生产经营单位的安全生产责任

生产经营单位必须遵守《安全生产法》和其他有关安全生产的法律、法规，加强安全生产管理，建立、健全安全生产责任制和安全生产规章制度，改善安全生产条件，推进安全生产标准化建设，提高安全生产水平，确保安全生产。

该项制度包含四方面的内容：一是确定了生产经营单位在安全生产中的主体地位；二是规定了依法进行安全生产管理是生产经营单位的行为准则；三是强调了加强管理、建立完善安全生产责任制和安全规章制度、改善安全生产条件、推进安全生产标准化建设是生产经营单位实现安全生产的必要措施；四是明确了确保安全生产是生产经营单位建立、健全安全生产责任制度的根本目的。

四、生产经营单位主要负责人的安全责任

（一）生产经营单位主要负责人

（1）生产经营单位主要负责人必须是生产经营单位生产经营活动的主要决策人。

（2）生产经营单位主要负责人必须是实际领导、指挥生产经营单位日常生产经营活动的决策人。

（3）生产经营单位主要负责人必须是能够承担生产经营单位安全生产工作全面领导责任的决策人。

（二）生产经营单位主要负责人的地位和职责

1. 生产经营单位主要负责人是本单位安全生产工作的第一责任者

生产经营单位主要负责人是本单位安全生产工作的第一责任者，对本单位的安全生产工作全面负责。

2. 生产经营单位主要负责人的安全生产基本职责

生产经营单位主要负责人对本单位安全生产工作负有下列职责：

（1）建立、健全本单位安全生产责任制；

（2）组织制定本单位安全生产规章制度和操作规程；

（3）组织制定并实施本单位安全生产教育和培训计划；

（4）保证本单位安全生产投入的有效实施；

（5）督促、检查本单位的安全生产工作，及时消除生产安全事故隐患；

（6）组织制定并实施本单位的生产安全事故应急救援预案；

（7）及时、如实报告生产安全事故。

（三）生产经营单位主要负责人的法律责任

（1）生产经营单位的主要负责人不依照《安全生产法》规定保证安全生产所必需的资金投入，致使生产经营单位不具备安全生产条件的，责令限期改正，提供必需的资金；逾期未改正的，责令生产经营单位停产停业整顿。有上述违法行为，导致发生生产安全事故的，对生产经营单位的主要负责人给予撤职处分，对个人经营的投资人处 2 万元以上 20 万元以下的罚款；构成犯罪的，依照刑法有关规定追究刑事责任。

（2）生产经营单位的主要负责人未履行《安全生产法》规定的安全生产管理职责的，责令限期改正；逾期未改正的，处 2 万元以上 5 万元以下的罚款，责令生产经营单位停产停业整顿。生产经营单位的主要负责人有上述违法行为，导致发生生产安全事故的，给予撤职处分，并按照规定给予罚款。发生一般事故的，处上一年年收入 30%的罚款；发生较大事故的，处上一年年收入 40% 的罚款；发生重大事故的，处上一年年收入 60%的罚款；发生特别重大事故的，处上一年年收入 80%的罚款。构成犯罪的，依照刑法有关规定追究刑事责任。

生产经营单位的主要负责人依照相关规定受刑事处罚或者撤职处分的，自刑罚执行完毕或者受处分之日起，5 年内不得担任任何生产经营单位的主要负责人；对重大、特别重大生产安全事故负有责任的，终身不得担任本行业生产经营单位的主要负责人。

（3）生产经营单位与从业人员订立协议，免除或者减轻其对从业人员因生产安全事故伤亡依法应承担的责任的，该协议无效；对生产经营单位的主要负责人、个人经营的投资人处 2 万元以上 10 万元以下的罚款。

生产经营单位主要负责人在本单位发生生产安全事故时，不立即组织抢救或者在事故调查处理期间擅离职守或者逃匿的，给予降级、撤职的处分，并处上一年年收入 60%至 100%的罚款；对逃匿的处 15 日以下拘留；构成犯罪的，依照刑法有关规定追究刑事责任。生产经营单位的主要负责人对生产安全事故隐瞒不报、谎报或者迟报的，依照上述规定处罚。

五、工会在安全生产工作中的地位和权利

（一）工会在安全生产工作中的地位

工会依法对安全生产工作进行监督。生产经营单位的工会依法组织职工参加本单位安

全生产工作的民主管理和民主监督，维护职工在安全生产方面的合法权益。生产经营单位制定或者修改有关安全生产的规章制度，应当听取工会的意见。

（二）工会对“三同时”的监督

工会有权对建设项目的安全设施与主体工程同时设计、同时施工、同时投入生产和使用进行监督，提出意见。

（三）工会对作业场所的监督

工会对生产经营单位违反安全生产法律、法规，侵犯从业人员合法权益的行为，有权要求纠正；发现生产经营单位违章指挥、强令冒险作业或者发现事故隐患时，有权提出解决的建议，生产经营单位应当及时研究答复；发现危及从业人员生命安全的情况时，有权向生产经营单位建议组织从业人员撤离危险场所，生产经营单位必须立即作出处理。

（四）工会对事故调查的监督

工会有权依法参加事故调查，向有关部门提出处理意见，并要求追究有关人员的责任。

六、县级以上人民政府的安全生产职责

国务院和县级以上地方各级人民政府应当加强对安全生产工作的领导，支持、督促各有关部门依法履行安全生产监督管理职责，建立健全安全生产工作协调机制，及时协调、解决安全生产监督管理中存在的重大问题。

（1）确定了各级人民政府是实施安全生产监督管理的主体，在安全生产工作中居于领导地位。

（2）确定了各级政府必须重视安全生产工作，加强领导。

（3）确定了各级政府的职责有：监督管理职责；问题的协调、解决职责。

七、乡、镇人民政府及街道办事处、开发区管理机构的安全生产职责

乡、镇人民政府以及街道办事处、开发区管理机构等地方人民政府的派出机关应当按照职责，加强对本行政区域内生产经营单位安全生产状况的监督检查，协助上级人民政府有关部门依法履行安全生产监督管理职责。

八、安全生产综合监管部门与专项监管部门的职责分工

中华人民共和国应急管理部（以下简称应急管理部）是国务院正部级直属机构，对全国安全生产工作实施综合监督管理；县级以上地方人民政府负责安全生产监督管理的部门是本行政区域内综合监督管理安全生产的部门。

国务院有关部门依照《安全生产法》和其他有关法律、行政法规的规定，在各自的职责范围内对有关行业、领域的安全生产工作实施监督管理；县级以上地方各级人民政府有关部门依照《安全生产法》和其他有关法律、法规的规定，在各自的职责范围内对有关行业、领域的安全生产工作实施监督管理。

除了综合监管部门以外的负责专项安全生产监督管理的部门，被统称为实施安全生产专项监督管理的“有关部门”，如公安、交通、航空等管理部门。

九、安全生产专业机构的规定

依法设立的为安全生产提供技术、管理服务的机构，依照法律、行政法规和执业准则，接受生产经营单位的委托为其安全生产工作提供技术、管理服务。

生产经营单位委托机构提供安全生产技术、管理服务的，保证安全生产的责任仍由本单位负责。

十、安全生产责任事故追究

国家实行生产安全事故责任追究制度。

按照引发事故的直接原因进行分类，生产安全事故分为自然灾害事故和人为责任事故两大类。实行责任追究的，是指人为责任事故。

生产安全事故责任者承担的法律责任形式主要有行政责任和刑事责任。行政责任分为行政处分和行政处罚两种。行政处分包括警告、记过、记大过、降级、撤职和开除等。

十一、安全生产标准

国务院有关部门应当按照保障安全生产的要求，依法及时制定有关的国家标准或者行业标准，并根据科技进步和经济发展适时修订。

十二、安全生产宣传教育

各级人民政府及其有关部门应当采取多种形式，加强对有关安全生产的法律、法规和安全生产知识的宣传，增强全社会的安全生产意识。

十三、安全生产奖励

国家对在改善安全生产条件、防止生产安全事故、参加抢险救护等方面取得显著成绩的单位和个人，给予奖励。

第三节 生产经营单位的安全生产保障

一、生产经营单位

生产经营单位是指从事各类生产经营活动的基本单元，具体包括以下几类。

（1）各类生产经营企业。包括依照企业法注册登记或者经批准成立的企业和依照公司法设立的公司。

（2）个体工商户。雇工 6 人以下的为个体工商户。

（3）公民。公民一人或者数人从事小规模生产经营活动的，以及依法从事生产经营活动的有关人员。

（4）其他生产经营单位。其他生产经营单位主要有：

① 从事生产经营活动的事业单位；

② 安全生产专业服务机构；

③ 安全生产社会团体。

二、安全生产资金投入的规定

（一）生产经营单位安全生产资金投入的标准

生产经营单位应当具备的安全生产条件所必需的资金投入，由生产经营单位的决策机构、主要负责人或者个人经营的投资人予以保证，并对由于安全生产所必需的资金投入不足导致的后果承担责任。

（二）安全生产资金投入的决策和保障

《安全生产法》对不同生产经营单位安全生产资金投入的决策主体作出了明确的规定。

（1）按照公司法成立的股份制公司、有限责任公司，由其决策机构董事会或者股东会决定安全投入的资金。

（2）非公司制生产经营单位，由其主要负责人决定安全投入的资金。

（3）个人投资并由他人管理的生产经营单位，由其投资人即股东决定安全投入的资金。

（三）安全投入不足的法律责任

生产经营单位的决策机构、主要负责人或者个人经营的投资人不依照《安全生产法》规定保证安全生产所必需的资金投入，致使生产经营单位不具备安全生产条件的，责令限期改正，提供必需的资金；逾期未改正的，责令生产经营单位停产停业整顿。有上述违法行为，导致发生生产安全事故的，对生产经营单位的主要负责人给予撤职处分，对个人经营的投资人处 2 万元以上 20 万元以下的罚款；构成犯罪的，依照刑法有关规定追究刑事责任。

三、安全生产管理机构和安全生产管理人员的要求

（一）安全生产管理机构和安全生产管理人员的配置

矿山、金属冶炼、建筑施工、道路运输单位和危险物品的生产、经营、储存单位，应当设置安全生产管理机构或者配备专职安全生产管理人员。上述规定以外的其他生产经营单位，从业人员超过 100 人的，应当设置安全生产管理机构或者配备专职安全生产管理人员；从业人员在 100 人以下的，应当配备专职或者兼职的安全生产管理人员。这一规定包含下列 3 层意思。

（1）矿山、金属冶炼、建筑施工、道路运输单位和危险物品的生产、经营、储存单位，

应当设置安全生产管理机构或者配备专职安全生产管理人员。

（2）除矿山、金属冶炼、建筑施工、道路运输单位和危险物品的生产、经营、储存单位外，其他生产经营单位，从业人员在 100 人以上的，应当设置安全生产管理机构或者配备专职安全生产管理人员。

（3）除矿山、金属冶炼、建筑施工、道路运输单位和危险物品的生产、经营、储存单位外，其他生产经营单位，从业人员在 100 人以下的，应当配备专职或者兼职的安全生产管理人员。

（二）安全生产管理机构及安全生产管理人员的职责

《安全生产法》明确了安全生产管理机构及安全生产管理人员的 7 项职责。

（1）组织或者参与拟订本单位安全生产规章制度、操作规程和生产安全事故应急救援预案；

（2）组织或者参与本单位安全生产教育和培训，如实记录安全生产教育和培训情况；

（3）督促落实本单位重大危险源的安全管理措施；

（4）组织或者参与本单位应急救援演练；

（5）检查本单位的安全生产状况，及时排查生产安全事故隐患，提出改进安全生产管理的建议；

（6）制止和纠正违章指挥、强令冒险作业、违反操作规程的行为；

（7）督促落实本单位安全生产整改措施。

四、单位主要负责人、安全生产管理人员资格的规定

生产经营单位的主要负责人和安全生产管理人员必须具备与本单位所从事的生产经营活动相应的安全生产知识和管理能力。

危险物品的生产、经营、储存单位以及矿山、金属冶炼、建筑施工、道路运输单位的主要负责人和安全生产管理人员，应当由主管的负有安全生产监督管理职责的部门对其安全生产知识和管理能力考核合格。

五、关于注册安全工程师的规定

危险物品的生产、储存单位以及矿山、金属冶炼单位应当有注册安全工程师从事安全生产管理工作。鼓励其他生产经营单位聘用注册安全工程师从事安全生产管理工作。注册安全工程师按专业分类管理，具体办法由国务院人力资源和社会保障部门、国务院安全生产监督管理部门会同国务院有关部门制定。

六、从业人员安全生产培训的规定

生产经营单位应当对从业人员进行安全生产教育和培训，保证从业人员具备必要的安

全生产知识，熟悉有关的安全生产规章制度和安全操作规程，掌握本岗位的安全操作技能，了解事故应急处理措施，知悉自身在安全生产方面的权利和义务。未经安全生产教育和培训合格的从业人员，不得上岗作业。

生产经营单位应当建立安全生产教育和培训档案，如实记录安全生产教育和培训的时间、内容、参加人员以及考核结果等情况。

七、特种作业人员的范围和资格

生产经营单位的特种作业人员必须按照国家有关规定经专门的安全作业培训，取得相应资格，方可上岗作业。特种作业人员的范围由国务院安全生产监督管理部门会同国务院有关部门确定。

八、采用新工艺、新技术、新材料或者使用新设备的安全生产教育培训

生产经营单位采用新工艺、新技术、新材料或者使用新设备，必须了解、掌握其安全技术特性，采取有效的安全防护措施，并对从业人员进行专门的安全生产教育和培训。

九、实习学生安全生产培训的规定

生产经营单位接收中等职业学校、高等学校学生实习的，应当对实习学生进行相应的安全生产教育和培训，提供必要的劳动防护用品。学校应当协助生产经营单位对实习学生进行安全生产教育和培训。

十、被派遣劳动者安全生产培训的规定

生产经营单位使用被派遣劳动者的，应当将被派遣劳动者纳入本单位从业人员统一管理，对被派遣劳动者进行岗位安全操作规程和安全操作技能的教育和培训。劳务派遣单位应当对被派遣劳动者进行必要的安全生产教育和培训。

十一、建设项目安全设施的“三同时”的规定

生产经营单位新建、改造、扩建工程项目的安全设施，必须与主体工程同时设计、同时施工、同时投入生产和使用。安全设施投资应当纳入建设项目概算。

十二、建设项目安全评价的规定

矿山、金属冶炼建设项目和用于生产、储存、装卸危险物品的建设项目，应当按照国家有关规定进行安全评价。

十三、建设项目安全设施的设计和审查的规定

建设项目安全设施的设计人、设计单位应当对安全设施设计负责。

矿山、金属冶炼建设项目和用于生产、储存、装卸危险物品的建设项目的安全设施设计应当按照国家有关规定报经有关部门审查，审查部门及其负责审查的人员对审查结果负责。

十四、建设项目安全设施施工、竣工验收的规定

矿山、金属冶炼建设项目和用于生产、储存、装卸危险物品的建设项目的施工单位必须按照批准的安全设施设计施工，并对安全设施的工程质量负责。

矿山、金属冶炼建设项目和用于生产、储存危险物品的建设项目竣工投入生产或者使用前，应当由建设单位负责组织对安全设施进行验收；验收合格后，方可投入生产和使用。安全生产监督管理部门应当加强对建设单位验收活动和验收结果的监督核查。

十五、安全警示标志的规定

生产经营单位应当在有较大危险因素的生产经营场所和有关设施、设备上，设置明显的安全警示标志。

我国目前使用的安全色主要有 4 种：① 红色，表示禁止、停止，也代表防火；② 蓝色，表示指令或必须遵守的规定；③ 黄色，表示警告、注意；④ 绿色，表示安全状态、提示或通行。而我国目前常用的安全警示标志，根据其含义，也可分为 4 大类：① 禁止标志，即圆形内划一斜杠，并用红色描绘成较粗的圆环和斜杠，表示“禁止”或“不允许”的含义；② 警告标志，即“△”，三角形的背景用黄色，三角形和三角形内的图像均用黑色描绘，警告人们注意可能发生的各种危险；③ 指令标志，即“○”，在圆形内配上指令含义的颜色——蓝色，并用白色描绘必须履行的图形符号，构成“指令标志”，要求到这个地方的人必须遵守；④ 提示标志，以绿色为背景的长方几何图形，配以白色的文字和图形符号，并标明目标的方向，即构成提示标志，如消防设备提示标志等。各类安全标志如图 3-1 所示。

图 3-1　各类安全标志

十六、安全设备达标和管理的规定

安全设备的设计、制造、安装、使用、检测、维修、改造和报废，应当符合国家标准或者行业标准。

生产经营单位必须对安全设备进行经常性维护、保养，并定期检测，保证正常运转。维护、保养、检测应当做好记录，并由有关人员签字。

十七、特种设备的规定

生产经营单位使用的危险物品的容器、运输工具，以及涉及人身安全、危险性较大的海洋石油开采特种设备和矿山井下特种设备，必须按照国家有关规定，由专业生产单位生产，并经具有专业资质的检测、检验机构检测、检验合格，取得安全使用证或者安全标志，方可投入使用。检测、检验机构对检测、检验结果负责。

十八、危及生产安全工艺、设备管理淘汰的规定

国家对严重危及生产安全的工艺、设备实行淘汰制度。省、自治区、直辖市人民政府可以根据本地区实际情况制定并公布具体目录，对国家规定以外的危及生产安全的工艺、设备予以淘汰。生产经营单位不得使用应当淘汰的危及生产安全的工艺、设备。

十九、重大危险源管理的规定

生产经营单位对重大危险源应当登记建档，进行定期检测、评估、监控，并制定应急预案，告知从业人员和相关人员在紧急情况下应当采取的应急措施。

生产经营单位应当按照国家有关规定将本单位重大危险源及有关安全措施、应急措施报有关地方人民政府安全生产监督管理部门和有关部门备案。

二十、隐患排查治理的规定

生产经营单位应当建立健全生产安全事故隐患排查治理制度，采取技术、管理措施，及时发现并消除事故隐患。事故隐患排查治理情况应当如实记录，并向从业人员通报。

县级以上地方各级人民政府负有安全生产监督管理职责的部门应当建立健全重大事故隐患治理督办制度，督促生产经营单位消除重大事故隐患。

二十一、生产设施、场所安全距离和紧急疏散的规定

生产、经营、储存、使用危险物品的车间、商店、仓库不得与员工宿舍在同一座建筑物内，并应当与员工宿舍保持安全距离。

生产经营场所与员工宿舍应当设有符合紧急疏散要求、标志明显、保持畅通的出口。禁止锁闭、封堵生产经营场所或者员工宿舍的出口。

二十二、爆破、吊装等危险作业的规定

生产经营单位进行爆破、吊装以及国务院安全生产监督管理部门会同国务院有关部门规定的其他危险作业，应当安排专门人员进行现场安全管理，确保操作规程的遵守和安全措施的落实。

二十三、劳动防护用品的规定

生产经营单位必须为从业人员提供符合国家标准或者行业标准的劳动防护用品，并监督、教育从业人员按照使用规则佩戴、使用。

生产经营单位应当安排用于配备劳动防护用品、进行安全生产培训的经费。

二十四、交叉作业安全管理的规定

两个以上生产经营单位在同一作业区域内进行生产经营活动，可能危及对方生产安全的，应当签订安全生产管理协议，明确各自的安全生产管理职责和应当采取的安全措施，并指定专职安全生产管理人员进行安全检查与协调。

二十五、发包或者出租的安全管理规定

生产经营单位不得将生产经营项目、场所、设备发包或者出租给不具备安全生产条件或者相应资质的单位或者个人。

生产经营项目、场所发包或者出租给其他单位的，生产经营单位应当与承包单位、承租单位签订专门的安全生产管理协议，或者在承包合同、租赁合同中约定各自的安全生产管理职责；生产经营单位对承包单位、承租单位的安全生产工作统一协调、管理，定期进行安全检查，发现安全问题的，应当及时督促整改。

二十六、发生事故时主要负责人的职责

生产经营单位发生生产安全事故时，单位的主要负责人应当立即组织抢救，并不得在事故调查处理期间擅离职守。

二十七、工伤保险和安全责任保险的规定

生产经营单位必须依法参加工伤保险，为从业人员缴纳保险费。

国家鼓励生产经营单位投保安全生产责任保险。

第四节 从业人员的安全生产权利和义务

一、从业人员的人身保障权利

（一）获得安全保障、工伤保险和民事赔偿的权利

生产经营单位与从业人员订立的劳动合同，应当载明有关保障从业人员劳动安全、防止职业危害的事项，以及依法为从业人员办理工伤保险的事项。

生产经营单位不得以任何形式与从业人员订立协议，免除或者减轻其对从业人员因生产安全事故伤亡依法应承担的责任。

因生产安全事故受到损害的从业人员，除依法享有工伤保险外，依照有关民事法律尚有获得赔偿的权利的，有权向本单位提出赔偿要求。

（二）得知危险因素、防范措施和事故应急措施的权利

生产经营单位的从业人员有权了解其作业场所和工作岗位存在的危险因素、防范措施及事故应急措施，有权对本单位的安全生产工作提出建议。

（三）对本单位安全生产的批评、检举和控告的权利

从业人员有权对本单位安全生产工作中存在的问题提出批评、检举、控告。

（四）拒绝违章指挥和强令冒险作业的权利

从业人员有权拒绝违章指挥和强令冒险作业。生产经营单位不得因从业人员对本单位安全生产工作提出批评、检举、控告或者拒绝违章指挥、强令冒险作业而降低其工资、福利等待遇或者解除与其订立的劳动合同。

（五）紧急情况下停止作业和紧急撤离的权利

从业人员发现直接危及人身安全的紧急情况时，有权停止作业或者在采取可能的应急措施后撤离作业场所。

生产经营单位不得因从业人员在上述紧急情况下停止作业或者采取紧急撤离措施而降低其工资、福利等待遇或者解除与其订立的劳动合同。

二、从业人员的安全生产义务

（一）遵章守规、服从管理

从业人员在作业过程中，应当严格遵守本单位的安全生产规章制度和操作规程，服从管理。

（二）正确佩戴和使用劳保用品

从业人员在作业过程中，应当正确佩戴和使用劳动防护用品。

（三）接受安全培训、掌握安全生产技能

从业人员应当接受安全生产教育和培训，掌握本职工作所需的安全生产知识，提高安全生产技能，增强事故预防和应急处理能力。

（四）发现事故隐患或者其他不安全因素及时报告

从业人员发现事故隐患或者其他不安全因素，应当立即向现场安全生产管理人员或者本单位负责人报告；接到报告的人员应当及时予以处理。

三、被派遣劳动者的权利和义务

使用被派遣劳动者的，被派遣劳动者享有《安全生产法》规定的从业人员的权利，并应当履行《安全生产法》规定的从业人员的义务。

第五节　安全生产的监督管理

一、负有安全生产监督管理职责的部门的行政许可职责

（1）依照有关法律、法规的规定，对涉及安全生产的事项需要审查批准（包括批准、核准、许可、注册、认证、颁发证照等）或者验收的，必须严格依照有关法律、法规和国家标准或者行业标准规定的安全生产条件和程序进行审查；不符合有关法律、法规和国家标准或者行业标准规定的安全生产条件的，不得批准或者验收通过。

（2）对未依法取得批准或者验收合格的单位擅自从事有关活动的，负责行政审批的部门发现或者接到举报后应当立即予以取缔，并依法予以处理。

（3）对已经依法取得批准的单位，负责行政审批的部门发现其不再具备安全生产条件的，应当撤销原批准。

（4）负有安全生产监督管理职责的部门对涉及安全生产的事项进行审查、验收，不得收取费用；不得要求接受审查、验收的单位购买其指定品牌或者指定生产、销售单位的安全设备、器材或者其他产品。

二、负有安全生产监督管理职责的部门依法监督检查时行使的职权

（一）现场检查权

进入生产经营单位进行检查，调阅有关资料，向有关单位和人员了解情况。

（二）当场处理权

对检查中发现的安全生产违法行为，当场予以纠正或者要求限期改正；对依法应当给予行政处罚的行为，依法作出行政处罚决定。

（三）紧急处置权

对检查中发现的事故隐患，应当责令立即排除；重大事故隐患排除前或者排除过程中无法保证安全的，应当责令从危险区域内撤出作业人员，责令暂时停产停业或者停止使用相关设施、设备；重大事故隐患排除后，经审查同意，方可恢复生产经营和使用。

（四）查封扣押权

对有根据认为不符合保障安全生产的国家标准或者行业标准的设施、设备、器材以及违法生产、储存、使用、经营、运输的危险物品予以查封或者扣押，对违法生产、储存、使用、经营危险物品的作业场所予以查封，并依法作出处理决定。

三、安全生产监督检查的要求

（一）执法行为的要求

安全生产监督检查人员应当忠于职守，坚持原则，秉公执法。执行监督检查任务时，必须出示有效的监督执法证件；对涉及被检查单位的技术秘密和业务秘密，应当为其保密。

（二）执法质量的要求

安全生产监督检查人员应当将检查的时间、地点、内容、发现的问题及其处理情况，作出书面记录，并由检查人员和被检查单位的负责人签字；被检查单位的负责人拒绝签字的，检查人员应当将情况记录在案，并向负有安全生产监督管理职责的部门报告。

（三）相互配合的要求

负有安全生产监督管理职责的部门在监督检查中，应当互相配合，实行联合检查；确需分别进行检查的，应当互通情况，发现存在的安全问题应当由其他有关部门进行处理的，应当及时移送其他有关部门并形成记录备查，接受移送的部门应当及时进行处理。

四、配合安全生产监督管理部门和人员进行监督检查的规定

生产经营单位对负有安全生产监督管理职责的部门的监督检查人员依法履行监督检查职责，应当予以配合，不得拒绝、阻挠。

五、对拒不执行执法决定实施停电停供民用爆炸物品措施的规定

负有安全生产监督管理职责的部门依法对存在重大事故隐患的生产经营单位作出停产停业、停止施工、停止使用相关设施或者设备的决定，生产经营单位应当依法执行，及时消除事故隐患。生产经营单位拒不执行，有发生生产安全事故的现实危险的，在保证安全的前提下，经本部门主要负责人批准，负有安全生产监督管理职责的部门可以采取通知有关单位停止供电、停止供应民用爆炸物品等措施，强制生产经营单位履行决定。通知应当采用书面形式，有关单位应当予以配合。

负有安全生产监督管理职责的部门依照上述规定采取停止供电措施，除有危及生产安全的紧急情形外，应当提前 24 小时通知生产经营单位。生产经营单位依法履行行政决定、采取相应措施消除事故隐患的，负有安全生产监督管理职责的部门应当及时解除上述规定的措施。

六、安全生产专业机构的监督管理

承担安全评价、认证、检测、检验的机构应当具备国家规定的资质条件，并对其作出的安全评价、认证、检测、检验的结果负责。

七、对安全生产违法行为举报的规定

任何单位和个人对事故隐患或者安全生产违法行为，均有权向负有安全生产监督管理职责的部门报告或举报。

负有安全生产监督管理职责的部门应当建立举报制度，公开举报电话、信箱或者电子邮件地址，受理有关安全生产的举报；受理的举报事项经调查核实后，应当形成书面材料；需要落实整改措施的，报经有关负责人签字并督促落实。

八、安全生产社会监督、舆论监督的规定

居民委员会、村民委员会发现其所在区域内的生产经营单位存在事故隐患或者安全生产违法行为时，应当向当地人民政府或者有关部门报告。

新闻、出版、广播、电影、电视等单位有进行安全生产宣传教育的义务，有对违反安全生产法律、法规的行为进行舆论监督的权利。

九、对举报安全生产违法行为人员奖励的规定

县级以上各级人民政府及其有关部门对报告重大事故隐患或者举报安全生产违法行为的有功人员，给予奖励。具体奖励办法由国务院安全生产监督管理部门会同国务院财政部门制定。

十、对有严重违法行为的生产经营单位向社会公告的规定

负有安全生产监督管理职责的部门应当建立安全生产违法行为信息库，如实记录生产经营单位的安全生产违法行为信息；对违法行为情节严重的生产经营单位，应当向社会公告，并通报行业主管部门、投资主管部门、国土资源主管部门、证券监督管理机构以及有关金融机构。

第六节 生产安全事故的应急救援与调查处理

一、国家应急能力建设的规定

国家加强生产安全事故应急能力建设，在重点行业、领域建立应急救援基地和应急救援队伍，鼓励生产经营单位和其他社会力量建立应急救援队伍，配备相应的应急救援装备和物资，提高应急救援的专业化水平。

国务院安全生产监督管理部门建立全国统一的生产安全事故应急救援信息系统，国务院有关部门建立健全相关行业、领域的生产安全事故应急救援信息系统。

二、地方政府应急救援工作的职责

县级以上地方各级人民政府应当组织有关部门制定本行政区域内生产安全事故应急救援预案，建立应急救援体系。

三、生产经营单位应急预案的规定

生产经营单位应当制定本单位生产安全事故应急救援预案，与所在地县级以上地方人民政府组织制定的生产安全事故应急救援预案相衔接，并定期组织演练。

四、高危生产经营单位应急救援组织及装备、器材的规定

危险物品的生产、经营、储存单位以及矿山、金属冶炼、城市轨道交通运营、建筑施工单位应当建立应急救援组织；生产经营规模较小的，可以不建立应急救援组织，但应当指定兼职的应急救援人员。

危险物品的生产、经营、储存、运输单位以及矿山、金属冶炼、城市轨道交通运营、建筑施工单位应当配备必要的应急救援器材、设备和物资，并进行经常性维护、保养，保证正常运转。

五、生产安全事故报告和处置的规定

生产经营单位发生生产安全事故后，事故现场有关人员应当立即报告本单位负责人。单位负责人接到事故报告后，应当迅速采取有效措施，组织抢救，防止事故扩大，减少人员伤亡和财产损失，并按照国家有关规定立即如实报告当地负有安全生产监督管理职责的部门，不得隐瞒不报、谎报或者迟报，不得故意破坏事故现场、毁灭有关证据。

六、政府相关部门发生事故后报告与处置的规定

（一）事故报告的职责

负有安全生产监督管理职责的部门接到事故报告后，应当立即按照国家有关规定上报事故情况。负有安全生产监督管理职责的部门和有关地方人民政府对事故情况不得隐瞒不报、谎报或者迟报。

（二）组织事故救援的职责

有关地方人民政府和负有安全生产监督管理职责的部门的负责人接到生产安全事故报告后，应当按照生产安全事故应急救援预案的要求立即赶到事故现场，组织事故抢救。

参与事故抢救的部门和单位应当服从统一指挥，加强协同联动，采取有效的应急救援措施，并根据事故救援的需要采取警戒、疏散等措施，防止事故扩大和次生灾害的发生，减少人员伤亡和财产损失。

事故抢救过程中应当采取必要措施，避免或者减少对环境造成的危害。任何单位和个人都应当支持、配合事故抢救，并提供一切便利条件。

七、生产安全事故调查处理的规定

（一）事故调查处理的原则

事故调查处理应当按照科学严谨、依法依规、实事求是、注重实效的原则，及时、准确地查清事故原因，查明事故性质和责任，总结事故教训，提出整改措施，并对事故责任者提出处理意见。事故调查报告应当依法及时向社会公布。

（二）事故责任的追究

生产经营单位发生生产安全事故，经调查确定为责任事故的，除了应当查明事故单位的责任并依法予以追究外，还应当查明对安全生产的有关事项负有审查批准和监督职责的行政部门的责任，对有失职、渎职行为的，依照《安全生产法》第 87 条的规定追究法律责任。

（三）事故统计和公布

县级以上地方各级人民政府安全生产监督管理部门应当定期统计分析本行政区域内发生生产安全事故的情况，并定期向社会公布。

第七节 安全生产法律责任

一、安全生产法律责任的形式

追究安全生产违法行为法律责任的形式有 3 种，即行政责任、民事责任和刑事责任。

二、行政处罚的决定机关

（1）县级以上人民政府安全生产监督管理部门和其他负有安全生产监督管理职责的部门。

《安全生产法》规定的行政处罚，由安全生产监督管理部门和其他负有安全生产监督管理职责的部门按照职责分工决定。

（2）县级以上人民政府。予以关闭的行政处罚由负责安全生产监督管理的部门报请县级以上人民政府按照国务院规定的权限决定。

（3）公安机关。给予拘留的行政处罚由公安机关依照治安管理处罚法的规定决定。

三、安全生产服务机构的违法行为

承担安全评价、认证、检测、检验工作的机构，出具虚假证明的，没收违法所得；违法所得在10万元以上的，并处违法所得2倍以上5倍以下的罚款；没有违法所得或者违法所得不足10万元的，单处或者并处10万元以上20万元以下的罚款；对其直接负责的主管人员和其他直接责任人员处2万元以上5万元以下的罚款；给他人造成损害的，与生产经营单位承担连带赔偿责任；构成犯罪的，依照刑法有关规定追究刑事责任。对有上述违法行为的机构，吊销其相应资质。

四、民事赔偿的强制执行

民事赔偿分为连带赔偿和事故损害赔偿。

（一）连带赔偿

连带赔偿的主体是两个以上，共同实施了一个或者多个民事违法行为，其损害后果可能是导致生产安全事故，也可能是其他后果。

（1）承担安全评价、认证、检测、检验工作的机构，出具虚假证明，给他人造成损害的，与生产经营单位承担连带赔偿责任。

（2）生产经营单位将生产经营项目、场所、设备发包或者出租给不具备安全生产条件或者相应资质的单位或者个人的，导致发生生产安全事故给他人造成损害的，与承包方、承租方承担连带赔偿责任。

（二）事故损害赔偿

生产经营单位发生生产安全事故造成人员伤亡、他人财产损失的，应当依法承担赔偿责任；拒不承担或者其负责人逃匿的，由人民法院依法强制执行。

第四章　安全生产单行法律

第一节　中华人民共和国矿山安全法

一、矿山建设安全保障的规定

（一）矿山建设工程安全设施的设计和竣工验收

矿山建设工程的设计文件，必须符合矿山安全规程和行业技术规范，并按照国家规定经管理矿山企业的主管部门批准；不符合矿山安全规程和行业技术规范的，不得批准。矿山建设工程安全设施的设计必须由负责安全生产监督管理的部门参加审查。矿山安全规程和行业技术规范，由国务院管理矿山企业的主管部门制定。

矿山建设工程必须按照管理矿山企业的主管部门批准的设计文件施工。矿山建设工程安全设施竣工后，由管理矿山企业的主管部门验收，并须有负责安全生产监督管理的部门参加；不符合矿山安全规程和行业技术规范的，不得验收，不得投入生产。

（二）矿井安全出口和运输通信设施

每个矿井必须有两个以上能行人的安全出口，出口之间的直线水平距离必须符合矿山安全规程和行业技术规范。

矿山必须有与外界相通的、符合安全要求的运输和通信设施。

二、矿山开采安全保障的规定

（一）矿用特殊设备、器材、护品、仪器的安全保障

（1）矿山使用的有特殊安全要求的设备、器材、防护用品和安全检测仪器，必须符合国家安全标准或者行业安全标准；不符合国家安全标准或者行业安全标准的，不得使用。

（2）矿山企业必须对机电设备及其防护装置、安全检测仪器，定期检查、维修，保证使用安全。

（二）开采作业的安全保障

（1）矿山企业必须对作业场所中的有毒有害物质和井下空气含氧量进行检测，保证符合安全要求。

（2）矿山企业必须对下列危害安全的事故隐患采取预防措施：冒顶、片帮、边坡滑落和地表塌陷；瓦斯爆炸、煤尘爆炸；冲击地压、瓦斯突出、井喷；地面和井下的火灾、水

害；爆破器材和爆破作业发生的危害；粉尘、有毒有害气体、放射性物质和其他有害物质引起的危害；其他危害。

（3）矿山企业对使用机械、电气设备，排土场、矸石山、尾矿库和矿山闭坑后可能引起的危害，应当采取预防措施。

三、矿山企业安全管理的规定

（一）安全生产责任制

矿山企业必须建立、健全安全生产责任制。矿长对本企业的安全生产工作负责。

（二）未成年人和女工的保护

矿山企业不得录用未成年人从事矿山井下劳动。不得分配女职工从事矿山井下劳动。

（三）矿山事故防范和救护

矿山企业必须制定矿山事故防范措施，并组织落实。

矿山企业应当建立由专职或者兼职人员组成的救护和医疗急救组织，配备必要的装备、器材和药物。

（四）安全技术措施专项费用

矿山企业必须从矿产品销售额中按照国家规定提取安全技术措施专项费用。安全技术措施专项费用必须全部用于改善矿山安全生产条件，不得挪作他用。

矿山企业必须按照国家规定的安全条件进行生产，并安排一部分资金，用于改善矿山安全生产条件。所需资金，由矿山企业按矿山维简费的20%的比例据实列支；没有矿山维简费的矿山企业，按固定资产折旧费的20%的比例据实列支。

第二节　中华人民共和国消防法

一、火灾预防的规定

（一）建设工程的消防安全

1. 消防设计审查规定

对按照国家工程建设消防技术标准需要进行消防设计的建设工程，实行建设工程消防设计审查验收制度。

国务院住房和城乡建设主管部门规定的特殊建设工程，建设单位应当将消防设计文件报送住房和城乡建设主管部门审查，住房和城乡建设主管部门依法对审查的结果负责。

其他建设工程，建设单位申请领取施工许可证或者申请批准开工报告时应当提供满足施工需要的消防设计图纸及技术资料。

特殊建设工程未经消防设计审查或者审查不合格的，建设单位、施工单位不得施工；

其他建设工程，建设单位未提供满足施工需要的消防设计图纸及技术资料的，有关部门不得发放施工许可证或者批准开工报告。

2. 消防设计验收规定

国务院住房和城乡建设主管部门规定应当申请消防验收的建设工程竣工，建设单位应当向住房和城乡建设主管部门申请消防验收。

其他建设工程，建设单位在验收后应当报住房和城乡建设主管部门备案，住房和城乡建设主管部门应当进行抽查。

依法应当进行消防验收的建设工程，未经消防验收或者消防验收不合格的，禁止投入使用；其他建设工程经依法抽查不合格的，应当停止使用。

3. 其他规定

建筑构件、建筑材料和室内装修、装饰材料的防火性能必须符合国家标准；没有国家标准的，必须符合行业标准。人员密集场所室内装修、装饰，应当按照消防技术标准的要求，使用不燃、难燃材料。

（二）公共聚众场所和大型群众性活动的消防安全

公众聚集场所在投入使用、营业前，建设单位或者使用单位应当向场所所在地的县级以上地方人民政府消防救援机构申请消防安全检查。未经消防安全检查或者经检查不符合消防安全要求的，不得投入使用、营业。

举办大型群众性活动，承办人应当依法向公安机关申请安全许可，制定灭火和应急疏散预案并组织演练，明确消防安全责任分工，确定消防安全管理人员，保持消防设施和消防器材配置齐全、完好有效，保证疏散通道、安全出口、疏散指示标志、应急照明和消防车通道符合消防技术标准和管理规定。

（三）有关单位的消防安全职责

（1）落实消防安全责任制，制定本单位的消防安全制度、消防安全操作规程，制定灭火和应急疏散预案。

（2）按照国家标准、行业标准配置消防设施、器材，设置消防安全标志，并定期组织检验、维修，确保完好有效。

（3）对建筑消防设施每年至少进行一次全面检测，确保完好有效，检测记录应当完整准确，存档备查。

（4）保障疏散通道、安全出口、消防车通道畅通，保证防火防烟分区、防火间距符合消防技术标准。

（5）组织防火检查，及时消除火灾隐患。

（6）组织进行有针对性的消防演练。

（7）法律、法规规定的其他消防安全职责。

单位的主要负责人是本单位的消防安全责任人。

（四）消防安全重点单位的安全管理

县级以上地方人民政府消防救援机构应当将发生火灾可能性较大以及发生火灾可能造成重大的人身伤亡或者财产损失的单位，确定为本行政区域内的消防安全重点单位，并由应急管理部门报本级人民政府备案。

消防安全重点单位除应当履行规定的一般单位的职责外，还应当履行下列消防安全职责：

（1）确定消防安全管理人，组织实施本单位的消防安全管理工作。

（2）建立消防档案，确定消防安全重点部位，设置防火标志，实行严格管理。

（3）实行每日防火巡查，并建立巡查记录。

（4）对职工进行岗前消防安全培训，定期组织消防安全培训和消防演练。

二、消防组织的规定

县级以上地方人民政府应当按照国家规定建立国家综合性消防救援队、专职消防队，并按照国家标准配备消防装备，承担火灾扑救工作。

国家综合性消防救援队、专职消防队按照国家规定承担重大灾害事故和其他以抢救人员生命为主的应急救援工作。

下列单位应当建立单位专职消防队，承担本单位的火灾扑救工作：

（1）大型核设施单位、大型发电厂、民用机场、主要港口；

（2）生产、储存易燃易爆危险品的大型企业；

（3）储备可燃的重要物资的大型仓库、基地；

（4）上述第（1）项、第（2）项、第（3）项规定以外的火灾危险性较大、距离国家综合性消防救援队较远的其他大型企业；

（5）距离国家综合性消防救援队较远、被列为全国重点文物保护单位的古建筑群的管理单位。

三、灭火救援的规定

（1）县级以上地方人民政府应当组织有关部门针对本行政区域内的火灾特点制定应急预案，建立应急反应和处置机制，为火灾扑救和应急救援工作提供人员、装备等保障。

（2）任何人发现火灾都应当立即报警。任何单位、个人都应当无偿为报警提供便利，不得阻拦报警。严禁谎报火警。

（3）人员密集场所发生火灾，该场所的现场工作人员应当立即组织、引导在场人员疏散。

（4）任何单位发生火灾，必须立即组织力量扑救。邻近单位应当给予支援。

（5）消防队接到火警，必须立即赶赴火灾现场，救助遇险人员，排除险情，扑灭火灾。

（6）消防救援机构统一组织和指挥火灾现场扑救，应当优先保障遇险人员的生命安全。

第三节 中华人民共和国道路交通安全法

一、道路通行条件

（一）交通信号

全国实行统一的道路交通信号。交通信号包括交通信号灯、交通标志、交通标线和交通警察的指挥。

交通信号灯、交通标志、交通标线的设置应当符合道路交通安全、畅通的要求和国家标准，并保持清晰、醒目、准确、完好。

交通信号灯由红灯、绿灯、黄灯组成。红灯表示禁止通行，绿灯表示准许通行，黄灯表示警示。

铁路与道路平面交叉的道口，应当设置警示灯、警示标志或者安全防护设施。无人看守的铁路道口，应当在距道口一定距离处设置警示标志。

任何单位和个人不得擅自设置、移动、占用、损毁交通信号灯、交通标志、交通标线。

道路两侧及隔离带上种植的树木或者其他植物，设置的广告牌、管线等，应当与交通设施保持必要的距离，不得遮挡路灯、交通信号灯、交通标志，不得妨碍安全视距，不得影响通行。

（二）道路规定

公安机关交通管理部门发现已经投入使用的道路存在交通事故频发路段，或者停车场、道路配套设施存在交通安全严重隐患的，应当及时向当地人民政府报告，并提出防范交通事故、消除隐患的建议，当地人民政府应当及时作出处理决定。

道路出现坍塌、坑漕、水毁、隆起等损毁或者交通信号灯、交通标志、交通标线等交通设施损毁、灭失的，道路、交通设施的养护部门或者管理部门应当设置警示标志并及时修复。

公安机关交通管理部门发现上述情形，危及交通安全，尚未设置警示标志的，应当及时采取安全措施，疏导交通，并通知道路、交通设施的养护部门或者管理部门。

未经许可，任何单位和个人不得占用道路从事非交通活动。

因工程建设需要占用、挖掘道路，或者跨越、穿越道路架设、增设管线设施，应当事先征得道路主管部门的同意；影响交通安全的，还应当征得公安机关交通管理部门的同意。

施工作业单位应当在经批准的路段和时间内施工作业，并在距离施工作业地点来车方向安全距离处设置明显的安全警示标志，采取防护措施；施工作业完毕，应当迅速清除道路上的障碍物，消除安全隐患，经道路主管部门和公安机关交通管理部门验收合格，符合通行要求后，方可恢复通行。

对未中断交通的施工作业道路，公安机关交通管理部门应当加强交通安全监督检查，维护道路交通秩序。

（三）人行横道

学校、幼儿园、医院、养老院门前的道路没有行人过街设施的，应当施划人行横道线，设置提示标志。

城市主要道路的人行道，应当按照规划设置盲道。盲道的设置应当符合国家标准。

二、道路通行的规定

（一）机动车通行规定

1. 同车道行驶

同车道行驶的机动车，后车应当与前车保持足以采取紧急制动措施的安全距离。

前车正在左转弯、掉头、超车的；与对面来车有会车可能的；前车为执行紧急任务的警车、消防车、救护车、工程救险车的；行经铁路道口、交叉路口、窄桥、弯道、陡坡、隧道、人行横道、市区交通流量大的路段等没有超车条件的，不得超车。

2. 交叉路口行驶

机动车通过交叉路口，应当按照交通信号灯、交通标志、交通标线或者交通警察的指挥通过；通过没有交通信号灯、交通标志、交通标线或者交通警察指挥的交叉路口时，应当减速慢行，并让行人和优先通行的车辆先行。

3. 机动车载物行驶

机动车载物应当符合核定的载质量，严禁超载；载物的长、宽、高不得违反装载要求，不得遗洒、飘散载运物。

机动车运载超限的不可解体的物品，影响交通安全的，应当按照公安机关交通管理部门指定的时间、路线、速度行驶，悬挂明显标志。

机动车载运爆炸物品、易燃易爆化学物品以及剧毒、放射性等危险物品，应当经公安机关批准后，按指定的时间、路线、速度行驶，悬挂警示标志并采取必要的安全措施。

4. 机动车载人行驶

机动车载人不得超过核定的人数，客运机动车不得载货，禁止货运机动车载客。

5. 拖拉机行驶

高速公路、大中城市中心城区内的道路，禁止拖拉机通行。其他禁止拖拉机通行的道路，由省、自治区、直辖市人民政府根据当地实际情况规定。在允许拖拉机通行的道路上，拖拉机可以从事货运，但是不得用于载人。

（二）非机动车通行规定

驾驶非机动车在道路上行驶，应当遵守有关交通安全的规定。非机动车应当在非机动车道内行驶；在没有非机动车道的道路上，应当靠车行道的右侧行驶。残疾人机动轮椅车、电动自行车在非机动车道内行驶时，最高时速不得超过 15 千米。非机动车应当在规定的地点停放；未设停放地点的，非机动车停放不得妨碍其他车辆和行人通行。

（三）高速公路的特别规定

行人、非机动车、拖拉机、轮式专用机械车、铰接式客车、全挂拖斗车以及其他设计最高时速低于 70 千米的机动车，不得进入高速公路。高速公路限速标志标明的最高时速不得超过 120 千米。任何单位、个人不得在高速公路上拦截检查行驶的车辆，公安机关的人民警察依法执行紧急公务除外。

第四节 中华人民共和国特种设备安全法

一、特种设备的生产

（一）生产许可与生产单位义务

国家按照分类监督管理的原则对特种设备生产实行许可制度。特种设备生产单位应当具备下列条件，并经负责特种设备安全监督管理的部门许可，方可从事生产活动：

（1）有与生产相适应的专业技术人员；

（2）有与生产相适应的设备、设施和工作场所；

（3）有健全的质量保证、安全管理和岗位责任等制度。

特种设备出厂时，应当随附安全技术规范要求的设计文件、产品质量合格证明、安装及使用维护保养说明、监督检验证明等相关技术资料和文件，并在特种设备显著位置设置产品铭牌、安全警示标志及其说明。

（二）安装、改造、修理

电梯的安装、改造、修理，必须由电梯制造单位或者其委托的取得相应许可的单位进行。

特种设备安装、改造、修理的施工单位应当在施工前将拟进行的特种设备安装、改造、修理情况书面告知直辖市或者设区的市级人民政府负责特种设备安全监督管理的部门。

特种设备安装、改造、修理竣工后，安装、改造、修理的施工单位应当在验收后 30 日内将相关技术资料和文件移交特种设备使用单位。特种设备使用单位应当将其存入该特种设备的安全技术档案。

（三）监督检验

锅炉、压力容器、压力管道元件等特种设备的制造过程和锅炉、压力容器、压力管道、电梯、起重机械、客运索道、大型游乐设施的安装、改造、重大修理过程，应当经特种设备检验机构按照安全技术规范的要求进行监督检验；未经监督检验或者监督检验不合格的，不得出厂或者交付使用。

二、特种设备的经营

（一）销售单位的义务

特种设备销售单位销售的特种设备应当符合安全技术规范及相关标准的要求，其设计文件、产品质量合格证明、安装及使用维护保养说明、监督检验证明等相关技术资料和文件应当齐全。

特种设备销售单位应当建立特种设备检查验收和销售记录制度。

（二）出租单位的义务

特种设备出租单位不得出租未取得许可生产的特种设备或者国家明令淘汰和已经报废的特种设备，以及未按照安全技术规范的要求进行维护保养和未经检验或者检验不合格的特种设备。

特种设备在出租期间的使用管理和维护保养义务由特种设备出租单位承担，法律另有规定或者当事人另有约定的除外。

（三）特种设备进口

进口的特种设备应当符合我国安全技术规范要求，并经检验合格；需要取得我国特种设备生产许可的，应当取得许可。进口特种设备随附的技术资料和文件应当符合《中华人民共和国特种设备安全法》（以下简称《特种设备安全法》）第二十二条的规定，其安装及使用维护保养说明、产品铭牌、安全警示标志及其说明应当采用中文。

特种设备的进出口检验，应当遵守有关进出口商品检验的法律、行政法规。进口特种设备，应当向进口地负责特种设备安全监督管理的部门履行提前告知义务。

三、特种设备的使用

（一）特种设备的安全管理

特种设备使用单位应当使用取得许可生产并经检验合格的特种设备。禁止使用国家明令淘汰和已经报废的特种设备。

特种设备使用单位应当在特种设备投入使用前或者投入使用后30日内，向负责特种设备安全监督管理的部门办理使用登记，取得使用登记证书。登记标志应当置于该特种设备的显著位置。

特种设备使用单位应当建立特种设备安全技术档案。安全技术档案应当包括以下内容：

（1）特种设备的设计文件、产品质量合格证明、安装及使用维护保养说明、监督检验证明等相关技术资料和文件；

（2）特种设备的定期检验和定期自行检查记录；

（3）特种设备的日常使用状况记录；

（4）特种设备及其附属仪器仪表的维护保养记录；

（5）特种设备的运行故障和事故记录。

电梯、客运索道、大型游乐设施等为公众提供服务的特种设备的运营使用单位，应当对特种设备的使用安全负责，设置特种设备安全管理机构或者配备专职的特种设备安全管理人员；其他特种设备使用单位，应当根据情况设置特种设备安全管理机构或者配备专职、兼职的特种设备安全管理人员。

特种设备的使用应当具有规定的安全距离、安全防护措施。与特种设备安全相关的建筑物、附属设施，应当符合有关法律、行政法规的规定。

（二）维护保养与定期检验

特种设备使用单位应当对其使用的特种设备进行经常性维护保养和定期自行检查，并作出记录。特种设备使用单位应当对其使用的特种设备的安全附件、安全保护装置进行定期校验、检修，并作出记录。

特种设备使用单位应当按照安全技术规范的要求，在检验合格有效期届满前一个月向特种设备检验机构提出定期检验要求。特种设备检验机构接到定期检验要求后，应当按照安全技术规范的要求及时进行安全性能检验。特种设备使用单位应当将定期检验标志置于该特种设备的显著位置。未经定期检验或者检验不合格的特种设备，不得继续使用。

锅炉使用单位应当按照安全技术规范的要求进行锅炉水（介）质处理，并接受特种设备检验机构的定期检验。从事锅炉清洗，应当按照安全技术规范的要求进行，并接受特种设备检验机构的监督检验。

电梯的维护保养应当由电梯制造单位或者取得许可的安装、改造、修理单位进行。

电梯的维护保养单位应当在维护保养中严格执行安全技术规范的要求，保证其维护保养的电梯的安全性能，并负责落实现场安全防护措施，保证施工安全。

电梯的维护保养单位应当对其维护保养的电梯的安全性能负责；接到故障通知后，应当立即赶赴现场，并采取必要的应急救援措施。

特种设备进行改造、修理，按照规定需要变更使用登记的，应当办理变更登记，方可继续使用。

（三）隐患排查与故障处理

特种设备安全管理人员应当对特种设备使用状况进行经常性检查，发现问题应当立即处理；情况紧急时，可以决定停止使用特种设备并及时报告本单位有关负责人。

特种设备作业人员在作业过程中发现事故隐患或者其他不安全因素，应当立即向特种设备安全管理人员和单位有关负责人报告；特种设备运行不正常时，特种设备作业人员应当按照操作规程采取有效措施保证安全。

特种设备出现故障或者发生异常情况，特种设备使用单位应当对其进行全面检查，消除事故隐患，方可继续使用。

客运索道、大型游乐设施在每日投入使用前，其运营使用单位应当进行试运行和例行安全检查，并对安全附件和安全保护装置进行检查确认。

电梯、客运索道、大型游乐设施的运营使用单位应当将电梯、客运索道、大型游乐设施的安全使用说明、安全注意事项和警示标志置于易于为乘客注意的显著位置。

特种设备存在严重事故隐患，无改造、修理价值，或者达到安全技术规范规定的其他报废条件的，特种设备使用单位应当依法履行报废义务，采取必要措施消除该特种设备的使用功能，并向原登记的负责特种设备安全监督管理的部门办理使用登记证书注销手续。

上述规定报废条件以外的特种设备，达到设计使用年限可以继续使用的，应当按照安全技术规范的要求通过检验或者安全评估，并办理使用登记证书变更，方可继续使用。允许继续使用的，应当采取加强检验、检测和维护保养等措施，确保使用安全。

（四）移动式压力容器与气瓶充装

移动式压力容器、气瓶充装单位，应当具备下列条件，并经负责特种设备安全监督管理的部门许可，方可从事充装活动：

（1）有与充装和管理相适应的管理人员和技术人员；

（2）有与充装和管理相适应的充装设备、检测手段、场地厂房、器具、安全设施；

（3）有健全的充装管理制度、责任制度、处理措施。

充装单位应当建立充装前后的检查、记录制度，禁止对不符合安全技术规范要求的移动式压力容器和气瓶进行充装。

气瓶充装单位应当向气体使用者提供符合安全技术规范要求的气瓶，对气体使用者进行气瓶安全使用指导，并按照安全技术规范的要求办理气瓶使用登记，及时申报定期检验。

四、特种设备的检验、检测

从事《中华人民共和国特种设备安全法》规定的监督检验、定期检验的特种设备检验机构，以及为特种设备生产、经营、使用提供检测服务的特种设备检测机构，应当具备下列条件，并经负责特种设备安全监督管理的部门核准，方可从事检验、检测工作：

（1）有与检验、检测工作相适应的检验、检测人员；

（2）有与检验、检测工作相适应的检验、检测仪器和设备；

（3）有健全的检验、检测管理制度和责任制度。

特种设备检验、检测机构的检验、检测人员应当经考核，取得检验、检测人员资格，方可从事检验、检测工作。

特种设备检验、检测机构的检验、检测人员不得同时在两个以上检验、检测机构中执业；变更执业机构的，应当依法办理变更手续。

特种设备检验、检测机构及其检验、检测人员对检验、检测结果和鉴定结论负责。

第五节 中华人民共和国建筑法

一、建筑许可

（一）建设单位的建筑许可及要求

建筑工程开工前，建设单位应当按照国家有关规定向工程所在地县级以上人民政府建设行政主管部门申请领取施工许可证。

（二）施工许可证的延期

建设单位应当自领取施工许可证之日起 3 个月内开工。因故不能按期开工的，应当向发证机关申请延期；延期以两次为限，每次不超过 3 个月。既不开工又不申请延期或者超过延期时限的，施工许可证自行废止。

（三）建设单位的报告义务

在建的建筑工程因故中止施工的，建设单位应当自中止施工之日起 1 个月内，向发证机关报告，并按照规定做好建筑工程的维护管理工作。建筑工程恢复施工时，应当向发证机关报告；中止施工满 1 年的工程恢复施工前，建设单位应当报发证机关核验施工许可证。

按照国务院有关规定批准开工报告的建筑工程，因故不能按期开工或者中止施工的，应当及时向批准机关报告情况。因故不能按期开工超过 6 个月的，应当重新办理开工报告的批准手续。

二、建筑工程的发包与承包

（一）建筑工程的发包及对发包单位的要求

建筑工程实行招标发包的，发包单位应当将建筑工程发包给依法中标的承包单位。建筑工程实行直接发包的，发包单位应当将建筑工程发包给具有相应资质条件的承包单位。

建筑工程的发包单位可以将建筑工程的勘察、设计、施工、设备采购一并发包给一个工程总承包单位，也可以将建筑工程勘察、设计、施工、设备采购的一项或者多项发包给一个工程总承包单位；但是，不得将应当由一个承包单位完成的建筑工程肢解成若干部分发包给几个承包单位。

按照合同约定，建筑材料、建筑构配件和设备由工程承包单位采购的，发包单位不得指定承包单位购入用于工程的建筑材料、建筑构配件和设备或者指定生产厂、供应商。

（二）建筑工程的承包及对承包单位的要求

承包建筑工程的单位应当持有依法取得的资质证书，并在其资质等级许可的业务范围内承揽工程。

禁止建筑施工企业超越本企业资质等级许可的业务范围或者以任何形式用其他建筑

施工企业的名义承揽工程。禁止建筑施工企业以任何形式允许其他单位或者个人使用本企业的资质证书、营业执照，以本企业的名义承揽工程。

大型建筑工程或者结构复杂的建筑工程，可以由两个以上的承包单位联合共同承包。共同承包的各方对承包合同的履行承担连带责任。

两个以上不同资质等级的单位实行联合共同承包的，应当按照资质等级低的单位的业务许可范围承揽工程。

禁止承包单位将其承包的全部建筑工程转包给他人，禁止承包单位将其承包的全部建筑工程肢解以后以分包的名义分别转包给他人。

建筑工程总承包单位可以将承包工程中的部分工程发包给具有相应资质条件的分包单位；但是，除总承包合同中约定的分包外，必须经建设单位认可。施工总承包的，建筑工程主体结构的施工必须由总承包单位自行完成。

建筑工程总承包单位按照总承包合同的约定对建设单位负责；分包单位按照分包合同的约定对总承包单位负责。总承包单位和分包单位就分包工程对建设单位承担连带责任。

禁止总承包单位将工程分包给不具备相应资质条件的单位。禁止分包单位将其承包的工程再分包。

三、建筑安全生产管理

（一）对建设单位安全生产管理的要求

建设单位应当向建筑施工企业提供与施工现场相关的地下管线资料，建筑施工企业应当采取措施加以保护。

有下列情形之一的，建设单位应当按照国家有关规定办理申请批准手续：

（1）需要临时占用规划批准范围以外场地的；

（2）可能损坏道路、管线、电力、邮电通讯等公共设施的；

（3）需要临时停水、停电、中断道路交通的；

（4）需要进行爆破作业的；

（5）法律、法规规定需要办理报批手续的其他情形。

涉及建筑主体和承重结构变动的装修工程，建设单位应当在施工前委托原设计单位或者具有相应资质条件的设计单位提出设计方案；没有设计方案的，不得施工。

（二）对建筑施工企业安全生产管理的要求

建筑施工企业在编制施工组织设计时，应当根据建筑工程的特点制定相应的安全技术措施；对专业性较强的工程项目，应当编制专项安全施工组织设计，并采取安全技术措施。

建筑施工企业应当在施工现场采取维护安全、防范危险、预防火灾等措施；有条件的，应当对施工现场实行封闭管理。

施工现场对毗邻的建筑物、构筑物和特殊作业环境可能造成损害的，建筑施工企业应当采取安全防护措施。

建筑施工企业应当遵守有关环境保护和安全生产的法律、法规的规定，采取控制和处理施工现场的各种粉尘、废气、废水、固体废物以及噪声、振动对环境的污染和危害的措施。

建筑施工企业必须依法加强对建筑安全生产的管理，执行安全生产责任制度，采取有效措施，防止伤亡和其他安全生产事故的发生。

建筑施工企业的法定代表人对本企业的安全生产负责。

施工现场安全由建筑施工企业负责。实行施工总承包的，由总承包单位负责。分包单位向总承包单位负责，服从总承包单位对施工现场的安全生产管理。

建筑施工企业应当建立健全劳动安全生产教育培训制度，加强对职工安全生产的教育培训；未经安全生产教育培训的人员，不得上岗作业。

建筑施工企业和作业人员在施工过程中，应当遵守有关安全生产的法律、法规和建筑行业安全规章、规程，不得违章指挥或者违章作业。作业人员有权对影响人身健康的作业程序和作业条件提出改进意见，有权获得安全生产所需的防护用品。作业人员对危及生命安全和人身健康的行为有权提出批评、检举和控告。

建筑施工企业应当依法为职工参加工伤保险缴纳工伤保险费。鼓励企业为从事危险作业的职工办理意外伤害保险，支付保险费。

房屋拆除应当由具备保证安全条件的建筑施工单位承担，由建筑施工单位负责人对安全负责。

施工中发生事故时，建筑施工企业应当采取紧急措施减少人员伤亡和事故损失，并按照国家有关规定及时向有关部门报告。

第五章　安全生产相关法律

第一节　中华人民共和国刑法

一、生产经营单位及其有关人员构成犯罪所应承担的刑事责任

（1）重大责任事故罪：在生产、作业中违反有关安全管理的规定，因而发生重大伤亡事故或者造成其他严重后果的，处 3 年以下有期徒刑或者拘役；情节特别恶劣的，处 3 年以上 7 年以下有期徒刑。

（2）强令违章冒险作业罪：强令他人违章冒险作业，因而发生重大伤亡事故或者造成其他严重后果的，处 5 年以下有期徒刑或者拘役；情节特别恶劣的，处 5 年以上有期徒刑。

（3）重大劳动安全事故罪：安全生产设施或者安全生产条件不符合国家规定，因而发生重大伤亡事故或者造成其他严重后果的，对直接负责的主管人员和其他直接责任人员，处 3 年以下有期徒刑或者拘役；情节特别恶劣的，处 3 年以上 7 年以下有期徒刑。

（4）不报、谎报安全事故罪：在安全事故发生后，负有报告职责的人员不报或者谎报事故情况，贻误事故抢救，情节严重的，处 3 年以下有期徒刑或者拘役；情节特别严重的，处 3 年以上 7 年以下有期徒刑。

二、最高人民法院、最高人民检察院关于办理危害生产安全刑事案件适用法律若干问题的解释

（一）重大责任事故罪、重大劳动安全事故罪的定罪标准

1. 认定为“造成严重后果”或者“发生重大伤亡事故或者造成其他严重后果”

（1）造成死亡 1 人以上，或者重伤 3 人以上的。

（2）造成直接经济损失 100 万元以上的。

（3）其他造成严重后果或者重大安全事故的。

2. 认定为“情节特别恶劣的”

（1）造成死亡 3 人以上或者重伤 10 人以上，负事故主要责任的。

（2）造成直接经济损失 500 万元以上，负事故主要责任的。

（3）其他造成特别严重后果、情节特别恶劣或者后果特别严重的。

（二）不报或谎报事故罪中的“情节严重”

（1）导致事故后果扩大，增加死亡 1 人以上，或者增加重伤 3 人以上，或者增加直接经济损失 100 万元以上的；

（2）实施下列行为之一，致使不能及时有效开展事故抢救的：

① 决定不报、谎报事故情况或者指使、串通有关人员不报、谎报事故情况的；

② 在事故抢救期间擅离职守或者逃匿的；

③ 伪造、破坏事故现场，或者转移、藏匿、毁灭遇难人员尸体，或者转移、藏匿受伤人员的；

④ 毁灭、伪造、隐匿与事故有关的图纸、记录、计算机数据等资料以及其他证据的。

（三）“情节特别严重”的情节

（1）导致事故后果扩大，增加死亡 3 人以上，或者增加重伤 10 人以上，或者增加直接经济损失 500 万元以上的。

（2）采用暴力、胁迫、命令等方式阻止他人报告事故情况导致事故后果扩大的。

（3）其他特别严重的情节。

第二节　中华人民共和国行政处罚法

一、行政处罚的种类

（一）行政法学上行政处罚的种类

（1）人身自由罚。

（2）行为罚。

（3）财产罚。

（4）声誉罚。

（二）《中华人民共和国行政处罚法》规定的处罚

（1）警告。

（2）罚款。

（3）没收违法所得、没收非法财物。

（4）责令停产停业。

（5）暂扣或者吊销许可证、暂扣或者吊销执照。

（6）行政拘留。

（7）法律、行政法规规定的其他行政处罚。

二、行政处罚的设定

（一）法律设定的行政处罚

法律可以设定各种行政处罚。

限制人身自由的行政处罚，只能由法律设定。

（二）行政法规设定的行政处罚

行政法规可以设定除限制人身自由以外的行政处罚。法律对违法行为已经作出行政处罚规定，行政法规需要作出具体规定的，必须在法律规定的给予行政处罚的行为、种类和幅度的范围内规定。

（三）地方性法规设定的行政处罚

地方性法规可以设定除限制人身自由、吊销企业营业执照以外的行政处罚。法律、行政法规对违法行为已经作出行政处罚规定，地方性法规需要作出具体规定的，必须在法律、行政法规规定的给予行政处罚的行为、种类和幅度的范围内规定。

（四）部门规章设定的行政处罚

国务院各部委制定的规章可以在法律、行政法规规定给予行政处罚的行为、种类和幅度的范围内作出具体规定。尚未制定法律、行政法规的，国务院各部委制定的规章对违反行政管理秩序的行为，可以设定警告和一定数量罚款的行政处罚。国务院规定部门规章设定罚款的行政处罚的数量为 3 万元以下，超过限额的，应当报国务院批准。

（五）地方政府规章设定的行政处罚

省、自治区、直辖市人民政府和省、自治区人民政府所在地的市人民政府以及经国务院批准的较大的市人民政府制定的规章可以在法律、法规规定的给予行政处罚的行为、种类和幅度的范围内作出具体规定。尚未制定法律、法规的，上述人民政府制定的规章对违反行政管理秩序的行为，可以设定警告或者一定数量罚款的行政处罚。

三、行政处罚的管辖和适用

（一）行政处罚的管辖

1. 职能管辖

行政处罚由具有行政处罚权的行政机关在法定职权范围内实施。

2. 地域管辖和级别管辖

行政处罚由违法行为发生地的县级以上地方人民政府具有行政处罚权的行政机关管辖。法律、行政法规另有规定的除外。我国绝大多数行政处罚适用地域管辖。

3. 指定管辖

对管辖发生争议的，报请共同的上一级行政机关指定管辖。

（二）行政处罚的适用

1. 从轻、减轻处罚的条件

（1）已满 14 周岁不满 18 周岁的人有违法行为的。

（2）主动消除或者减轻违法行为危害后果的。

（3）受他人胁迫有违法行为的。

（4）配合行政机关查处违法行为有立功表现的。

（5）其他依法从轻或者减轻行政处罚的。

2. 不予行政处罚的条件

（1）不满 14 周岁的人有违法行为的。

（2）精神病人在不能辨认或者不能控制自己行为时有违法行为的。

（3）违法行为轻微并及时纠正，没有造成危害后果的。

3. 行政处罚的诉讼时效

违法行为在 2 年内未被发现的，不再给予行政处罚。

四、行政处罚的决定

（一）一般规定

1. 原则

公民、法人或者其他组织违反行政管理秩序的行为，依法应当给予行政处罚的，行政机关必须查明事实；违法事实不清的，不得给予行政处罚。

2. 告知义务

行政机关在作出行政处罚决定之前，应当告知当事人作出行政处罚决定的事实、理由及依据，并告知当事人依法享有的权利。

3. 当事人权利

当事人有权进行陈述和申辩。行政机关必须充分听取当事人的意见，对当事人提出的事实、理由和证据，应当进行复核；当事人提出的事实、理由或者证据成立的，行政机关应当采纳。行政机关不得因当事人申辩而加重处罚。

4. 其他规定

行政机关及其执法人员在作出行政处罚决定之前，不按规定向当事人告知给予行政处罚的事实、理由和依据，或者拒绝听取当事人的陈述、申辩，行政处罚决定不能成立；当事人放弃陈述或者申辩权利的除外。

（二）决定程序

1. 简易程序

当违法事实确凿并有法定依据，当场实施行政处罚：对公民处以 50 元以下、对法人或者其他组织处以 1 000 元以下罚款或者警告。

执法人员当场作出行政处罚决定的，应当向当事人出示执法身份证件，填写预定格式、编有号码的行政处罚决定书。行政处罚决定书应当当场交付当事人。

行政处罚决定书应当载明当事人的违法行为、行政处罚依据、罚款数额、时间、地点以及行政机关名称，并由执法人员签名或者盖章。

执法人员当场作出的行政处罚决定，必须报所属行政机关备案。

2. 一般程序

除规定的可以当场作出的行政处罚外，行政机关发现公民、法人或者其他组织有依法应当给予行政处罚的行为的，必须全面、客观、公正地调查，收集有关证据；必要时，依照法律、法规的规定，可以进行检查。

行政机关在调查或者进行检查时，执法人员不得少于两人，并应当向当事人或者有关人员出示证件。当事人或者有关人员应当如实回答询问，并协助调查或者检查，不得阻挠。询问或者检查应当制作笔录。

行政机关在收集证据时，可以采取抽样取证的方法；在证据可能灭失或者以后难以取得的情况下，经行政机关负责人批准，可以先行登记保存，并应当在 7 日内及时作出处理决定，在此期间，当事人或者有关人员不得销毁或者转移证据。

执法人员与当事人有直接利害关系的，应当回避。

调查终结，行政机关负责人应当对调查结果进行审查，根据不同情况，分别作出如下决定：

（1）确有应受行政处罚的违法行为的，根据情节轻重及具体情况，作出行政处罚决定。

（2）违法行为轻微，依法可以不予行政处罚的，不予行政处罚。

（3）违法事实不能成立的，不得给予行政处罚。

（4）违法行为已构成犯罪的，移送司法机关。

对情节复杂或者重大违法行为给予较重的行政处罚，行政机关的负责人应当集体讨论决定。

在行政机关负责人作出决定之前，应当由从事行政处罚决定审核的人员进行审核。行政机关中初次从事行政处罚决定审核的人员，应当通过国家统一法律职业资格考试取得法律职业资格。

行政机关依照《中华人民共和国行政处罚法》的规定给予行政处罚，应当制作行政处罚决定书。

行政处罚决定书应当在宣告后当场交付当事人；当事人不在场的，行政机关应当在 7 日内依照民事诉讼法的有关规定，将行政处罚决定书送达当事人。

3. 听证程序

行政机关作出责令停产停业、吊销许可证或者执照、较大数额罚款等行政处罚决定之前，应当告知当事人有要求举行听证的权利；当事人要求听证的，行政机关应当组织听证。当事人不承担行政机关组织听证的费用。

听证依照以下程序组织：

（1）当事人要求听证的，应当在行政机关告知后3日内提出。

（2）行政机关应当在听证的7日前，通知当事人举行听证的时间、地点。

（3）除涉及国家秘密、商业秘密或者个人隐私外，听证公开举行。

（4）听证由行政机关指定的非本案调查人员主持；当事人认为主持人与本案有直接利害关系的，有权申请回避。

（5）当事人可以亲自参加听证，也可以委托一至二人代理。

（6）举行听证时，调查人员提出当事人违法的事实、证据和行政处罚建议；当事人进行申辩和质证。

（7）听证应当制作笔录；笔录应当交当事人审核无误后签字或者盖章。

当事人对限制人身自由的行政处罚有异议的，依照治安管理处罚法有关规定执行。

听证结束后，行政机关依照《中华人民共和国行政处罚法》的规定，作出决定。

五、行政处罚的执行

行政处罚决定一旦作出，就具有法律效力，处罚决定中所确定的义务必须得到履行。

（一）处罚机关与收款机构相分离

作出罚款决定的行政机关应当与收缴罚款的机构分离。

除依照规定当场收缴的罚款外，作出行政处罚决定的行政机关及其执法人员不得自行收缴罚款。

当事人应当自收到行政处罚决定书之日起15日内，到指定的银行缴纳罚款。银行应当收受罚款，并将罚款直接上缴国库。

依照规定当场作出行政处罚决定，执法人员可以当场收缴罚款的情形有：

（1）依法给予20元以下的罚款的。

（2）不当场收缴事后难以执行的。

在边远、水上、交通不便地区，行政机关及其执法人员依照规定作出罚款决定后，当事人向指定的银行缴纳罚款确有困难，经当事人提出，行政机关及其执法人员可以当场收缴罚款。

行政机关及其执法人员当场收缴罚款的，必须向当事人出具省、自治区、直辖市财政部门统一制发的罚款收据；不出具财政部门统一制发的罚款收缴的，当事人有权拒绝缴纳罚款。

执法人员当场收缴的罚款，应当自收缴罚款之日起2日内，交至行政机关；在水上当场收缴的罚款，应当自抵岸之日起2日内交至行政机关；行政机关应当在2日内将罚款缴付指定的银行。

（二）严格收支两条线

罚款、没收违法所得或者没收非法财物拍卖的款项，必须全部上缴国库，任何行政机关或者个人不得以任何形式截留、私分或者变相私分；财政部门不得以任何形式向作出行政处罚决定的行政机关返还罚款、没收的违法所得或者返还没收非法财物的拍卖款项。

（三）强制执行

行政处罚决定依法作出后，当事人应当在行政处罚决定的期限内，予以履行。

当事人逾期不履行行政处罚决定的，作出行政处罚决定的行政机关可以采取下列措施：

（1）到期不缴纳罚款的，每日按罚款数额的3%加处罚款。

（2）根据法律规定，将查封、扣押的财物拍卖或者将冻结的存款划拨抵缴罚款。

（3）申请人民法院强制执行。

第三节 中华人民共和国劳动法

一、女工保护

（1）禁止用人单位安排女工从事矿山井下、国家规定的第四级体力劳动强度的劳动和其他禁忌从事的劳动。

（2）禁止用人单位安排女职工在经期从事高处、低温、冷水作业和国家规定的第三级体力劳动强度的劳动。

（3）禁止用人单位安排女职工在怀孕期间从事国家规定的第三级体力劳动强度的劳动和孕期禁忌从事的活动。对怀孕7个月以上的职工，不得安排其延长工作时间和夜班劳动。

（4）禁止用人单位安排女职工在哺乳未满一周岁婴儿期间从事国家规定的第三级体力劳动强度的劳动和哺乳期禁忌从事的其他劳动，不得延长其工作时间和夜班劳动。

二、未成年工保护（16～18岁）

（1）禁止用人单位安排未成年工从事矿山井下、有毒有害、国家规定的第四级体力劳动强度的劳动和其他禁忌从事的劳动。

（2）用人单位应当对未成年工定期进行健康检查。

第四节 中华人民共和国劳动合同法

一、劳动合同的建立及相关权利义务

（一）劳动合同的订立

用人单位自用工之日起即与劳动者建立劳动关系。用人单位应当建立职工名册备查。

用人单位招用劳动者时，应当如实告知劳动者工作内容、工作条件、工作地点、职业危害、安全生产状况、劳动报酬，以及劳动者要求了解的其他情况；用人单位有权了解劳动者与劳动合同直接相关的基本情况，劳动者应当如实说明。

（二）试用期、服务期和竞业限制的约定

1. 用人单位约定试用期的权利

劳动合同期限 3 个月以上不满 1 年的，试用期不得超过 1 个月；劳动合同期限 1 年以上不满 3 年的，试用期不得超过 2 个月；3 年以上固定期限和无固定期限的劳动合同，试用期不得超过 6 个月。

同一用人单位与同一劳动者只能约定一次试用期。

以完成一定工作任务为期限的劳动合同或者劳动合同期限不满 3 个月的，不得约定试用期。

试用期包含在劳动合同期限内。劳动合同仅约定试用期的，试用期不成立，该期限为劳动合同期限。

劳动者在试用期的工资不得低于本单位相同岗位最低档工资或者劳动合同约定工资的 80%，并不得低于用人单位所在地的最低工资标准。

2. 用人单位约定服务期的权利

用人单位为劳动者提供专项培训费用，对其进行专业技术培训的，可以与该劳动者订立协议，约定服务期。

劳动者违反服务期约定的，应当按照约定向用人单位支付违约金。违约金的数额不得超过用人单位提供的培训费用。用人单位要求劳动者支付的违约金不得超过服务期尚未履行部分所应分摊的培训费用。

用人单位与劳动者约定服务期的，不影响按照正常的工资调整机制提高劳动者在服务期期间的劳动报酬。

3. 用人单位约定竞业限制的权利

用人单位与劳动者可以在劳动合同中约定保守用人单位的商业秘密和与知识产权相关的保密事项。对负有保密义务的劳动者，用人单位可以在劳动合同或者保密协议中与劳动者约定竞业限制条款，并约定在解除或者终止劳动合同后，在竞业限制期限内按月给予劳动者经济补偿。劳动者违反竞业限制约定的，应当按照约定向用人单位支付违约金。

竞业限制的人员限于用人单位的高级管理人员、高级技术人员和其他负有保密义务的人员。竞业限制的范围、地域、期限由用人单位与劳动者约定，竞业限制的约定不得违反法律、法规的规定。在解除或者终止劳动合同后，竞业限制的人员到与本单位生产或者经营同类产品、从事同类业务的有竞争关系的其他用人单位，或者自己开业生产或者经营同类产品、从事同类业务的竞业限制期限，不得超过 2 年。

二、劳动合同履行及相关权利义务

（一）劳动者解除劳动合同及获得经济补偿的权利

（1）劳动者提前 30 日以书面形式通知用人单位，可以解除劳动合同。劳动者在试用期内提前 3 日通知用人单位，可以解除劳动合同。

（2）用人单位有下列情形之一的，劳动者可以解除劳动合同：

① 未按照劳动合同约定提供劳动保护或者劳动条件的。

② 未及时足额支付劳动报酬的。

③ 未依法为劳动者缴纳社会保险费的。

④ 用人单位的规章制度违反法律、法规的规定，损害劳动者权益的。

⑤ 因以欺诈、胁迫的手段或者乘人之危，使对方在违背真实意思的情况下订立或者变更劳动合同致使劳动合同无效的。

⑥ 法律、行政法规规定劳动者可以解除劳动合同的其他情形。

劳动者依照以上情形解除劳动合同的，用人单位应当向劳动者支付经济补偿。

用人单位以暴力、威胁或者非法限制人身自由的手段强迫劳动者劳动的，或者用人单位违章指挥、强令冒险作业危及劳动者人身安全的，劳动者可以立即解除劳动合同，不需事先告知用人单位。

（二）用人单位依法解除劳动合同的权利

（1）用人单位与劳动者协商一致，可以解除劳动合同。

（2）劳动者有下列情形之一的，用人单位可以解除劳动合同：

① 在试用期间被证明不符合录用条件的。

② 严重违反用人单位的规章制度的。

③ 严重失职，营私舞弊，给用人单位造成重大损害的。

④ 劳动者同时与其他用人单位建立劳动关系，对完成本单位的工作任务造成严重影响，或者经用人单位提出，拒不改正的。

⑤ 欺诈、胁迫的手段或者乘人之危订立或者变更劳动合同，致使劳动合同无效的。

⑥ 被依法追究刑事责任的。

（3）用人单位提前 30 日以书面形式通知劳动者本人或者额外支付劳动者一个月工资后，可以解除劳动合同的情形：

① 劳动者患病或者非因工负伤，在规定的医疗期满后不能从事原工作，也不能从事由用人单位另行安排的工作的。

② 劳动者不能胜任工作，经过培训或者调整工作岗位，仍不能胜任工作的。

③ 劳动合同订立时所依据的客观情况发生重大变化，致使劳动合同无法履行，经用人单位与劳动者协商，未能就变更劳动合同内容达成协议的。

④ 用人单位依法进行经济性裁员的。

（三）禁止用人单位单方解除劳动合同的情形

劳动者有下列情形之一的，用人单位不得解除劳动合同：

① 从事接触职业病危害作业的劳动者未进行离岗前职业健康检查，或者疑似职业病病人在诊断或者医学观察期间的。

② 在本单位患职业病或者因工负伤并被确认丧失或者部分丧失劳动能力的。

第五节　中华人民共和国突发事件应对法

一、突发事件及其应对分工

（一）突发事件的概念

《中华人民共和国突发事件应对法》（以下简称《突发事件应对法》）所称突发事件，是指突然发生，造成或者可能造成严重社会危害，需要采取应急处置措施予以应对的自然灾害、事故灾难、公共卫生事件和社会安全事件。

（二）突发事件的分类与分级

按照社会危害程度、影响范围等因素，自然灾害、事故灾难、公共卫生事件分为特别重大、重大、较大和一般四级。

（三）应对突发事件时政府部门的分工

县级人民政府对本行政区域内突发事件的应对工作负责；涉及两个以上行政区域的，由有关行政区域共同的上一级人民政府负责，或者由各有关行政区域的上一级人民政府共同负责。突发事件发生后，发生地县级人民政府应当立即采取措施控制事态发展，组织开展应急救援和处置工作，并立即向上一级人民政府报告，必要时可以越级上报。

突发事件发生地县级人民政府不能消除或者不能有效控制突发事件引起的严重社会危害的，应当及时向上级人民政府报告。上级人民政府应当及时采取措施，统一领导应急处置工作。

法律、行政法规规定由国务院有关部门对突发事件的应对工作负责的，从其规定；地方人民政府应当积极配合并提供必要的支持。国家建立统一领导、综合协调、分类管理、分级负责、属地管理为主的应急管理体制。

二、预防与应急准备

（一）建立健全应急预案体系

1. 应急预案体系

国家建立健全突发事件应急预案体系。

国务院制定国家突发事件总体应急预案，组织制定国家突发事件专项应急预案；国务院有关部门根据各自的职责和国务院相关应急预案，制定国家突发事件部门应急预案。

地方各级人民政府和县级以上地方各级人民政府有关部门根据有关法律、法规、规章、上级人民政府及其有关部门的应急预案以及本地区的实际情况，制定相应的突发事件应急预案。

应急预案制定机关应当根据实际需要和情势变化，适时修订应急预案。应急预案的制定、修订程序由国务院规定。

2. 应急预案内容

应急预案应当根据《突发事件应对法》和其他有关法律、法规的规定，针对突发事件的性质、特点和可能造成的社会危害，具体规定突发事件应急管理工作的组织指挥体系与职责和突发事件的预防与预警机制、处置程序、应急保障措施以及事后恢复与重建措施等内容。

（二）单位预防与应对突发事件的义务

1. 高危行业企业应对突发事件的义务

矿山、建筑施工单位和易燃易爆物品、危险化学品、放射性物品等危险物品的生产、经营、储运、使用单位，应当制定具体应急预案，并对生产经营场所、有危险物品的建筑物、构筑物及周边环境开展隐患排查，及时采取措施消除隐患，防止发生突发事件。

2. 人员密集场所经营单位应对突发事件的义务

公共交通工具、公共场所和其他人员密集场所的经营单位或者管理单位应当制定具体应急预案，为交通工具和有关场所配备报警装置和必要的应急救援设备、设施，注明其使用方法，并显著标明安全撤离的通道、路线，保证安全通道、出口的畅通。

有关单位应当定期检测、维护其报警装置和应急救援设备、设施，使其处于良好状态，确保正常使用。

（三）应急能力建设

县级以上人民政府应当整合应急资源，建立或者确定综合性应急救援队伍。对有关部门负责处置突发事件的工作人员有计划地组织开展应急救援的专门训练，为专业应急救援人员购买人身意外伤害保险，配备必要的防护装备和器材，组织开展应急知识的宣传普及活动和必要的应急演练。应当对学校开展应急知识教育，保障突发事件应对工作所需经费，建立健全应急通信保障体系，完善公用通信网，发展保险事业，鼓励、扶持应急教学科研等。

三、监测与预警

（一）信息的收集与报告

县级以上人民政府及其有关部门、专业机构应当通过多种途径收集突发事件信息。县级人民政府应当在居民委员会、村民委员会和有关单位建立专职或者兼职信息报告员制度。获悉突发事件信息的公民、法人或者其他组织，应当立即向所在地人民政府、有关主管部门或者指定的专业机构报告。

有关单位和人员报送、报告突发事件信息，应当做到及时、客观、真实，不得迟报、谎报、瞒报、漏报。

县级以上地方各级人民政府应当及时汇总分析突发事件隐患和预警信息，必要时组织相关部门、专业技术人员、专家学者进行会商，对发生突发事件的可能性及其可能造成的影响进行评估；认为可能发生重大或者特别重大突发事件的，应当立即向上级人民政府报告，并向上级人民政府有关部门、当地驻军和可能受到危害的毗邻或者相关地区的人民政府通报。

（二）突发事件监测制度

国家建立健全突发事件监测制度。

县级以上人民政府及其有关部门应当根据自然灾害、事故灾难和公共卫生事件的种类和特点，建立健全基础信息数据库，完善监测网络，划分监测区域，确定监测点，明确监测项目，提供必要的设备、设施，配备专职或者兼职人员，对可能发生的突发事件进行监测。

（三）突发事件预警制度

国家建立健全突发事件预警制度。

可以预警的自然灾害、事故灾难和公共卫生事件的预警级别，按照突发事件发生的紧急程度、发展势态和可能造成的危害程度分为一级、二级、三级和四级，分别用红色、橙色、黄色和蓝色标示，一级为最高级别。

可以预警的自然灾害、事故灾难或者公共卫生事件即将发生或者发生的可能性增大时，县级以上地方各级人民政府应当根据有关法律、行政法规和国务院规定的权限和程序，发布相应级别的警报，决定并宣布有关地区进入预警期，同时向上一级人民政府报告，必要时可以越级上报，并向当地驻军和可能受到危害的毗邻或者相关地区的人民政府通报。

发布三级、四级警报，宣布进入预警期后，县级以上地方各级人民政府应当根据即将发生的突发事件的特点和可能造成的危害，采取以下 5 项措施：

（1）启动应急预案。

（2）责令有关部门、专业机构、监测网点和负有特定职责的人员及时收集、报告有关信息，向社会公布反映突发事件信息的渠道，加强对突发事件发生、发展情况的监测、预报和预警工作。

（3）组织有关部门和机构、专业技术人员、有关专家学者，随时对突发事件信息进行分析评估，预测发生突发事件可能性的大小、影响范围和强度以及可能发生的突发事件的级别。

（4）定时向社会发布与公众有关的突发事件预测信息和分析评估结果，并对相关信息的报道工作进行管理。

（5）及时按照有关规定向社会发布可能受到突发事件危害的警告，宣传避免、减轻危害的常识，公布咨询电话。

发布一级、二级警报，宣布进入预警期后，县级以上地方各级人民政府除采取三、四级预警规定的措施外，还应当针对即将发生的突发事件的特点和可能造成的危害，采取以下 8 项措施：

（1）责令应急救援队伍、负有特定职责的人员进入待命状态，并动员后备人员做好参加应急救援和处置工作的准备。

（2）调集应急救援所需物资、设备、工具，准备应急设施和避难场所，并确保其处于良好状态、随时可以投入正常使用。

（3）加强对重点单位、重要部位和重要基础设施的安全保卫，维护社会治安秩序。

（4）采取必要措施，确保交通、通信、供水、排水、供电、供气、供热等公共设施的安全和正常运行。

（5）及时向社会发布有关采取特定措施避免或者减轻危害的建议、劝告。

（6）转移、疏散或者撤离易受突发事件危害的人员并予以妥善安置，转移重要财产。

（7）关闭或者限制使用易受突发事件危害的场所，控制或者限制容易导致危害扩大的公共场所的活动。

（8）法律、法规、规章规定的其他必要的防范性、保护性措施。

四、应急处置与救援

（一）应急处置

1. 应急处置措施

自然灾害、事故灾难或者公共卫生事件发生后，履行统一领导职责的人民政府可以采取下列一项或者多项应急处置措施：

（1）组织营救和救治受害人员，疏散、撤离并妥善安置受到威胁的人员以及采取其他救助措施。

（2）迅速控制危险源，标明危险区域，封锁危险场所，划定警戒区，实行交通管制以及其他控制措施。

（3）立即抢修被损坏的交通、通信、供水、排水、供电、供气、供热等公共设施，向受到危害的人员提供避难场所和生活必需品，实施医疗救护和卫生防疫以及其他保障措施。

（4）禁止或者限制使用有关设备、设施，关闭或者限制使用有关场所，中止人员密集的活动或者可能导致危害扩大的生产经营活动以及采取其他保护措施。

（5）启用本级人民政府设置的财政预备费和储备的应急救援物资，必要时调用其他急需物资、设备、设施、工具。

（6）组织公民参加应急救援和处置工作，要求具有特定专长的人员提供服务。

（7）保障食品、饮用水、燃料等基本生活必需品的供应。

（8）依法从严惩处囤积居奇、哄抬物价、制假售假等扰乱市场秩序的行为，稳定市场价格，维护市场秩序。

（9）依法从严惩处哄抢财物、干扰破坏应急处置工作等扰乱社会秩序的行为，维护社会治安。

（10）采取防止发生次生、衍生事件的必要措施。

2. 信息的发布与传播

履行统一领导职责或者组织处置突发事件的人民政府，应当按照有关规定统一、准确、及时发布有关突发事件事态发展和应急处置工作的信息。任何单位和个人不得编造、传播有关突发事件事态发展或者应急处置工作的虚假信息。

（二）应急救援

突发事件发生地的居民委员会、村民委员会和其他组织应当按照当地人民政府的决定、命令，进行宣传动员，组织群众开展自救和互救，协助维护社会秩序。

受到自然灾害危害或者发生事故灾难、公共卫生事件的单位，应当立即组织本单位应急救援队伍和工作人员营救受害人员，疏散、撤离、安置受到威胁的人员，控制危险源，标明危险区域，封锁危险场所，并采取其他防止危害扩大的必要措施，同时向所在地县级人民政府报告。

突发事件发生地的其他单位应当服从人民政府发布的决定、命令，配合人民政府采取的应急处置措施，做好本单位的应急救援工作，并积极组织人员参加所在地的应急救援和处置工作。

五、事后恢复与重建

突发事件的威胁和危害得到控制或者消除后，履行统一领导职责或者组织处置突发事件的人民政府：

（1）应当停止执行应急处置措施，同时采取或者继续实施必要措施，防止次生、衍生事件或者重新引发社会安全事件。

（2）承担恢复和重建职责。

（3）请求上一级人民政府支持恢复重建工作。

（4）制定救助、补偿、抚慰、抚恤、安置等善后工作计划并组织实施。

（5）及时查明突发事件的发生经过和原因，总结突发事件应急处置工作的经验教训。

第六节 中华人民共和国职业病防治法

一、前期预防要求

（一）工作场所的职业卫生要求

产生职业病危害的用人单位的设立除应当符合法律、行政法规规定的设立条件外，其工作场所还应当符合下列职业卫生要求：

（1）职业病危害因素的强度或者浓度符合国家职业卫生标准。

（2）有与职业病危害防护相适应的设施。

（3）生产布局合理，符合有害与无害作业分开的原则。

（4）有配套的更衣间、洗浴间、孕妇休息间等卫生设施。

（5）设备、工具、用具等设施符合保护劳动者生理、心理健康的要求。

（6）法律、行政法规和国务院卫生行政部门关于保护劳动者健康的其他要求。

（二）建设项目职业病危害预评价

新建、扩建、改建建设项目和技术改造、技术引进项目（以下统称建设项目）可能产生职业病危害的，建设单位在可行性论证阶段应当进行职业病危害预评价。

医疗机构建设项目可能产生放射性职业病危害的，建设单位应当向卫生行政部门提交放射性职业病危害预评价报告。卫生行政部门应当自收到预评价报告之日起 30 日内，作出审核决定并书面通知建设单位。未提交预评价报告或者预评价报告未经卫生行政部门审核同意的，不得开工建设。

职业病危害预评价报告应当对建设项目可能产生的职业病危害因素及其对工作场所和劳动者健康的影响作出评价，确定危害类别和职业病防护措施。

（三）职业病危害防护设施

建设项目的职业病防护设施所需费用应当纳入建设项目工程预算，并与主体工程同时设计，同时施工，同时投入生产和使用。建设项目的职业病防护设施设计应当符合国家职业卫生标准和卫生要求；其中，医疗机构放射性职业病危害严重的建设项目的防护设施设计，应当经卫生行政部门审查同意后，方可施工。

二、劳动过程中职业病的防护与管理

（一）职业危害公告和警示

产生职业病危害的用人单位，应当在醒目位置设置公告栏，公布有关职业病防治的规章制度、操作规程、职业病危害事故应急救援措施和工作场所职业病危害因素检测结果。对产生严重职业病危害的作业岗位，应当在其醒目位置，设置警示标识和中文警示说明。警示说明应当载明产生职业病危害的种类、后果、预防以及应急救治措施等内容。

对可能发生急性职业损伤的有毒、有害工作场所，用人单位应当设置报警装置，配置现场急救用品、冲洗设备、应急撤离通道和必要的泄险区。对放射工作场所和放射性同位素的运输、贮存，用人单位必须配置防护设备和报警装置，保证接触放射线的工作人员佩戴个人剂量计。对职业病防护设备、应急救援设施和个人使用的职业病防护用品，用人单位应当进行经常性的维护、检修，定期检测其性能和效果，确保其处于正常状态，不得擅自拆除或者停止使用。

（二）职业病危害因素的监测、检测、评价及治理

用人单位应当实施由专人负责的职业病危害因素日常监测，并确保监测系统处于正常运行状态。用人单位应当按照国务院卫生行政部门的规定，定期对工作场所进行职业病危害因素检测、评价。检测、评价结果存入用人单位职业卫生档案，定期向所在地卫生行政部门报告并向劳动者公布。职业病危害因素检测、评价由依法设立的取得国务院卫生行政部门或者设区的市级以上地方人民政府卫生行政部门按照职责分工给予资质认可的职业卫生技术服务机构进行。职业卫生技术服务机构所做检测、评价应当客观、真实。发现工作场所职业病危害因素不符合国家职业卫生标准和卫生要求时，用人单位应当立即采取相应治理措施，仍然达不到国家职业卫生标准和卫生要求的，必须停止存在职业病危害因素的作业；职业病危害因素经治理后，符合国家职业卫生标准和卫生要求的，方可重新作业。

（三）向用人单位提供可能产生职业病危害的设备的规定和要求

向用人单位提供可能产生职业病危害的设备的，应当提供中文说明书，并在设备的醒目位置设置警示标识和中文警示说明。警示说明应当载明设备性能、可能产生的职业病危害、安全操作和维护注意事项、职业病防护以及应急救治措施等内容。

（四）向用人单位提供可能产生职业病危害的化学原料及放射性物质的规定和要求

向用人单位提供可能产生职业病危害的化学品、放射性同位素和含有放射性物质的材料的，应当提供中文说明书。说明书应当载明产品特性、主要成分、存在的有害因素、可能产生的危害后果、安全使用注意事项、职业病防护以及应急救治措施等内容。产品包装应当有醒目的警示标识和中文警示说明。贮存上述材料的场所应当在规定的部位设置危险物品标识或者放射性警示标识。国内首次使用或者首次进口与职业病危害有关的化学材料，使用单位或者进口单位按照国家规定经国务院有关部门批准后，应当向国务院卫生行政部门报送该化学材料的毒性鉴定以及经有关部门登记注册或者批准进口的文件等资料。进口放射性同位素、射线装置和含有放射性物质的物品的，按照国家有关规定办理。

（五）职业病危害的如实告知

用人单位与劳动者订立劳动合同（含聘用合同，下同）时，应当将工作过程中可能产生的职业病危害及其后果、职业病防护措施和待遇等如实告知劳动者，并在劳动合同中写明，不得隐瞒或者欺骗。劳动者在已订立劳动合同期间因工作岗位或者工作内容变更，从事与所订立劳动合同中未告知的存在职业病危害的作业时，用人单位应当依照上述规定，向劳动者履行如实告知的义务，并协商变更原劳动合同相关条款。用人单位违反上述规定的，劳动者有权拒绝从事存在职业病危害的作业，用人单位不得因此解除与劳动者所订立的劳动合同。

（六）职业卫生培训要求

用人单位的主要负责人和职业卫生管理人员应当接受职业卫生培训，遵守职业病防治法律、法规，依法组织本单位的职业病防治工作。用人单位应当对劳动者进行上岗前的职业卫生培训和在岗期间的定期职业卫生培训，普及职业卫生知识，督促劳动者遵守职业病防治法律、法规、规章和操作规程，指导劳动者正确使用职业病防护设备和个人使用的职业病防护用品。劳动者应当学习和掌握相关的职业卫生知识，增强职业病防范意识，遵守职业病防治法律、法规、规章和操作规程，正确使用、维护职业病防护设备和个人使用的职业病防护用品，发现职业病危害事故隐患应当及时报告。劳动者不履行上述规定义务的，用人单位应当对其进行教育。

（七）职业健康检查

对从事接触职业病危害的作业的劳动者，用人单位应当按照国务院卫生行政部门的规定组织上岗前、在岗期间和离岗时的职业健康检查，并将检查结果书面告知劳动者。职业健康检查费用由用人单位承担。

用人单位不得安排未经上岗前职业健康检查的劳动者从事接触职业病危害的作业；不得安排有职业禁忌的劳动者从事其所禁忌的作业；对在职业健康检查中发现有与所从事的职业相关的健康损害的劳动者，应当调离原工作岗位，并妥善安置；对未进行离岗前职业健康检查的劳动者不得解除或者终止与其订立的劳动合同。

职业健康检查应当由取得《医疗机构执业许可证》的医疗卫生机构承担。

（八）职业健康监护档案

用人单位应当为劳动者建立职业健康监护档案，并按照规定的期限妥善保存。职业健康监护档案应当包括劳动者的职业史、职业病危害接触史、职业健康检查结果和职业病诊疗等有关个人健康资料。劳动者离开用人单位时，有权索取本人职业健康监护档案复印件，用人单位应当如实、无偿提供，并在所提供的复印件上签章。

（九）急性职业病危害事故

发生或者可能发生急性职业病危害事故时，用人单位应当立即采取应急救援和控制措施，并及时报告所在地卫生行政部门和有关部门。卫生行政部门接到报告后，应当及时会同有关部门组织调查处理；必要时，可以采取临时控制措施。卫生行政部门应当组织做好医疗救治工作。对遭受或者可能遭受急性职业病危害的劳动者，用人单位应当及时组织救治、进行健康检查和医学观察，所需费用由用人单位承担。

（十）对未成年工和女职工的劳动保护

用人单位不得安排未成年工从事接触职业病危害的作业；不得安排孕期、哺乳期的女职工从事对本人和胎儿、婴儿有危害的作业。

（十一）职业病防治费用

用人单位按照职业病防治要求，用于预防和治理职业病危害、工作场所卫生检测、健康监护和职业卫生培训等费用，按照国家有关规定，在生产成本中据实列支。

三、职业病诊断与职业病病人保障

（一）职业病诊断

1. 职业病诊断机构的选择

职业病诊断应当由取得《医疗机构执业许可证》的医疗卫生机构承担。承担职业病诊断的医疗卫生机构不得拒绝劳动者进行职业病诊断的要求。

劳动者可以在用人单位所在地、本人户籍所在地或者经常居住地依法承担职业病诊断的医疗卫生机构进行职业病诊断。

2. 职业病诊断的因素与程序

职业病诊断，应当综合分析以下因素：

（1）病人的职业史。

（2）职业病危害接触史和工作场所职业病危害因素情况。

（3）临床表现以及辅助检查结果等。

没有证据否定职业病危害因素与病人临床表现之间的必然联系的，应当诊断为职业病。

职业病诊断证明书应当由参与诊断的取得职业病诊断资格的执业医师签署，并经承担职业病诊断的医疗卫生机构审核盖章。

3. 职业病诊断的资料提供、调查及判定

用人单位应当如实提供职业病诊断、鉴定所需的劳动者职业史和职业病危害接触史、工作场所职业病危害因素检测结果等资料；卫生行政部门应当监督检查和督促用人单位提供上述资料；劳动者和有关机构也应当提供与职业病诊断、鉴定有关的资料。职业病诊断、鉴定机构需要了解工作场所职业病危害因素情况时，可以对工作场所进行现场调查，也可以向卫生行政部门提出，卫生行政部门应当在10日内组织现场调查。用人单位不得拒绝、阻挠。

职业病诊断、鉴定过程中，用人单位不提供工作场所职业病危害因素检测结果等资料的，诊断、鉴定机构应当结合劳动者的临床表现、辅助检查结果和劳动者的职业史、职业病危害接触史，并参考劳动者的自述、卫生行政部门提供的日常监督检查信息等，作出职业病诊断、鉴定结论。

劳动者对用人单位提供的工作场所职业病危害因素检测结果等资料有异议，或者因劳动者的用人单位解散、破产，无用人单位提供上述资料的，诊断、鉴定机构应当提请卫生行政部门进行调查，卫生行政部门应当自接到申请之日起 30 日内对存在异议的资料或者工作场所职业病危害因素情况作出判定；有关部门应当配合。

4. 职业病诊断、鉴定中相关争议的处理

职业病诊断、鉴定过程中，在确认劳动者职业史、职业病危害接触史时，当事人对劳动关系、工种、工作岗位或者在岗时间有争议的，可以向当地的劳动人事争议仲裁委员会申请仲裁；接到申请的劳动人事争议仲裁委员会应当受理，并在 30 日内作出裁决。当事人在仲裁过程中对自己提出的主张，有责任提供证据。劳动者无法提供由用人单位掌握管理的与仲裁主张有关的证据的，仲裁庭应当要求用人单位在指定期限内提供；用人单位在指定期限内不提供的，应当承担不利后果。劳动者对仲裁裁决不服的，可以依法向人民法院提起诉讼。用人单位对仲裁裁决不服的，可以在职业病诊断、鉴定程序结束之日起 15 日内依法向人民法院提起诉讼；诉讼期间，劳动者的治疗费用按照职业病待遇规定的途径支付。

5. 职业病诊断异议的处理

当事人对职业病诊断有异议的，可以向作出诊断的医疗卫生机构所在地地方人民政府卫生行政部门申请鉴定。职业病诊断争议由设区的市级以上地方人民政府卫生行政部门根据当事人的申请，组织职业病诊断鉴定委员会进行鉴定。当事人对设区的市级职业病诊断鉴定委员会的鉴定结论不服的，可以向省、自治区、直辖市人民政府卫生行政部门申请再鉴定。

职业病诊断鉴定委员会由相关专业的专家组成。职业病诊断鉴定委员会应当按照国务院卫生行政部门颁布的职业病诊断标准和职业病诊断、鉴定办法进行职业病诊断鉴定，向当事人出具职业病诊断鉴定书。职业病诊断、鉴定费用由用人单位承担。

职业病诊断鉴定委员会组成人员应当遵守职业道德，客观、公正地进行诊断鉴定，并承担相应的责任。职业病诊断鉴定委员会组成人员不得私下接触当事人，不得收受当事人的财物或者其他好处，与当事人有利害关系的，应当回避。

6. 职业病的报告义务

用人单位和医疗卫生机构发现职业病病人或者疑似职业病病人时，应当及时向所在地卫生行政部门报告。确诊为职业病的，用人单位还应当向所在地劳动保障行政部门报告。接到报告的部门应当依法作出处理。

（二）职业病病人保障

1. 疑似职业病待遇

医疗卫生机构发现疑似职业病病人时，应当告知劳动者本人并及时通知用人单位。用人单位应当及时安排对疑似职业病病人进行诊断；在疑似职业病病人诊断或者医学观察期间，不得解除或者终止与其订立的劳动合同。疑似职业病病人在诊断、医学观察期间的费用，由用人单位承担。

2. 职业病待遇

用人单位应当保障职业病病人依法享受国家规定的职业病待遇。用人单位应当按照国家有关规定，安排职业病病人进行治疗、康复和定期检查。用人单位对不适宜继续从事原工作的职业病病人，应当调离原岗位，并妥善安置。用人单位对从事接触职业病危害的作业的劳动者，应当给予适当岗位津贴。职业病病人的诊疗、康复费用，伤残以及丧失劳动能力的职业病病人的社会保障，按照国家有关工伤保险的规定执行。

职业病病人除依法享有工伤保险外，依照有关民事法律，尚有获得赔偿的权利的，有权向用人单位提出赔偿要求。

3. 特殊情况保障

劳动者被诊断患有职业病，但用人单位没有依法参加工伤保险的，其医疗和生活保障由该用人单位承担。职业病病人变动工作单位，其依法享有的待遇不变。

用人单位在发生分立、合并、解散、破产等情形时，应当对从事接触职业病危害的作业的劳动者进行健康检查，并按照国家有关规定妥善安置职业病病人。

4. 医疗病人社会救助

用人单位已经不存在或者无法确认劳动关系的职业病病人，可以向地方人民政府医疗保障、民政部门申请医疗救助和生活等方面的救助。地方各级人民政府应当根据本地区的实际情况，采取其他措施，使上述规定的职业病病人获得医疗救治。

第六章　安全生产行政法规

第一节　安全生产许可证条例

一、取得安全生产许可证的安全生产条件和程序

（一）取得安全生产许可证的安全生产条件

1. 三类企业

国家对矿山企业、建筑施工企业和危险化学品、烟花爆竹、民用爆炸物品生产企业实行安全生产许可制度。

2. 取得安全生产许可证应当具备的具体的、可操作的安全生产条件

（1）建立、健全安全生产责任制，制定完备的安全生产规章制度和操作规程。

（2）安全投入符合安全生产要求。

（3）设置安全生产管理机构，配备专职安全生产管理人员。

（4）主要负责人和安全生产管理人员经考核合格。

（5）特种作业人员经有关业务主管部门考核合格，取得特种作业操作资格证书。

（6）从业人员经安全生产教育和培训合格。

（7）依法参加工伤保险，为从业人员缴纳保险费。

（8）厂房、作业场所和安全设施、设备、工艺符合有关安全生产法律、法规、标准和规程的要求。

（9）有职业危害防治措施，并为从业人员配备符合国家标准或者行业标准的劳动防护用品。

（10）依法进行安全评价。

（11）有重大危险源检测、评估、监控措施和应急预案。

（12）有生产安全事故应急救援预案、应急救援组织或者应急救援人员，配备必要的应急救援器材、设备。

（13）法律、法规规定的其他条件。

（二）取得安全生产许可证的程序

1. 提出申请

在进行生产前，企业应当依照《安全生产许可证条例》的规定向安全生产许可证颁发

管理机关申请领取安全生产许可证。

2. 受理申请及审查

接到申请人提交的安全生产许可证申请书、相关文件和资料后，安全生产许可证颁发管理机关应当决定是否受理和审查。

审查分为形式审查和实质审查。

（1）形式审查：安全生产许可证颁发管理机关依法对申请人提交的申请文件、资料是否齐全、真实、合法，进行检查核实。

（2）实质审查：申请人提交的文件、资料通过形式审查以后，安全生产许可证颁发管理机关认为有必要的，应当对申请文件、资料和企业的实际安全生产条件进行实地审查或者核实。

实质审查有 3 种方式：一是委派本机关工作人员直接进行审查或核实；二是委托其他行政机关代为进行审查或核实；三是委托安全中介机构对一些专业技术性很强的设施、设备和工艺进行专门的检测、检验。

3. 决定

安全生产许可证颁发管理机关应当自收到申请之日起 45 日内审查完毕。

形式审查不合格的，自申请人重新提交补正的相关文件、资料之日起计算。

实质审查安全生产条件不满足需要纠正的，自申请人再次提出申请之日起计算。

实质审查进行检测、检验的，自提交检测、检验报告之日起计算。

有不可抗力的情况的，自不可抗力的情况消失之日起计算。

4. 期限与延续

安全生产许可证的有效期为 3 年。安全生产许可证有效期满需要延期的，企业应当于期满前 3 个月向原安全生产许可证颁发管理机关办理延期手续。

企业在安全生产许可证有效期内，严格遵守有关安全生产的法律法规，未发生死亡事故的，安全生产许可证有效期届满时，经原安全生产许可证颁发管理机关同意，不再审查，安全生产许可证有效期延期 3 年。

二、安全生产许可监督管理的规定

（一）煤矿企业安全生产许可证的颁发与管理

煤矿企业应当以矿（井）为单位，依照《安全生产许可证条例》的规定取得安全生产许可证。

国家煤矿安全监察机构负责中央管理的煤矿企业安全生产许可证的颁发和管理。

在省、自治区、直辖市设立的煤矿安全监察机构负责上述规定以外的其他煤矿企业安全生产许可证的颁发和管理。

（二）非煤矿矿山企业、危险化学品、烟花爆竹生产企业安全生产许可证的颁发与管理

国务院安全生产监督管理部门负责中央管理的非煤矿矿山企业和危险化学品、烟花爆

竹生产企业安全生产许可证的颁发和管理。

省、自治区、直辖市人民政府安全生产监督管理部门负责上述规定以外的非煤矿矿山企业和危险化学品、烟花爆竹生产企业安全生产许可证的颁发和管理。

（三）建筑施工企业安全生产许可证的颁发与管理

省、自治区、直辖市人民政府建设主管部门负责建筑施工企业安全生产许可证的颁发和管理，并接受国务院建设主管部门的指导和监督。根据此规定，建筑施工企业都要向省级建设主管部门申请领取安全生产许可证，而后再向工程所在地县级以上建设主管部门申请领取建筑施工许可证。

（四）民用爆炸物品生产企业安全生产许可证的颁发与管理

省、自治区、直辖市人民政府民用爆炸物品行业主管部门负责民用爆炸物品生产企业安全生产许可证的颁发和管理，并接受国务院民用爆炸物品行业主管部门的指导和监督。

（五）中央管理企业安全生产许可证的颁发和管理

（1）中央管理的总公司（总厂）、集团公司及其投资或控股的一级上市公司，由国务院有关部门颁发安全生产许可证。

（2）中央管理的总公司（总厂）、集团公司全资或者控股的子公司和具有法人资格的企业，由其所在的省级有关部门颁发安全生产许可证。

第二节　煤矿安全监察条例

一、煤矿安全监察体制

安全监察与安全管理分开，建立专门从事煤矿安全监察工作的、自上而下垂直管理的煤矿安全监察机构，实行国家煤矿安全监察局、省（自治区、直辖市）煤矿安全监察局、煤矿安全监察办事处三级设置。对全国省级煤矿安全监察局及派出的办事处核定行政编制2 800人，属中央垂直管理。

二、煤矿安全监察的主要内容

（一）煤矿安全生产责任制

煤矿安全监察机构发现煤矿未依法建立安全生产责任制的，有权责令限期改正。

（二）煤矿安全生产组织保障

（1）设置安全生产机构或者配备安全生产人员。煤矿安全监察机构发现煤矿未设置安全生产机构或者配备安全生产人员的，应当责令限期改正。

（2）矿长安全任职资格。煤矿安全监察机构发现煤矿矿长不具备安全专业知识的，应当责令限期改正。.

（3）特种作业人员持证上岗。煤矿安全监察机构发现煤矿特种作业人员未取得资格证书上岗作业的，应当责令限期改正。

（4）职工岗前教育培训。煤矿安全监察机构发现煤矿分配职工上岗作业前，未进行安全教育、培训的，应当责令限期改正。

（三）安全技术措施专项费用的提取和使用

煤矿安全监察机构对煤矿安全技术措施专项费用的提取和使用情况进行监督，对未依法提取或者使用的，应当责令限期改正。

（四）安全设施设计审查

煤矿建设工程设计必须符合煤矿安全规程和行业技术规范的要求。煤矿建设工程安全设施设计必须经煤矿安全监察机构审查同意；未经审查同意的，不得施工。煤矿安全监察机构审查煤矿建设工程安全设施设计，应当自收到申请审查的设计资料之日起 30 日内审查完毕，签署同意或者不同意的意见，并书面答复。

（五）安全设施验收和安全条件审查

煤矿建设工程竣工后或者投产前，应当经煤矿安全监察机构对其安全设施和条件进行验收；未经验收或者验收不合格的，不得投入生产。煤矿安全监察机构对煤矿建设工程安全设施和条件进行验收，应当自收到申请验收文件之日起 30 日内验收完毕，签署合格或者不合格的意见，并书面答复。

（六）作业现场检查和复查

（1）煤矿安全监察机构发现煤矿矿井通风、防火、防水、防瓦斯、防毒、防尘等安全设施和条件不符合国家安全标准、行业安全标准、煤矿安全规程和行业技术规范要求的，应当责令立即停止作业或者责令限期达到要求。

（2）煤矿安全监察机构发现作业场所有未使用专用防爆电器设备、专用放炮器、人员专用升降容器、使用明火明电等违法行为的，有权责令立即停止作业，限期改正；有关煤矿或者作业场所经复查合格的，方可恢复作业。

（3）煤矿安全监察人员发现煤矿矿长或者其他主管人员违章指挥工人或者强令工人违章、冒险作业，或者发现工人违章作业的，应当立即纠正或者责令立即停止作业。

（4）煤矿安全监察人员发现煤矿未向职工发放保障安全生产所需的劳动防护用品的，应当责令限期改正。

（5）煤矿安全监察机构依照《煤矿安全监察条例》的规定责令煤矿限期解决事故隐患、限期改正影响煤矿安全的违法行为或者限期使安全设施和条件达到要求的，应当在限期届满时及时对煤矿执行情况进行复查并签署复查意见；经有关煤矿申请，也可以在限期内进行复查并签署复查意见。

煤矿安全监察机构及其煤矿安全监察人员依照《煤矿安全监察条例》的规定责令煤矿立即停止作业，责令立即停止使用不符合国家安全标准或者行业安全标准的设备、器材、仪器、仪表、防护用品，或者责令关闭矿井的，应当对煤矿的执行情况随时进行检查。

（七）专用设备监督检查

煤矿安全监察机构发现煤矿矿井使用的设备、器材、仪器、仪表、防护用品不符合国家安全标准或者行业安全标准的，应当责令立即停止使用。

（八）事故预防和应急计划

煤矿安全监察机构监督煤矿制定事故预防和应急计划，并检查煤矿制定的发现和消除事故隐患的措施及其落实情况。

第三节 国务院关于预防煤矿生产安全事故的特别规定

一、停产整顿的规定

（一）停产整顿期间的监督检查

1. 暂扣证照

对被责令停产整顿的煤矿，颁发证照的部门应当暂扣采矿许可证、安全生产许可证、营业执照和矿长资格证、矿长安全资格证。

2. 采取有效措施进行监督检查

对被停产整顿的煤矿，在停产整顿期间，由有关人民政府采取有效措施进行监督检查。

（二）停产整顿后的整改复查

1. 复产验收

被责令停产整顿的煤矿应当制定整改方案，落实整改措施和安全技术规定；整改结束后要求恢复生产的，应当由县级以上地方人民政府负责煤矿安全生产监督管理的部门自收到恢复生产申请之日起 60 日内组织验收完毕。

2. 经验收后依法作出处理决定

验收合格的，经组织验收的地方人民政府负责煤矿安全生产监督管理的部门的主要负责人签字，并经有关煤矿安全监察机构审核同意，报请有关地方人民政府主要负责人签字批准，颁发证照的部门发还证照，煤矿方可恢复生产；验收不合格的，由有关地方人民政府予以关闭。

3. 多次发现有重大隐患仍然生产的，予以关闭

对 3 个月内 2 次或者 2 次以上发现有重大安全生产隐患，仍然进行生产的煤矿，县级以上地方人民政府负责煤矿安全生产监督管理的部门、煤矿安全监察机构应当提请有关地方人民政府关闭该煤矿，并由颁发证照的部门立即吊销矿长资格证和矿长安全资格证，该煤矿的法定代表人和矿长 5 年内不得再担任任何煤矿的法定代表人或者矿长。

二、关闭煤矿的规定

（一）应予关闭的非法煤矿

（1）无证照或者证照不全擅自生产的。

（2）在 3 个月内 2 次或者 2 次以上发现有重大安全生产隐患的。

（3）停产整顿期间擅自从事生产的。

（4）经整顿验收不合格的。

（二）关闭煤矿的决定程序

（1）有关部门向有关人民政府提出关闭煤矿的建议。在提出关闭煤矿建议的同时，还应当依法责令煤矿停止生产。

（2）有关人民政府在法定时限内做出决定。县级以上地方人民政府应当在 7 日内做出关闭或者不予关闭的决定，并由其主要负责人签字存档。

（三）关闭煤矿的具体要求

（1）吊销相应证照。

（2）停止供应并处理火工用品。

（3）停止供电，拆除矿井生产设备、供电、通信线路。

（4）封闭、填实矿井井筒，平整井口场地，恢复地貌。

（5）妥善遣散从业人员。

第四节　建设工程安全生产管理条例

一、建设单位的安全责任

（1）建设单位应当向施工单位提供施工现场及毗邻区域内供水、排水、供电、供气、供热、通信、广播电视等地下管线资料，气象和水文观测资料，相邻建筑物和构筑物、地下工程的有关资料，并保证资料的真实、准确、完整。

（2）建设单位不得对勘察、设计、施工、工程监理等单位提出不符合建设工程安全生产法律、法规和强制性标准规定的要求，不得压缩合同约定的工期。

（3）建设单位在编制工程概算时，应当确定建设工程安全作业环境及安全施工措施所需费用。

（4）建设单位不得明示或者暗示施工单位购买、租赁、使用不符合安全施工要求的安全防护用具、机械设备、施工机具及配件、消防设施和器材。

（5）建设单位在申请领取施工许可证时，应当提供建设工程有关安全施工措施的资料。

依法批准开工报告的建设工程，建设单位应当自开工报告批准之日起 15 日内，将保证安全施工的措施报送建设工程所在地的县级以上地方人民政府建设行政主管部门或者其他有关部门备案，并应当提供建设工程有关安全施工措施的资料：

① 施工现场总平面布置图。

② 临时设施规划方案和已搭建情况。

③ 施工现场安全防护设施搭设（设置）计划、施工进度计划、安全措施费用计划。

④ 专项安全施工组织设计（方案、措施）。

⑤ 拟进入施工现场使用的施工起重机械设备（塔式起重机、物料提升机、外用电梯）的型号、数量。

⑥ 工程项目负责人、安全管理人员及特种作业人员持证上岗情况。

⑦ 建设单位安全监督人员名册、工程监理单位人员名册。

（6）建设单位应当将拆除工程发包给具有相应资质等级的施工单位。建设单位应当在拆除工程施工 15 日前，将下列资料报送建设工程所在地的县级以上地方人民政府建设行政主管部门或者其他有关部门备案：

① 施工单位资质等级证明。

② 拟拆除建筑物、构筑物及可能危及毗邻建筑的说明。

③ 拆除施工组织方案。

④ 堆放、清除废弃物的措施。

实施爆破作业的，应当遵守国家有关民用爆炸物品管理的规定。

二、勘察和设计及工程监理等单位的安全责任

（一）勘察单位的安全责任

（1）勘察单位应当按照法律、法规和工程建设强制性标准进行勘察，提供的勘察文件应当真实、准确，满足建设工程安全生产的需要。

（2）勘察单位在勘察作业时，应当严格执行操作规程，采取措施保证各类管线、设施和周边建筑物、构筑物的安全。

（二）设计单位的安全责任

（1）设计单位应当按照法律、法规和工程建设强制性标准进行设计，防止因设计不合理导致生产安全事故的发生。

（2）设计单位应当考虑施工安全操作和防护的需要，对涉及施工安全的重点部位和环节在设计文件中注明，并对防范生产安全事故提出指导意见。

（3）采用新结构、新材料、新工艺的建设工程和特殊结构的建设工程，设计单位应当在设计中提出保障施工作业人员安全和预防生产安全事故的措施建议。

（4）设计单位和注册建筑师等注册执业人员应当对其设计负责。

（三）工程监理单位的安全责任

（1）工程监理单位应当审查施工组织设计中的安全技术措施或者专项施工方案是否符合工程建设强制性标准。

（2）工程监理单位在实施监理过程中，发现存在安全事故隐患的，应当要求施工单位整改；情况严重的，应当要求施工单位暂时停止施工，并及时报告建设单位。施工单位拒不整改或者不停止施工的，工程监理单位应当及时向有关主管部门报告。

（3）工程监理单位和监理工程师应当按照法律、法规和工程建设强制性标准实施监理，并对建设工程安全生产承担监理责任。

（四）其他有关单位的安全责任

（1）在施工现场安装、拆卸施工起重机械和整体提升脚手架、模板等自升式架设设施，必须由具有相应资质的单位承担。

（2）安装、拆卸施工起重机械和整体提升脚手架、模板等自升式架设设施，应当编制拆装方案、制定安全施工措施，并由专业技术人员现场监督。

（3）施工起重机械和整体提升脚手架、模板等自升式架设设施安装完毕后，安装单位应当自检，出具自检合格证明，并向施工单位进行安全使用说明，办理验收手续并签字。

三、施工单位的安全责任

（一）施工单位的安全资质

施工单位从事建设工程的新建、扩建、改建和拆除等活动，应当具备国家规定的注册资本、专业技术人员、技术装备和安全生产等条件，依法取得相应等级的资质证书，并在其资质等级许可的范围内承揽工程。

（二）主要负责人和项目负责人的安全责任

施工单位主要负责人依法对本单位的安全生产工作全面负责。施工单位应当建立健全安全生产责任制度和安全生产教育培训制度，制定安全生产规章制度和操作规程，保证本单位安全生产条件所需资金的投入，对所承担的建设工程进行定期和专项安全检查，并做好安全检查记录。

施工单位的项目负责人应当由取得相应执业资格的人员担任，对建设工程项目的安全施工负责，落实安全生产责任制度、安全生产规章制度和操作规程，确保安全生产费用的有效使用，并根据工程的特点组织制定安全施工措施，消除安全事故隐患，及时、如实报告生产安全事故。

（三）安全管理机构和安全管理人员的配置

施工单位应当设立安全生产管理机构，配备专职安全生产管理人员。

总承包单位配备项目专职安全生产管理人员应当满足下列要求。

（1）建筑工程、装修工程按照建筑面积配备：1 万平方米以下的工程不少于 1 人；1 万～5 万平方米的工程不少于 2 人；5 万平方米及以上的工程不少于 3 人，且按专业配备专职安全生产管理人员。

（2）土木工程、线路管道、设备安装工程按照工程合同价配备：5 000 万元以下的工程不少于 1 人；5 000 万～1 亿元的工程不少于 2 人；1 亿元及以上的工程不少于 3 人，且按专业配备专职安全生产管理人员。

分包单位配备项目专职安全生产管理人员应当满足下列要求。

（1）专业承包单位应当配置至少 1 人，并根据所承担的分部分项工程的工程量和施工危险程度增加。

（2）劳务分包单位施工人员在 50 人以下的，应当配备 1 名专职安全生产管理人员；50～200 人的，应当配备 2 名专职安全生产管理人员；200 人及以上的，应当配备 3 名及以上专职安全生产管理人员，并根据所承担的分部分项工程施工危险实际情况增加，不得少于工程施工人员总人数的 5‰。

（四）总承包单位与分包单位的安全管理

建设工程实行施工总承包的，由总承包单位对施工现场的安全生产负总责。

总承包单位依法将建设工程分包给其他单位的，分包合同中应当明确各自的安全生产方面的权利、义务。总承包单位和分包单位对分包工程的安全生产承担连带责任。

分包单位应当服从总承包单位的安全生产管理，分包单位不服从管理导致生产安全事故的，由分包单位承担主要责任。

（五）专项施工方案

施工单位应当在施工组织设计中编制安全技术措施和施工现场临时用电方案，对下列达到一定规模的危险性较大的分部分项工程编制专项施工方案，并附具安全验算结果，经施工单位技术负责人、总监理工程师签字后实施，由专职安全生产管理人员进行现场监督。

（1）基坑支护与降水工程。

（2）土方开挖工程。

（3）模板工程。

（4）起重吊装工程。

（5）脚手架工程。

（6）拆除、爆破工程。

（7）国务院建设行政主管部门或者其他有关部门规定的其他危险性较大的工程。

对以上所列工程中涉及深基坑、地下暗挖工程、高大模板工程的专项施工方案，施工单位还应当组织专家进行论证、审查。

（六）人身意外伤害保险

施工单位应当为施工现场从事危险作业的人员办理意外伤害保险。

意外伤害保险费由施工单位支付。实行施工总承包的，由总承包单位支付意外伤害保险费。意外伤害保险期限自建设工程开工之日起至竣工验收合格止。

第五节 危险化学品安全管理条例

一、危险化学品生产、储存的安全管理规定

（一）生产、储存危险化学品的规划

国家对危险化学品的生产、储存实行统筹规划、合理布局。

国务院工业和信息化主管部门以及国务院其他有关部门依据各自职责，负责危险化学品生产、储存的行业规划和布局。

地方人民政府组织编制城乡规划，应当根据本地区的实际情况，按照确保安全的原则，规划适当区域专门用于危险化学品的生产、储存。

（二）新建、改建、扩建生产、储存危险化学品建设项目的安全条件审查

新建、改建、扩建生产、储存危险化学品的建设项目（以下简称“建设项目”），应当由安全生产监督管理部门进行安全条件审查。

建设单位应当对建设项目进行安全条件论证，委托具备国家规定的资质条件的机构对建设项目进行安全评价，并将安全条件论证和安全评价的情况报告报建设项目所在地设区的市级以上人民政府安全生产监督管理部门；安全生产监督管理部门应当自收到报告之日起 45 日内作出审查决定，并书面通知建设单位。具体办法由国务院安全生产监督管理部门制定。

新建、改建、扩建生产、储存、装卸危险化学品的港口建设项目，由港口行政管理部门按照国务院交通运输主管部门的规定进行安全条件审查。

（三）安全技术说明书

危险化学品生产企业应当提供与其生产的危险化学品相符的化学品安全技术说明书，并在危险化学品包装（包括外包装件）上粘贴或者拴挂与包装内危险化学品相符的化学品安全标签。化学品安全技术说明书和化学品安全标签所载明的内容应当符合国家标准的要求。

危险化学品生产企业发现其生产的危险化学品有新的危险特性的，应当立即公告，并及时修订其化学品安全技术说明书和化学品安全标签。

（四）生产实施重点环境管理的危险化学品的环境要求

生产实施重点环境管理的危险化学品的企业，应当按照国务院环境保护主管部门的规定，将该危险化学品向环境中释放等相关信息向环境保护主管部门报告。环境保护主管部门可以根据情况采取相应的环境风险控制措施。

（五）危险化学品包装物、容器的安全管理

危险化学品的包装应当符合法律、行政法规、规章的规定以及国家标准、行业标准的

要求。

危险化学品包装物、容器的材质以及危险化学品包装的型式、规格、方法和单件质量（重量），应当与所包装的危险化学品的性质和用途相适应。

生产列入国家实行生产许可证制度的工业产品目录的危险化学品包装物、容器的企业，应当依照《中华人民共和国工业产品生产许可证管理条例》的规定，取得工业产品生产许可证；其生产的危险化学品包装物、容器经国务院质量监督检验检疫部门认定的检验机构检验合格，方可出厂销售。

运输危险化学品的船舶及其配载的容器，应当按照国家船舶检验规范进行生产，并经海事管理机构认定的船舶检验机构检验合格，方可投入使用。

对重复使用的危险化学品包装物、容器，使用单位在重复使用前应当进行检查；发现存在安全隐患的，应当维修或者更换。使用单位应当对检查情况作出记录，记录的保存期限不得少于2年。

（六）生产装置或者储存设施的选址

已建的危险化学品生产装置或者储存数量构成重大危险源的危险化学品储存设施不符合规定的，由所在地设区的市级人民政府安全生产监督管理部门会同有关部门监督其所属单位在规定期限内进行整改；需要转产、停产、搬迁、关闭的，由本级人民政府决定并组织实施。

储存数量构成重大危险源的危险化学品储存设施的选址，应当避开地震活动断层和容易发生洪灾、地质灾害的区域。

（七）生产、储存危险化学品单位安全设备设施的设置

生产、储存危险化学品的单位，应当在其作业场所和安全设施、设备上设置明显的安全警示标志。

生产、储存危险化学品的单位，应当在其作业场所设置通信、报警装置，并保证处于适用状态。

（八）生产、储存危险化学品的安全评价

生产、储存危险化学品的企业，应当委托具备国家规定的资质条件的机构，对本企业的安全生产条件每3年进行一次安全评价，提出安全评价报告。安全评价报告的内容应当包括对安全生产条件存在的问题进行整改的方案。

生产、储存危险化学品的企业，应当将安全评价报告以及整改方案的落实情况报所在地县级人民政府安全生产监督管理部门备案。在港区内储存危险化学品的企业，应当将安全评价报告以及整改方案的落实情况报港口行政管理部门备案。

（九）生产、储存剧毒化学品和易制爆危险化学品的专项管理

生产、储存剧毒化学品或者国务院公安部门规定的可用于制造爆炸物品的危险化学品（以下简称“易制爆危险化学品”）的单位，应当如实记录其生产、储存的剧毒化学品、易制爆危险化学品的数量、流向，并采取必要的安全防范措施，防止剧毒化学品、易制爆危险化学品丢失或者被盗；发现剧毒化学品、易制爆危险化学品丢失或者被盗的，应当立即向当地公安机关报告。

生产、储存剧毒化学品、易制爆危险化学品的单位，应当设置治安保卫机构，配备专职治安保卫人员。

（十）危险化学品仓库的安全管理

危险化学品应当储存在专用仓库、专用场地或者专用储存室（以下统称专用仓库）内，并由专人负责管理；剧毒化学品以及储存数量构成重大危险源的其他危险化学品，应当在专用仓库内单独存放，并实行双人收发、双人保管制度。

危险化学品的储存方式、方法以及储存数量应当符合国家标准或者国家有关规定。

储存危险化学品的单位应当建立危险化学品出入库核查、登记制度。

对剧毒化学品以及储存数量构成重大危险源的其他危险化学品，储存单位应当将其储存数量、储存地点以及管理人员的情况，报所在地县级人民政府安全生产监督管理部门（在港区内储存的，报港口行政管理部门）和公安机关备案。

危险化学品专用仓库应当符合国家标准、行业标准的要求，并设置明显的标志。储存剧毒化学品、易制爆危险化学品的专用仓库，应当按照国家有关规定设置相应的技术防范设施。

储存危险化学品的单位应当对其危险化学品专用仓库的安全设施、设备定期进行检测、检验。

（十一）危险化学品的单位转产、停产、停业或者解散的安全管理

生产、储存危险化学品的单位转产、停产、停业或者解散的，应当采取有效措施，及时、妥善处置其危险化学品生产装置、储存设施以及库存的危险化学品，不得丢弃危险化学品；处置方案应当报所在地县级人民政府安全生产监督管理部门、工业和信息化主管部门、环境保护主管部门和公安机关备案。安全生产监督管理部门应当会同环境保护主管部门和公安机关对处置情况进行监督检查，发现未依照规定处置的，应当责令其立即处置。

二、危险化学品使用的安全管理规定

（一）安全使用许可证

使用危险化学品从事生产并且使用量达到规定数量的化工企业（属于危险化学品生产企业的除外），应当依照《危险化学品安全管理条例》的规定取得危险化学品安全使用许可证。

（二）安全使用许可证的申办程序

申请危险化学品安全使用许可证的化工企业，应当向所在地设区的市级人民政府安全生产监督管理部门提出申请，并提交其符合申办规定条件的证明材料。设区的市级人民政府安全生产监督管理部门应当依法进行审查，自收到证明材料之日起 45 日内作出批准或者不予批准的决定。

三、危险化学品经营的安全管理规定

（一）经营许可证

国家对危险化学品经营（包括仓储经营）实行许可制度。未经许可，任何单位和个人不得经营危险化学品。

依法设立的危险化学品生产企业在其厂区范围内销售本企业生产的危险化学品，不需要取得危险化学品经营许可。

依照《中华人民共和国港口法》的规定取得港口经营许可证的港口经营人，在港区内从事危险化学品仓储经营，不需要取得危险化学品经营许可。

从事剧毒化学品、易制爆危险化学品经营的企业，应当向所在地设区的市级人民政府安全生产监督管理部门提出申请，从事其他危险化学品经营的企业，应当向所在地县级人民政府安全生产监督管理部门提出申请（有储存设施的，应当向所在地设区的市级人民政府安全生产监督管理部门提出申请）。申请人应当提交其符合《危险化学品安全管理条例》规定条件的证明材料。

设区的市级人民政府安全生产监督管理部门或者县级人民政府安全生产监督管理部门应当依法进行审查，并对申请人的经营场所、储存设施进行现场核查，自收到证明材料之日起30日内作出批准或者不予批准的决定。

（二）危险化学品经营企业的安全管理

（1）危险化学品商店内只能存放民用小包装的危险化学品。

（2）危险化学品经营企业不得向未经许可从事危险化学品生产、经营活动的企业采购危险化学品，不得经营没有化学品安全技术说明书或者化学品安全标签的危险化学品。

（三）剧毒化学品购买许可证

申请取得剧毒化学品购买许可证，申请人应当向所在地县级人民政府公安机关提交材料。县级人民政府公安机关应当自收到规定的材料之日起3日内，作出批准或者不予批准的决定。

（四）购买剧毒化学品、易制爆危险化学品的安全规定

（1）依法取得危险化学品安全生产许可证、危险化学品安全使用许可证、危险化学品经营许可证的企业，凭相应的许可证件购买剧毒化学品、易制爆危险化学品。民用爆炸物品生产企业凭民用爆炸物品生产许可证购买易制爆危险化学品。

（2）除（1）中提及的单位以外的单位购买剧毒化学品的，应当向所在地县级人民政府公安机关申请取得剧毒化学品购买许可证；购买易制爆危险化学品的，应当持本单位出具的合法用途说明。

（3）个人不得购买剧毒化学品（属于剧毒化学品的农药除外）和易制爆危险化学品。

（五）销售剧毒化学品、易制爆危险化学品的安全规定

危险化学品生产企业、经营企业销售剧毒化学品、易制爆危险化学品，应当查验《危

险化学品安全管理条例》规定的相关许可证件或者证明文件，不得向不具有相关许可证件或者证明文件的单位销售剧毒化学品、易制爆危险化学品。对持剧毒化学品购买许可证购买剧毒化学品的，应当按照许可证载明的品种、数量销售。

禁止向个人销售剧毒化学品（属于剧毒化学品的农药除外）和易制爆危险化学品。

危险化学品生产企业、经营企业销售剧毒化学品、易制爆危险化学品，应当如实记录购买单位的名称、地址、经办人的姓名、身份证号码以及所购买的剧毒化学品、易制爆危险化学品的品种、数量、用途。销售记录以及经办人的身份证明复印件、相关许可证件复印件或者证明文件的保存期限不得少于 1 年。

剧毒化学品、易制爆危险化学品的销售企业、购买单位应当在销售、购买后 5 日内，将所销售、购买的剧毒化学品、易制爆危险化学品的品种、数量以及流向信息报所在地县级人民政府公安机关备案，并输入计算机系统。

（六）出借、转让其购买的剧毒化学品、易制爆危险化学品的安全规定

使用剧毒化学品、易制爆危险化学品的单位不得出借、转让其购买的剧毒化学品、易制爆危险化学品；因转产、停产、搬迁、关闭等确需转让的，应当向具有《危险化学品安全管理条例》规定的相关许可证件或者证明文件的单位转让，并在转让后将有关情况及时向所在地县级人民政府公安机关报告。

四、危险化学品运输的安全管理规定

（一）道路、水路运输的资质和资格

1. 企业资质

从事危险化学品道路运输、水路运输的，应当分别依照有关道路运输、水路运输的法律、行政法规的规定，取得危险货物道路运输许可、危险货物水路运输许可，并向工商行政管理部门办理登记手续。

危险化学品道路运输企业、水路运输企业应当配备专职安全管理人员。

2. 人员资格

危险化学品道路运输企业、水路运输企业的驾驶人员、船员、装卸管理人员、押运人员、申报人员、集装箱装箱现场检查员应当经交通运输主管部门考核合格，取得从业资格。

（二）装卸的安全管理

危险化学品的装卸作业应当遵守安全作业标准、规程和制度，并在装卸管理人员的现场指挥或者监控下进行。水路运输危险化学品的集装箱装箱作业应当在集装箱装箱现场检查员的指挥或者监控下进行，并符合积载、隔离的规范和要求；装箱作业完毕后，集装箱装箱现场检查员应当签署装箱证明书。

（三）道路运输途中的安全管理

（1）运输危险化学品，应当根据危险化学品的危险特性采取相应的安全防护措施，并配备必要的防护用品和应急救援器材。

（2）用于运输危险化学品的槽罐以及其他容器应当封口严密，能够防止危险化学品在运输过程中因温度、湿度或者压力的变化发生渗漏、洒漏；槽罐以及其他容器的溢流和泄压装置应当设置准确、起闭灵活。

（3）运输危险化学品的驾驶人员、船员、装卸管理人员、押运人员、申报人员、集装箱装箱现场检查员，应当了解所运输的危险化学品的危险特性及其包装物、容器的使用要求和出现危险情况时的应急处置方法。

（4）通过道路运输危险化学品的，托运人应当委托依法取得危险货物道路运输许可的企业承运。

（5）危险化学品运输车辆应当符合国家标准要求的安全技术条件，并按照国家有关规定定期进行安全技术检验。

（6）危险化学品运输车辆应当悬挂或者喷涂符合国家标准要求的警示标志。

（7）通过道路运输危险化学品的，应当配备押运人员，并保证所运输的危险化学品处于押运人员的监控之下。

（8）运输危险化学品途中因住宿或者发生影响正常运输的情况，需要较长时间停车的，驾驶人员、押运人员应当采取相应的安全防范措施；运输剧毒化学品或者易制爆危险化学品的，还应当向当地公安机关报告。

（9）未经公安机关批准，运输危险化学品的车辆不得进入危险化学品运输车辆限制通行的区域。危险化学品运输车辆限制通行的区域由县级人民政府公安机关划定，并设置明显的标志。

（四）剧毒化学品道路运输通行证

通过道路运输剧毒化学品的，托运人应当向运输始发地或者目的地县级人民政府公安机关申请剧毒化学品道路运输通行证。

申请剧毒化学品道路运输通行证，托运人应当向县级人民政府公安机关提交材料。县级人民政府公安机关应当自收到规定的材料之日起7日内，作出批准或者不予批准的决定。

（五）剧毒化学品、易制爆危险化学品在道路运输途中丢失、被盗、被抢的安全管理

剧毒化学品、易制爆危险化学品在道路运输途中丢失、被盗、被抢或者出现流散、泄漏等情况的，驾驶人员、押运人员应当立即采取相应的警示措施和安全措施，并向当地公安机关报告。公安机关接到报告后，应当根据实际情况立即向安全生产监督管理部门、环境保护主管部门、卫生主管部门通报。有关部门应当采取必要的应急处置措施。

（六）内河运输的剧毒化学品及其他危险化学品的禁止规定

（1）禁止通过内河封闭水域运输剧毒化学品以及国家规定禁止通过内河运输的其他危险化学品。

（2）除（1）中规定以外的内河水域，禁止运输国家规定禁止通过内河运输的剧毒化学品以及其他危险化学品。

（七）水路运输的安全规定

（1）通过水路运输危险化学品的，应当遵守法律、行政法规以及国务院交通运输主管部门关于危险货物水路运输安全的规定。

（2）海事管理机构应当根据危险化学品的种类和危险特性，确定船舶运输危险化学品的相关安全运输条件。拟交付船舶运输的化学品的相关安全运输条件不明确的，应当经国家海事管理机构认定的机构进行评估，明确相关安全运输条件并经海事管理机构确认后，方可交付船舶运输。

（3）通过内河运输危险化学品，应当由依法取得危险货物水路运输许可的水路运输企业承运，其他单位和个人不得承运。托运人应当委托依法取得危险货物水路运输许可的水路运输企业承运。

（4）通过内河运输危险化学品，应当使用依法取得危险货物适装证书的运输船舶。水路运输企业应当针对所运输的危险化学品的危险特性，制定运输船舶危险化学品事故应急救援预案，并为运输船舶配备充足、有效的应急救援器材和设备。

（5）通过内河运输危险化学品的船舶，其所有人或者经营人应当取得船舶污染损害责任保险证书或者财务担保证明。船舶污染损害责任保险证书或者财务担保证明的副本应当随船携带。

（6）通过内河运输危险化学品，危险化学品包装物的材质、形式、强度以及包装方法应当符合水路运输危险化学品包装规范的要求。

（7）用于危险化学品运输作业的内河码头、泊位应当符合国家有关安全规范，与饮用水取水口保持国家规定的距离。有关管理单位应当制定码头、泊位危险化学品事故应急预案，并为码头、泊位配备充足、有效的应急救援器材和设备。用于危险化学品运输作业的内河码头、泊位，经交通运输主管部门按照国家有关规定验收合格后方可投入使用。

（8）船舶载运危险化学品进出内河港口，应当将危险化学品的名称、危险特性、包装以及进出港时间等事项，事先报告海事管理机构。海事管理机构接到报告后，应当在国务院交通运输主管部门规定的时间内作出是否同意的决定，通知报告人，同时通报港口行政管理部门。定船舶、定航线、定货种的船舶可以定期报告。

（9）在内河港口内进行危险化学品的装卸、过驳作业，应当将危险化学品的名称、危险特性、包装和作业的时间、地点等事项报告港口行政管理部门。港口行政管理部门接到报告后，应当在国务院交通运输主管部门规定的时间内作出是否同意的决定，通知报告人，同时通报海事管理机构。

（10）载运危险化学品的船舶在内河航行，通过过船建筑物的，应当提前向交通运输主管部门申报，并接受交通运输主管部门的管理。

（11）载运危险化学品的船舶在内河航行、装卸或者停泊，应当悬挂专用的警示标志，按照规定显示专用信号。

（12）载运危险化学品的船舶在内河航行，按照国务院交通运输主管部门的规定需要引航的，应当申请引航。

（13）载运危险化学品的船舶在内河航行，应当遵守法律、行政法规和国家其他有关饮用水水源保护的规定。内河航道发展规划应当与依法经批准的饮用水水源保护区划定方案相协调。

（八）托运人的责任

托运危险化学品的，托运人应当向承运人说明所托运的危险化学品的种类、数量、危险特性以及发生危险情况的应急处置措施，并按照国家有关规定对所托运的危险化学品妥善包装，在外包装上设置相应的标志。

运输危险化学品需要添加抑制剂或者稳定剂的，托运人应当添加，并将有关情况告知承运人。

托运人不得在托运的普通货物中夹带危险化学品，不得将危险化学品匿报或者谎报为普通货物托运。

任何单位和个人不得交寄危险化学品或者在邮件、快件内夹带危险化学品，不得将危险化学品匿报或者谎报为普通物品交寄。

第六节　烟花爆竹安全管理条例

一、有关烟花爆竹生产安全的规定

（一）烟花爆竹安全生产许可证

生产烟花爆竹的企业，应当在投入生产前向所在地设区的市人民政府安全生产监督管理部门提出安全审查申请，并提交能够证明符合《烟花爆竹安全管理条例》规定条件的有关材料。设区的市人民政府安全生产监督管理部门应当自收到材料之日起 20 日内提出安全审查初步意见，报省、自治区、直辖市人民政府安全生产监督管理部门审查。省、自治区、直辖市人民政府安全生产监督管理部门应当自受理申请之日起 45 日内进行安全审查，对符合条件的，核发《烟花爆竹安全生产许可证》；对不符合条件的，应当说明理由。

（二）从业人员的安全资格

生产烟花爆竹的企业，应当对生产作业人员进行安全生产知识教育，对从事药物混合、造粒、筛选、装药、筑药、压药、切引、搬运等危险工序的作业人员进行专业技术培训。从事危险工序的作业人员经设区的市人民政府安全生产监督管理部门考核合格，方可上岗作业。

（三）安全管理

生产烟花爆竹的企业，应当按照安全生产许可证核定的产品种类进行生产，生产工序和生产作业应当执行有关国家标准和行业标准。

生产烟花爆竹使用的原料，应当符合国家标准的规定。生产烟花爆竹使用的原料，国家标准有用量限制的，不得超过规定的用量。不得使用国家标准规定禁止使用或者禁忌配伍的物质生产烟花爆竹。

生产烟花爆竹的企业，应当按照国家标准的规定，在烟花爆竹产品上标注燃放说明，并在烟花爆竹包装物上印制易燃易爆危险物品警示标志。

生产烟花爆竹的企业，应当对黑火药、烟火药、引火线的保管采取必要的安全技术措施，建立购买、领用、销售登记制度，防止黑火药、烟火药、引火线丢失。黑火药、烟火药、引火线丢失的，企业应当立即向当地安全生产监督管理部门和公安部门报告。

二、有关烟花爆竹经营安全的规定

（一）烟花爆竹的批发和零售

从事烟花爆竹批发的企业和零售经营者的经营布点，应当经安全生产监督管理部门审批。禁止在城市市区布设烟花爆竹批发场所；城市市区的烟花爆竹零售网点，应当按照严格控制的原则合理布设。

烟花爆竹批发企业应当向生产烟花爆竹的企业采购烟花爆竹，向烟花爆竹零售经营者供应烟花爆竹，但不得向从事烟花爆竹零售的经营者供应按照国家标准规定应由专业燃放人员燃放的烟花爆竹。

烟花爆竹批发企业、零售经营者不得采购和销售非法生产、经营的烟花爆竹。生产、经营黑火药、烟火药、引火线的企业，不得向未取得烟花爆竹安全生产许可的任何单位或者个人销售黑火药、烟火药和引火线。

（二）烟花爆竹经营安全许可证

申请从事烟花爆竹批发的企业，应当向所在地设区的市人民政府安全生产监督管理部门提出申请，并提供能够证明符合《烟花爆竹安全管理条例》规定条件的有关材料。受理申请的安全生产监督管理部门应当自受理申请之日起 30 日内对提交的有关材料和经营场所进行审查，对符合条件的，核发《烟花爆竹经营（批发）许可证》；对不符合条件的，应当说明理由。

申请从事烟花爆竹零售的经营者，应当向所在地县级人民政府安全生产监督管理部门提出申请，并提供能够证明符合《烟花爆竹安全管理条例》规定条件的有关材料。受理申请的安全生产监督管理部门应当自受理申请之日起 20 日内对提交的有关材料和经营场所进行审查，对符合条件的，核发《烟花爆竹经营（零售）许可证》；对不符合条件的，应当说明理由。

三、有关烟花爆竹运输安全的规定

（一）烟花爆竹道路运输许可证

经由道路运输烟花爆竹的，托运人应当向运达地县级人民政府公安部门提出申请，并提交证明材料，受理道路运输烟花爆竹申请的公安部门应当自受理申请之日起3日内对托运人提交的有关材料进行审查，对符合条件的，核发《烟花爆竹道路运输许可证》；对不符合条件的，应当说明理由。

（二）道路运输烟花爆竹的要求

从事道路运输烟花爆竹的，应当遵守以下规定：随车携带《烟花爆竹道路运输许可证》；不得违反运输许可事项；运输车辆悬挂或者安装符合国家标准的易燃易爆危险物品警示标志；烟花爆竹的装载符合国家有关标准和规范；装载烟花爆竹的车厢不得载人；运输车辆限速行驶，途中经停必须有专人看守；出现危险情况立即采取必要的措施，并报告当地公安部门。

托运人将烟花爆竹运达目的地后，收货人应当在3日内将《烟花爆竹道路运输许可证》交回发证机关核销。

四、有关烟花爆竹燃放安全的规定

（一）一般要求

禁止在法律法规明确规定禁燃的地点燃放烟花爆竹，这些地点包括：文物保护单位；车站、码头、飞机场等交通枢纽以及铁路线路安全保护区内；易燃易爆物品生产、储存单位；输变电设施安全保护区内；医疗机构、幼儿园、中小学校、敬老院；山林、草原等重点防火区；县级以上地方人民政府规定的禁止燃放烟花爆竹的其他地点。除上述地点外，县级以上地方人民政府可以根据本行政区域的实际情况，确定限制或者禁止燃放烟花爆竹的时间、地点和种类。

（二）焰火晚会等大型焰火燃放活动的许可

申请举办焰火晚会以及其他大型焰火燃放活动，主办单位应当按照分级管理的规定，向有关人民政府公安部门提出申请，受理申请的公安部门应当自受理申请之日起20日内对提交的有关材料进行审查，对符合条件的，核发《焰火燃放许可证》；对不符合条件的，应当说明理由。焰火晚会以及其他大型焰火燃放活动燃放作业单位和作业人员，应当按照焰火燃放安全规程和经许可的燃放作业方案进行燃放作业。公安部门应当加强对危险等级较高的焰火晚会以及其他大型焰火燃放活动的监督检查。

第七节 民用爆炸物品安全管理条例

一、从业人员的资格

无民事行为能力人、限制民事行为能力人或者曾因犯罪受过刑事处罚的人，不得从事民用爆炸物品的生产、销售、购买、运输和爆破作业。

二、取得生产许可、安全许可、工商登记的程序

申请从事民用爆炸物品生产的企业，应当向国务院民用爆炸物品行业主管部门提交申请书、可行性研究报告以及能够证明其符合《民用爆炸物品安全管理条例》规定条件的有关材料。国务院民用爆炸物品行业主管部门应当自受理申请之日起 45 日内进行审查，对符合条件的，核发《民用爆炸物品生产许可证》；对不符合条件的，不予核发《民用爆炸物品生产许可证》，书面向申请人说明理由。

民用爆炸物品生产企业为调整生产能力及品种进行改建、扩建的，应当依照上述规定申请办理《民用爆炸物品生产许可证》。

民用爆炸物品生产企业持《民用爆炸物品生产许可证》到工商行政管理部门办理工商登记，并在办理工商登记后 3 日内，向所在地县级人民政府公安机关备案。

取得《民用爆炸物品生产许可证》的企业应当在基本建设完成后，向省、自治区、直辖市人民政府民用爆炸物品行业主管部门申请安全生产许可。省、自治区、直辖市人民政府民用爆炸物品行业主管部门应当依照《安全生产许可证条例》对其进行查验，对符合条件的，核发《民用爆炸物品安全生产许可证》。民用爆炸物品生产企业取得《民用爆炸物品安全生产许可证》后，方可生产民用爆炸物品。

三、民用爆炸物品销售、购买的安全管理规定

（一）民用爆炸物品的销售许可

申请从事民用爆炸物品销售的企业，应当向所在地省、自治区、直辖市人民政府民用爆炸物品行业主管部门提交申请书、可行性研究报告以及能够证明其符合《民用爆炸物品安全管理条例》规定条件的有关材料。

省、自治区、直辖市人民政府民用爆炸物品行业主管部门应当自受理之日起 30 日内进行审查，并对申请单位的销售场所和专用仓库等经营设施进行查验，对符合条件的，核发《民用爆炸物品销售许可证》；对不符合条件的，不予核发《民用爆炸物品销售许可证》，书面向申请人说明理由。

（二）民用爆炸物品的购买许可

民用爆炸物品使用单位购买民用爆炸物品的，应当向所在地县级人民政府公安机关提出购买申请，受理申请的公安机关应当自受理申请之日起 5 日内对提交的有关材料进行审查，对符合条件的，核发《民用爆炸物品购买许可证》；对不符合条件的，不予核发《民用爆炸物品购买许可证》，书面向申请人说明理由。

（三）民用爆炸物品销售、购买的特别规定

（1）民用爆炸物品生产企业凭《民用爆炸物品生产许可证》，可以销售本企业生产的民用爆炸物品。民用爆炸物品生产企业销售本企业生产的民用爆炸物品，不得超出核定的品种、产量。

（2）民用爆炸物品生产企业凭《民用爆炸物品生产许可证》购买属于民用爆炸物品的原料，民用爆炸物品销售企业凭《民用爆炸物品销售许可证》向民用爆炸物品生产企业购买民用爆炸物品，民用爆炸物品使用单位凭《民用爆炸物品购买许可证》购买民用爆炸物品，还应当提供经办人的身份证明。销售民用爆炸物品的企业，应当查验有关许可证和经办人的身份证明；对持《民用爆炸物品购买许可证》购买的，应当按照许可的品种、数量销售。

（3）销售、购买民用爆炸物品，应当通过银行账户进行交易，不得使用现金或者实物进行交易。销售民用爆炸物品的企业，应当将购买单位的许可证、银行账户转账凭证、经办人的身份证明复印件保存 2 年备查。

（4）销售民用爆炸物品的企业，应当自民用爆炸物品买卖成交之日起 3 日内，将销售的品种、数量和购买单位向所在地省、自治区、直辖市人民政府民用爆炸物品行业主管部门和所在地县级人民政府公安机关备案。

（5）购买民用爆炸物品的单位，应当自民用爆炸物品买卖成交之日起 3 日内，将购买的品种、数量向所在地县级人民政府公安机关备案。

（6）进出口民用爆炸物品，应当经国务院民用爆炸物品行业主管部门审批。

四、民用爆炸物品运输的安全管理规定

（一）民用爆炸物品运输许可

运输民用爆炸物品，收货单位应当向运达地县级人民政府公安机关提出申请。受理申请的公安机关应当自受理申请之日起 3 日内对提交的有关材料进行审查，对符合条件的，核发《民用爆炸物品运输许可证》；对不符合条件的，不予核发《民用爆炸物品运输许可证》，书面向申请人说明理由。

（二）经由道路运输民用爆炸物品的特别规定

民用爆炸物品运达目的地，收货单位应当进行验收后在《民用爆炸物品运输许可证》上签注，并在 3 日内将《民用爆炸物品运输许可证》交回发证机关核销。

五、爆破作业的安全管理规定

（一）爆破作业的安全许可

申请从事爆破作业的单位，应当向有关人民政府公安机关提出申请。受理申请的公安机关应当自受理申请之日起 20 日内进行审查。

（二）爆破作业的安全管理

（1）对本单位的爆破作业人员、安全管理人员、仓库管理人员进行专业技术培训。爆破作业人员应当经设区的市级人民政府公安机关考核合格，取得《爆破作业人员许可证》后，方可从事爆破作业。

（2）爆破作业单位应当按照其资质等级承接爆破作业项目，爆破作业人员应当按照其

资格等级从事爆破作业。

（3）在城市、风景名胜区和重要工程设施附近实施爆破作业的，应当向爆破作业所在地设区的市级人民政府公安机关提出申请，提交《爆破作业单位许可证》和具有相应资质的安全评估企业出具的爆破设计、施工方案评估报告。受理申请的公安机关应当自受理申请之日起 20 日内对提交的有关材料进行审查，对符合条件的，作出批准的决定；对不符合条件的，作出不予批准的决定，并书面向申请人说明理由。实施上述规定的爆破作业，应当由具有相应资质的安全监理企业进行监理，由爆破作业所在地县级人民政府公安机关负责组织实施安全警戒。

（4）爆破作业单位跨省、自治区、直辖市行政区域从事爆破作业的，应当事先将爆破作业项目的有关情况向爆破作业所在地县级人民政府公安机关报告。

（5）爆破作业单位应当如实记载领取、发放民用爆炸物品的品种、数量、编号以及领取、发放人员姓名。领取民用爆炸物品的数量不得超过当班用量，作业后剩余的民用爆炸物品必须当班清退回库。

（6）爆破作业单位应当将领取、发放民用爆炸物品的原始记录保存 2 年备查。

（7）实施爆破作业，应当遵守国家有关标准和规范，在安全距离以外设置警示标志并安排警戒人员，防止无关人员进入；爆破作业结束后应当及时检查、排除未引爆的民用爆炸物品。

（8）爆破作业单位不再使用民用爆炸物品时，应当将剩余的民用爆炸物品登记造册，报所在地县级人民政府公安机关组织监督销毁。

六、民用爆炸物品储存的安全管理规定

（一）储存民用爆炸物品的规定

（1）建立出入库检查、登记制度，收存和发放民用爆炸物品必须进行登记，做到账目清楚，账物相符。

（2）储存的民用爆炸物品数量不得超过储存设计容量，对性质相抵触的民用爆炸物品必须分库储存，严禁在库房内存放其他物品。

（3）专用仓库应当指定专人管理、看护，严禁无关人员进入仓库区内，严禁在仓库区内吸烟和用火，严禁把其他容易引起燃烧、爆炸的物品带入仓库区内，严禁在库房内住宿和进行其他活动。

（4）民用爆炸物品丢失、被盗、被抢，应当立即报告当地公安机关。

（二）现场临时存放民用爆炸物品的规定

（1）在爆破作业现场临时存放民用爆炸物品的，应当设专人管理、看护，不得在不具备安全存放条件的场所存放民用爆炸物品。

（2）民用爆炸物品变质和过期失效的，应当及时清理出库，并予以销毁。销毁前应当登记造册，提出销毁实施方案，报省、自治区、直辖市人民政府民用爆炸物品行业主管部

门、所在地县级人民政府公安机关组织监督销毁。

第八节 特种设备安全监察条例

一、特种设备生产的安全规定

（一）特种设备生产单位的规定

特种设备生产单位，应当依照《特种设备安全监察条例》的规定以及国务院特种设备安全监督管理部门制订并公布的安全技术规范（以下简称“安全技术规范”）的要求，进行生产活动。

特种设备生产单位对其生产的特种设备的安全性能和能效指标负责，不得生产不符合安全性能要求和能效指标的特种设备，不得生产国家产业政策明令淘汰的特种设备。

（二）压力容器设计的安全管理

单位应当经国务院特种设备安全监督管理部门许可，方可从事压力容器的设计活动。

（三）特种设备及其安全附件、装置的安全管理

按照安全技术规范的要求，应当进行型式试验的特种设备产品、部件或者试制特种设备新产品、新部件、新材料，必须进行型式试验和能效测试。

锅炉、压力容器、电梯、起重机械、客运索道、大型游乐设施及其安全附件、安全保护装置的制造、安装、改造单位，以及压力管道用管子、管件、阀门、法兰、补偿器、安全保护装置等（以下简称“压力管道元件”）的制造单位和场（厂）内专用机动车辆的制造、改造单位，应当经国务院特种设备安全监督管理部门许可，方可从事相应的活动。

（四）特种设备安装、改造、维修的安全管理

锅炉、压力容器、电梯、起重机械、客运索道、大型游乐设施、场（厂）内专用机动车辆的维修单位，应当有与特种设备维修相适应的专业技术人员和技术工人以及必要的检测手段，并经省、自治区、直辖市特种设备安全监督管理部门许可，方可从事相应的维修活动。

锅炉、压力容器、起重机械、客运索道、大型游乐设施的安装、改造、维修以及场（厂）内专用机动车辆的改造、维修，必须由依照《特种设备安全监察条例》取得许可的单位进行。

特种设备安装、改造、维修的施工单位应当在施工前将拟进行的特种设备安装、改造、维修情况书面告知直辖市或者设区的市的特种设备安全监督管理部门，告知后即可施工。

电梯井道的土建工程必须符合建筑工程质量要求。电梯安装施工过程中，电梯安装单位应当遵守施工现场的安全生产要求，落实现场安全防护措施。电梯安装施工过程中，施工现场的安全生产监督，由有关部门依照有关法律、行政法规的规定执行。

电梯安装施工过程中，电梯安装单位应当服从建筑施工总承包单位对施工现场的安全生产管理，并订立合同，明确各自的安全责任。

二、特种设备使用的安全规定

（一）公共服务特种设备的安全管理

电梯的日常维护保养必须由依照《特种设备安全监察条例》取得许可的安装、改造、维修单位或者电梯制造单位进行。

电梯应当至少每 15 日进行一次清洁、润滑、调整和检查。

电梯的日常维护保养单位应当在维护保养中严格执行国家安全技术规范的要求，保证其维护保养的电梯的安全技术性能，并负责落实现场安全防护措施，保证施工安全。

客运索道、大型游乐设施的运营使用单位的主要负责人应当熟悉客运索道、大型游乐设施的相关安全知识，并全面负责客运索道、大型游乐设施的安全使用。

客运索道、大型游乐设施的运营使用单位的主要负责人至少应当每月召开一次会议，督促、检查客运索道、大型游乐设施的安全使用工作。

电梯投入使用后，电梯制造单位应当对其制造的电梯的安全运行情况进行跟踪调查和了解，对电梯的日常维护保养单位或者电梯的使用单位在安全运行方面存在的问题，提出改进建议，并提供必要的技术帮助。发现电梯存在严重事故隐患的，应当及时向特种设备安全监督管理部门报告。电梯制造单位对调查和了解的情况，应当作出记录。

（二）特种设备作业人员的安全管理

特种设备检验检测机构和检验检测人员进行特种设备检验检测，应当遵循诚信原则和方便企业的原则，为特种设备生产、使用单位提供可靠、便捷的检验检测服务。

特种设备检验检测机构和检验检测人员对涉及的被检验检测单位的商业秘密，负有保密义务。

特种设备检验检测机构和检验检测人员应当客观、公正、及时地出具检验检测结果、鉴定结论。检验检测结果、鉴定结论经检验检测人员签字后，由检验检测机构负责人签署。

特种设备检验检测机构和检验检测人员不得从事特种设备的生产、销售，不得以其名义推荐或者监制、监销特种设备。

特种设备检验检测机构进行特种设备检验检测，发现严重事故隐患或者能耗严重超标的，应当及时告知特种设备使用单位，并立即向特种设备安全监督管理部门报告。

特种设备检验检测机构和检验检测人员利用检验检测工作故意刁难特种设备生产、使用单位，特种设备生产、使用单位有权向特种设备安全监督管理部门投诉，接到投诉的特种设备安全监督管理部门应当及时进行调查处理。

三、特种设备安全检查监督的规定

对学校、幼儿园以及车站、客运码头、商场、体育场馆、展览馆、公园等公众聚集场所的特种设备，特种设备安全监督管理部门应当实施重点安全监察。

在申请办理许可、核准期间，特种设备安全监督管理部门发现申请人未经许可从事特种设备相应活动或者伪造许可、核准证书的，不予受理或者不予许可、核准，并在 1 年内不再受理其新的许可、核准申请。

违反《特种设备安全监察条例》的规定，被依法撤销许可的，自撤销许可之日起 3 年内，特种设备安全监督管理部门不予受理其新的许可申请。

特种设备安全监督管理部门在办理《特种设备安全监察条例》规定的有关行政审批事项时，其受理、审查、许可、核准的程序必须公开，并应当自受理申请之日起 30 日内，作出许可、核准或者不予许可、核准的决定。

第九节　生产安全事故应急条例

一、工作机制

国务院统一领导全国的生产安全事故应急工作，县级以上地方人民政府统一领导本行政区域内的生产安全事故应急工作。生产安全事故应急工作涉及两个以上行政区域的，由有关行政区域共同的上一级人民政府负责，或者由各有关行政区域的上一级人民政府共同负责。

县级以上人民政府应急管理部门和其他对有关行业、领域的安全生产工作实施监督管理的部门（以下统称负有安全生产监督管理职责的部门）在各自职责范围内，做好有关行业、领域的生产安全事故应急工作。

县级以上人民政府应急管理部门指导、协调本级人民政府其他负有安全生产监督管理职责的部门和下级人民政府的生产安全事故应急工作。

乡、镇人民政府以及街道办事处等地方人民政府派出机关应当协助上级人民政府有关部门依法履行生产安全事故应急工作职责。

生产经营单位应当加强生产安全事故应急工作，建立、健全生产安全事故应急工作责任制，其主要负责人对本单位的生产安全事故应急工作全面负责。

二、应急准备

（一）应急预案的编制

县级以上人民政府及其负有安全生产监督管理职责的部门和乡、镇人民政府以及街道办事处等地方人民政府派出机关，应当针对可能发生的生产安全事故的特点和危害，进行风险辨识和评估，制定相应的生产安全事故应急救援预案，并依法向社会公布。

生产经营单位应当针对本单位可能发生的生产安全事故的特点和危害，进行风险辨识和评估，制定相应的生产安全事故应急救援预案，并向本单位从业人员公布。

生产安全事故应急救援预案应当符合有关法律、法规、规章和标准的规定，具有科学性、针对性和可操作性，明确规定应急组织体系、职责分工以及应急救援程序和措施。

有下列情形之一的，生产安全事故应急救援预案制定单位应当及时修订相关预案：

（1）制定预案所依据的法律、法规、规章、标准发生重大变化。

（2）应急指挥机构及其职责发生调整。

（3）安全生产面临的风险发生重大变化。

（4）重要应急资源发生重大变化。

（5）在预案演练或者应急救援中发现需要修订预案的重大问题。

（6）其他应当修订的情形。

（二）应急预案的备案

县级以上人民政府负有安全生产监督管理职责的部门应当将其制定的生产安全事故应急救援预案报送本级人民政府备案；易燃易爆物品、危险化学品等危险物品的生产、经营、储存、运输单位，矿山、金属冶炼、城市轨道交通运营、建筑施工单位，以及宾馆、商场、娱乐场所、旅游景区等人员密集场所经营单位，应当将其制定的生产安全事故应急救援预案按照国家有关规定报送县级以上人民政府负有安全生产监督管理职责的部门备案，并依法向社会公布。

（三）应急预案的演练

县级以上地方人民政府以及县级以上人民政府负有安全生产监督管理职责的部门，乡、镇人民政府以及街道办事处等地方人民政府派出机关，应当至少每 2 年组织 1 次生产安全事故应急救援预案演练。

易燃易爆物品、危险化学品等危险物品的生产、经营、储存、运输单位，矿山、金属冶炼、城市轨道交通运营、建筑施工单位，以及宾馆、商场、娱乐场所、旅游景区等人员密集场所经营单位，应当至少每半年组织 1 次生产安全事故应急救援预案演练，并将演练情况报送所在地县级以上地方人民政府负有安全生产监督管理职责的部门。

县级以上地方人民政府负有安全生产监督管理职责的部门应当对本行政区域内符合上述规定的重点生产经营单位的生产安全事故应急救援预案演练进行抽查；发现演练不符合要求的，应当责令限期改正。

（四）应急救援队伍

县级以上人民政府应当加强对生产安全事故应急救援队伍建设的统一规划、组织和指导。

县级以上人民政府负有安全生产监督管理职责的部门根据生产安全事故应急工作的实际需要，在重点行业、领域单独建立或者依托有条件的生产经营单位、社会组织共同建立应急救援队伍。

国家鼓励和支持生产经营单位和其他社会力量建立提供社会化应急救援服务的应急救援队伍。

易燃易爆物品、危险化学品等危险物品的生产、经营、储存、运输单位，矿山、金属冶炼、城市轨道交通运营、建筑施工单位，以及宾馆、商场、娱乐场所、旅游景区等人员密集场所经营单位，应当建立应急救援队伍；其中，小型企业或者微型企业等规模较小的生产经营单位，可以不建立应急救援队伍，但应当指定兼职的应急救援人员，并且可以与邻近的应急救援队伍签订应急救援协议。

工业园区、开发区等产业聚集区域内的生产经营单位，可以联合建立应急救援队伍。

应急救援队伍的应急救援人员应当具备必要的专业知识、技能、身体素质和心理素质。

应急救援队伍应当配备必要的应急救援装备和物资，并定期组织训练。

生产经营单位应当及时将本单位应急救援队伍建立情况按照国家有关规定报送县级以上人民政府负有安全生产监督管理职责的部门，并依法向社会公布。

县级以上人民政府负有安全生产监督管理职责的部门应当定期将本行业、本领域的应急救援队伍建立情况报送本级人民政府，并依法向社会公布。

（五）应急救援物资储备

县级以上地方人民政府应当根据本行政区域内可能发生的生产安全事故的特点和危害，储备必要的应急救援装备和物资，并及时更新和补充。

易燃易爆物品、危险化学品等危险物品的生产、经营、储存、运输单位，矿山、金属冶炼、城市轨道交通运营、建筑施工单位，以及宾馆、商场、娱乐场所、旅游景区等人员密集场所经营单位，应当根据本单位可能发生的生产安全事故的特点和危害，配备必要的灭火、排水、通风以及危险物品稀释、掩埋、收集等应急救援器材、设备和物资，并进行经常性维护、保养，保证正常运转。

（六）应急值班制度

下列单位应当建立应急值班制度，配备应急值班人员：

（1）县级以上人民政府及其负有安全生产监督管理职责的部门。

（2）危险物品的生产、经营、储存、运输单位以及矿山、金属冶炼、城市轨道交通运营、建筑施工单位。

（3）应急救援队伍。

规模较大、危险性较高的易燃易爆物品、危险化学品等危险物品的生产、经营、储存、运输单位应当成立应急处置技术组，实行 24 小时应急值班。

（七）应急培训

生产经营单位应当对从业人员进行应急教育和培训，保证从业人员具备必要的应急知识，掌握风险防范技能和事故应急措施。

（八）应急救援信息化建设

国务院负有安全生产监督管理职责的部门应当按照国家有关规定建立生产安全事故应急救援信息系统，并采取有效措施，实现数据互联互通、信息共享。

生产经营单位可以通过生产安全事故应急救援信息系统办理生产安全事故应急救援预案备案手续，报送应急救援预案演练情况和应急救援队伍建设情况；但依法需要保密的除外。

三、应急救援

（一）初期处置

发生生产安全事故后，生产经营单位应当立即启动生产安全事故应急救援预案，采取下列一项或者多项应急救援措施，并按照国家有关规定报告事故情况：

（1）迅速控制危险源，组织抢救遇险人员。

（2）根据事故危害程度，组织现场人员撤离或者采取可能的应急措施后撤离。

（3）及时通知可能受到事故影响的单位和人员。

（4）采取必要措施，防止事故危害扩大和次生、衍生灾害发生。

（5）根据需要请求邻近的应急救援队伍参加救援，并向参加救援的应急救援队伍提供相关技术资料、信息和处置方法。

（6）维护事故现场秩序，保护事故现场和相关证据。

（7）法律、法规规定的其他应急救援措施。

（二）救援程序

有关地方人民政府及其部门接到生产安全事故报告后，应当按照国家有关规定上报事故情况，启动相应的生产安全事故应急救援预案，并按照应急救援预案的规定采取下列一项或者多项应急救援措施：

（1）组织抢救遇险人员，救治受伤人员，研判事故发展趋势以及可能造成的危害。

（2）通知可能受到事故影响的单位和人员，隔离事故现场，划定警戒区域，疏散受到威胁的人员，实施交通管制。

（3）采取必要措施，防止事故危害扩大和次生、衍生灾害发生，避免或者减少事故对环境造成的危害。

（4）依法发布调用和征用应急资源的决定。

（5）依法向应急救援队伍下达救援命令。

（6）维护事故现场秩序，组织安抚遇险人员和遇险遇难人员亲属。

（7）依法发布有关事故情况和应急救援工作的信息。

（8）法律、法规规定的其他应急救援措施。

有关地方人民政府不能有效控制生产安全事故的，应当及时向上级人民政府报告。上级人民政府应当及时采取措施，统一指挥应急救援。

（三）现场救援指挥部

发生生产安全事故后，有关人民政府认为有必要的，可以设立由本级人民政府及其有关部门负责人、应急救援专家、应急救援队伍负责人、事故发生单位负责人等人员组成的应急救援现场指挥部，并指定现场指挥部总指挥。

现场指挥部实行总指挥负责制，按照本级人民政府的授权组织制定并实施生产安全事故现场应急救援方案，协调、指挥有关单位和个人参加现场应急救援。

参加生产安全事故现场应急救援的单位和个人应当服从现场指挥部的统一指挥。

（四）救援中止

在生产安全事故应急救援过程中，发现可能直接危及应急救援人员生命安全的紧急情况时，现场指挥部或者统一指挥应急救援的人民政府应当立即采取相应措施消除隐患，降低或者化解风险，必要时可以暂时撤离应急救援人员。

（五）救援请求

应急救援队伍接到有关人民政府及其部门的救援命令或者签有应急救援协议的生产经营单位的救援请求后，应当立即参加生产安全事故应急救援。

（六）通信保障

生产安全事故发生地人民政府应当为应急救援人员提供必需的后勤保障，并组织通信、交通运输、医疗卫生、气象、水文、地质、电力、供水等单位协助应急救援。

（七）征调财产

有关人民政府及其部门根据生产安全事故应急救援需要依法调用和征用的财产，在使用完毕或者应急救援结束后，应当及时归还。财产被调用、征用或者调用、征用后毁损、灭失的，有关人民政府及其部门应当按照国家有关规定给予补偿。

（八）应急救援评估

现场指挥部或者统一指挥生产安全事故应急救援的人民政府及其有关部门应当完整、准确地记录应急救援的重要事项，妥善保存相关原始资料和证据。

按照国家有关规定成立的生产安全事故调查组应当对应急救援工作进行评估，并在事故调查报告中作出评估结论。

（九）救援费用

应急救援队伍根据救援命令参加生产安全事故应急救援所耗费用，由事故责任单位承担；事故责任单位无力承担的，由有关人民政府协调解决。

（十）救治、抚恤及烈士评定

县级以上地方人民政府应当按照国家有关规定，对在生产安全事故应急救援中伤亡的人员及时给予救治和抚恤；符合烈士评定条件的，按照国家有关规定评定为烈士。

第十节 生产安全事故报告和调查处理条例

一、生产安全事故报告和调查处理的基本规定

（一）生产安全事故分级的原则

《生产安全事故报告和调查处理条例》确定了以人员伤亡（集体工业中毒）、直接经济损失和社会影响等对生产安全事故进行分级的原则。

（二）通用的生产安全事故分级的规定

《生产安全事故报告和调查处理条例》将一般的生产安全事故分为下列4级。

（1）特别重大事故，是指一次造成30人以上死亡，或者100人以上重伤（包括急性工业中毒，下同），或者1亿元以上直接经济损失的事故。

（2）重大事故，是指一次造成10人以上30人以下死亡，或者50人以上100人以下重伤，或者5 000万元以上1亿元以下直接经济损失的事故。

（3）较大事故，是指一次造成3人以上10人以下死亡，或者10人以上50人以下重伤，或者1 000万元以上5 000万元以下直接经济损失的事故。

（4）一般事故，是指一次造成3人以下死亡，或者10人以下重伤，或者1 000万元以下直接经济损失的事故。

上述规定中的“以上”含本数，“以下”不含本数。

二、生产安全事故报告的规定

（一）生产安全事故报告的程序

1. 生产安全事故发生单位向政府部门报告的程序

事故发生后，事故现场有关人员应当立即向本单位负责人报告；单位负责人接到报告后，应当于1小时内向事故发生地县级以上人民政府安全生产监督管理部门和负有安全生产监督管理职责的有关部门报告。

2. 政府部门报告的程序

（1）特别重大事故、重大事故逐级上报至国务院安全监督管理部门和负有安全生产监督管理的有关部门。

（2）较大事故逐级上报至省、自治区、直辖市人民政府安全监督管理部门和负有安全生产监督管理的有关部门。

（3）一般事故逐级上报至设区的市级安全监督管理部门和负有安全生产监督管理的有关部门。

3. 生产安全事故的越级报告

（1）情况紧急时，事故发生单位及事故现场有关人员可以越级向有关部门报告。

（2）必要时，安全监督管理部门和有关部门可以越级报告。

4. 生产安全事故的续报、补报

事故报告后出现新情况，应当及时续报。

自事故发生之日起 30 日（道路交通事故、火灾事故自发生之日起 7 日）内，事故造成的伤亡人数发生变化的，应当及时补报。

（二）报告事故的内容

报告事故应当包括下列内容：

（1）事故发生单位概况。

（2）事故发生的时间、地点以及事故现场情况。

（3）事故的简要经过。

（4）事故已经造成或者可能造成的伤亡人数（包括下落不明的人数）和初步估计的直接经济损失。

（5）已经采取的措施。

（6）其他应当报告的情况。

（三）生产安全事故报告的时限

1. 事故发生单位事故报告的时限

从事故发生单位负责人接到事故报告时起算，该单位向政府职能部门报告的时限是 1 小时。

2. 政府职能部门事故报告的时限

向上一级人民政府事故安全监督管理部门和负有安全生产监督管理的有关部门逐级报告事故的时限，是每级上报的时间不得超过 2 小时。同时，应当报告本级人民政府。国务院安全生产监督管理部门和负有安全生产监督管理职责的有关部门以及省级人民政府接到发生特别重大事故、重大事故的报告后，应当立即报告国务院。

3. 事故报告法定时限的界定

关于事故报告的法定时限，从事故发生单位发现事故发生和有关人民政府职能部门接到事故报告时起算。超过法定时限且没有正当理由报告事故情况的，为迟报事故并承担相应法律责任，但是遇有不可抗力的情况并有证据证明的除外。

（四）事故应急救援

（1）事故发生单位负责人接到事故报告后，应当立即启动事故应急预案，或者采取有效措施，组织抢救，防止事故扩大，减少人员伤亡和财产损失。

（2）事故发生地有关地方人民政府、安全生产监督管理部门和负有安全生产监督管理职责的有关部门接到事故报告后，其负责人应当立即赶赴事故现场，组织事故救援。

（五）事故现场保护

1. 事故现场的保护

事故发生后，有关单位和人员应当妥善保护事故现场以及相关证据，任何人不得破坏事故现场、毁灭相关证据。

2. 事故现场物件的保护

在采取相应措施的前提下，因抢救人员、防止事故扩大以及疏通交通等原因，需要移动事故现场物件的，应当作出标记，绘制现场简图并作出书面记录，妥善保护现场重要痕迹、物证。

三、生产安全事故调查的规定

（一）生产安全事故调查的原则

生产安生事故调查处理必须坚持政府领导、分级负责的原则。人民政府对事故调查有领导权，实行行政首长负责制。

（二）生产安全事故调查的一般规定

1. 有关人民政府直接组织调查

（1）特别重大事故由国务院组织事故调查组进行调查。

（2）重大事故由事故发生地省级人民政府直接组织事故调查组进行调查。省级人民政府指省、自治区、直辖市人民政府。

（3）较大事故由事故发生地设区的市级人民政府直接组织事故调查组进行调查。设区的市级人民政府还包括地区行政公署和民族自治地方的州、盟人民政府。

（4）一般事故由事故发生地县级人民政府直接组织事故调查组进行调查。其中，未造成人员伤亡的，县级人民政府也可委托事故发生单位组织事故调查组进行调查。

2. 授权或者委托有关部门组织调查

在有关人民政府不直接组织事故调查的情况下，有关人民政府可以授权或者委托有关部门组织调查。

（1）特别重大事故由国务院授权的部门组织事故调查组进行调查。

（2）重大事故由事故发生地省级人民政府授权或者委托有关部门组织事故调查组进行调查。

（3）较大事故由事故发生地设区的市级人民政府授权或者委托有关部门组织事故调查组进行调查。

（4）一般事故由事故发生地县级人民政府授权或者委托有关部门组织事故调查组进行调查。

3. 事故调查的特别规定

（1）提级调查。对于一些情况复杂、影响恶劣、涉及面宽、调查难度大的事故，上级人民政府认为必要时，可以直接调查由下级人民政府负责调查的事故。

（2）升级调查。自事故发生之日起 30 日内（道路交通事故、火灾事故自发生之日起 7 日内），因事故伤亡人数变化导致事故等级发生变化，依照《生产安全事故报告和调查处理条例》规定应当由上级人民政府负责调查的，上级人民政府可以另行组织事故调查组进行调查。

（3）跨区域调查。特别重大事故以下等级事故，事故发生地与事故发生单位不在同一个县级以上行政区域的，由事故发生地人民政府负责调查，事故发生单位所在地人民政府应当派人参加。

（三）事故调查组的地位及职责

1. 参与事故调查的单位

（1）事故调查组的成员单位。事故调查组由有关人民政府安全生产监督管理部门、负有安全生产监督管理职责的有关部门、监察机关、公安机关以及工会派人组成。

（2）事故调查的邀请单位。应当邀请人民检察院派人参加。

2. 事故调查组的职责

（1）查明事故发生的经过、原因、人员伤亡情况及直接经济损失。

（2）认定事故的性质和事故责任。

（3）提出对事故责任者的处理建议。

（4）总结事故教训，提出防范和整改措施。

（5）提交事故调查报告。

3. 事故调查组的法定地位

事故调查组组长由负责事故调查的人民政府指定，组长主持事故调查工作。成员未经组长允许，不得擅自发布有关事故的信息。

4. 事故调查时限

事故调查组应当自事故发生之日起 60 日内提交事故调查报告；特殊情况下，经负责事故调查的人民政府批准，提交事故调查报告的期限可以适当延长，但延长的期限最长不超过 60 日。

（四）事故调查报告的内容

（1）事故发生单位概况。

（2）事故发生经过和事故救援情况。

（3）事故造成的人员伤亡和直接经济损失。

（4）事故发生的原因和事故性质。

（5）事故责任的认定以及对事故责任者的处理建议。

（6）事故防范和整改措施。

四、事故处理批复的法律属性

重大事故、较大事故、一般事故，负责事故调查的人民政府应当自收到事故调查报告之日起 15 日内做出批复；特别重大事故，30 日内做出批复，特殊情况下，批复时间可以适当延长，但延长的时间最长不超过 30 日。

第十一节 工伤保险条例

一、缴纳工伤保险费的规定

（一）确定费率的原则

根据以支定收、收支平衡的原则，确定费率。

以一个周期内的工伤保险基金的支付额度，确定征缴的额度。

（二）费率的制定

根据不同行业的工伤风险程度确定行业的差别费率，并根据工伤保险费使用情况、工伤发生率等情况在每个行业内确定若干费率档次。

（三）工伤保险费的缴纳

用人单位应当按时缴纳工伤保险费。职工个人不缴纳工伤保险费。

用人单位缴纳工伤保险费的数额为本单位职工工资总额乘以单位缴费费率之积。

二、工伤保险基金的使用

工伤保险基金存入社会保障基金财政专户，用于《工伤保险条例》规定的工伤保险待遇，劳动能力鉴定，工伤预防的宣传、培训等费用，以及法律、法规规定的用于工伤保险的其他费用的支付。

任何单位或者个人不得将工伤保险基金用于投资运营、兴建或者改建办公场所、发放奖金，或者挪作其他用途。

工伤保险基金应当留有一定比例的储备金，用于统筹地区重大事故的工伤保险待遇支付；储备金不足支付的，由统筹地区的人民政府垫付。储备金占基金总额的具体比例和储备金的使用办法，由省、自治区、直辖市人民政府规定。

三、工伤和劳动能力鉴定的规定

（一）工伤的范围

（1）在工作时间和工作场所内，因工作原因受到事故伤害的；

（2）工作时间前后在工作场所内，从事与工作有关的预备性或者收尾性工作受到事故伤害的；

（3）在工作时间和工作场所内，因履行工作职责受到暴力等意外伤害的；

（4）患职业病的；

（5）因工外出期间，由于工作原因受到伤害或者发生事故下落不明的；

（6）在上下班途中，受到非本人主要责任的交通事故或者城市轨道交通、客运轮渡、火车事故伤害的；

（7）法律、行政法规规定应当认定为工伤的其他情形。

（二）视同工伤

（1）在工作时间和工作岗位，突发疾病死亡或者在48小时之内经抢救无效死亡的；

（2）在抢险救灾等维护国家利益、公共利益活动中受到伤害的；

（3）职工原在军队服役，因战、因公负伤致残，已取得革命伤残军人证，到用人单位后旧伤复发的。

职工有上述第（1）项、第（2）项情形的，按照《工伤保险条例》的有关规定享受工伤保险待遇；职工有上述第（3）项情形的，按照《工伤保险条例》的有关规定享受除一次性伤残补助金以外的工伤保险待遇。

存在故意犯罪、醉酒或者吸毒、自残或者自杀等情形的，不得认定为工伤或者视同工伤。

（三）工伤认定

1. 工伤认定申请时限、时效和申请责任

职工发生事故伤害或者被诊断、鉴定为职业病之日起30日内，所在单位向统筹地区社会保险行政部门提出工伤认定申请。

用人单位未按上述规定提出工伤认定申请的，工伤职工或者其直系亲属、工会组织在事故伤害发生之日或者被诊断、鉴定为职业病之日起1年内，可以直接向用人单位所在地统筹地区社会保险行政部门提出工伤认定申请。

按照规定应当由省级社会保险行政部门进行工伤认定的事项，根据属地原则由用人单位所在地的设区的市级社会保险行政部门办理。

用人单位未在规定的时限内提交工伤认定申请，在此期间发生符合《工伤保险条例》规定的工伤待遇等有关费用由该用人单位负担。

2. 工伤认定的申请材料

提出工伤认定申请，应当提交工伤认定申请表、与用人单位存在劳动关系（包括事实劳动关系）的证明材料、医疗诊断证明或者职业病诊断证明（鉴定）书等材料。

工伤认定申请表应当包括事故发生的时间、地点、原因以及职工伤害程度等基本情况。

3. 工伤认定的程序

社会保险行政部门受理工伤认定申请后，根据审核需要可以对事故伤害进行调查核实，用人单位、职工、工会组织、医疗机构以及有关部门应当予以协助。职业病诊断和诊断争议的鉴定，依照职业病防治法的有关规定执行。对依法取得职业病诊断证明书或者职业病诊断鉴定书的，社会保险行政部门不再进行调查核实。

职工或者其近亲属认为是工伤，用人单位不认为是工伤的，由用人单位承担举证责任。

社会保险行政部门应当自受理工伤认定申请之日起 60 日内作出工伤认定的决定，并书面通知申请工伤认定的职工或者其近亲属和该职工所在单位。

社会保险行政部门对受理的事实清楚、权利义务明确的工伤认定申请，应当在 15 日内作出工伤认定的决定。

作出工伤认定决定需要以司法机关或者有关行政主管部门的结论为依据的，在司法机关或者有关行政主管部门尚未作出结论期间，作出工伤认定决定的时限中止。

（四）劳动能力鉴定

职工发生工伤，经治疗伤情相对稳定后存在残疾影响劳动能力的，应当进行劳动能力鉴定。

劳动功能障碍分为十个伤残等级，最重的为一级，最轻的为十级。

生活自理障碍分为三个等级：生活完全不能自理、生活大部分不能自理和生活部分不能自理。

劳动能力鉴定由用人单位、工伤职工或者其近亲属向设区的市级劳动能力鉴定委员会提出申请，并提供工伤认定决定和职工工伤医疗的有关资料。

省、自治区、直辖市劳动能力鉴定委员会和设区的市级劳动能力鉴定委员会分别由省、自治区、直辖市和设区的市级社会保险行政部门、卫生行政部门、工会组织、经办机构代表以及用人单位代表组成。

劳动能力鉴定委员会建立医疗卫生专家库。

设区的市级劳动能力鉴定委员会收到劳动能力鉴定申请后，应当从其建立的医疗卫生专家库中随机抽取 3 名或者 5 名相关专家组成专家组，由专家组提出鉴定意见。设区的市级劳动能力鉴定委员会根据专家组的鉴定意见作出工伤职工劳动能力鉴定结论；必要时，可以委托具备资格的医疗机构协助进行有关的诊断。

设区的市级劳动能力鉴定委员会应当自收到劳动能力鉴定申请之日起 60 日内作出劳动能力鉴定结论，必要时，作出劳动能力鉴定结论的期限可以延长 30 日。劳动能力鉴定结论应当及时送达申请鉴定的单位和个人。

申请鉴定的单位或者个人对设区的市级劳动能力鉴定委员会作出的鉴定结论不服的，可以在收到该鉴定结论之日起 15 日内向省、自治区、直辖市劳动能力鉴定委员会提出再次鉴定申请。省、自治区、直辖市劳动能力鉴定委员会作出的劳动能力鉴定结论为最终结论。

劳动能力鉴定工作应当客观、公正。劳动能力鉴定委员会组成人员或者参加鉴定的专家与当事人有利害关系的，应当回避。

自劳动能力鉴定结论作出之日起 1 年后，工伤职工或者其近亲属、所在单位或者经办机构认为伤残情况发生变化的，可以申请劳动能力复查鉴定。

四、工伤保险待遇

（一）工伤医疗补偿

职工因工作遭受事故伤害或者患职业病进行治疗，享受工伤医疗待遇。

职工治疗工伤应当在签订服务协议的医疗机构就医，情况紧急时可以先到就近的医疗机构急救。

治疗工伤所需费用符合工伤保险诊疗项目目录、工伤保险药品目录、工伤保险住院服务标准的，从工伤保险基金支付。

职工住院治疗工伤的伙食补助费，以及经医疗机构出具证明，报经办机构同意，工伤职工到统筹地区以外就医所需的交通、食宿费用从工伤保险基金支付，基金支付的具体标准由统筹地区人民政府规定。

工伤职工治疗非工伤引发的疾病，不享受工伤医疗待遇，按照基本医疗保险办法处理。

工伤职工到签订服务协议的医疗机构进行工伤康复的费用，符合规定的，从工伤保险基金支付。

社会保险行政部门作出认定为工伤的决定后发生行政复议、行政诉讼的，行政复议和行政诉讼期间不停止支付工伤职工治疗工伤的医疗费用。

工伤职工因日常生活或者就业需要，经劳动能力鉴定委员会确认，可以安装假肢、矫形器、假眼、假牙和配置轮椅等辅助器具，所需费用按照国家规定的标准从工伤保险基金支付。

（二）停工留薪期的福利

职工因工作遭受事故伤害或者患职业病需要暂停工作接受工伤医疗的，在停工留薪期内，原工资福利待遇不变，由所在单位按月支付。

停工留薪期一般不超过 12 个月。伤情严重或者情况特殊，经设区的市级劳动能力鉴定委员会确认，可以适当延长，但延长不得超过 12 个月。工伤职工评定伤残等级后，停发原待遇，按照本章的有关规定享受伤残待遇。工伤职工在停工留薪期满后仍需治疗的，继续享受工伤医疗待遇。

生活不能自理的工伤职工在停工留薪期需要护理的，由所在单位负责。

（三）生活护理费

生活护理费按照生活完全不能自理、生活大部分不能自理或者生活部分不能自理 3 个不同等级支付，其标准分别为统筹地区上年度职工月平均工资的 50%、40%或者 30%。

（四）一级至四级伤残待遇

职工因工致残被鉴定为一级至四级伤残的，保留劳动关系，退出工作岗位，享受以下待遇：

（1）从工伤保险基金按伤残等级支付一次性伤残补助金，标准为：一级伤残为 27 个月的本人工资，二级伤残为 25 个月的本人工资，三级伤残为 23 个月的本人工资，四级伤残为 21 个月的本人工资。

（2）从工伤保险基金按月支付伤残津贴，标准为：一级伤残为本人工资的 90%，二级伤残为本人工资的 85%，三级伤残为本人工资的 80%，四级伤残为本人工资的 75%。伤残津贴实际金额低于当地最低工资标准的，由工伤保险基金补足差额。

（3）工伤职工达到退休年龄并办理退休手续后，停发伤残津贴，按照国家有关规定享受基本养老保险待遇。基本养老保险待遇低于伤残津贴的，由工伤保险基金补足差额。

职工因工致残被鉴定为一级至四级伤残的，由用人单位和职工个人以伤残津贴为基数，缴纳基本医疗保险费。

（五）五级、六级伤残待遇

职工因工致残被鉴定为五级、六级伤残的，享受以下待遇：

（1）从工伤保险基金按伤残等级支付一次性伤残补助金，标准为：五级伤残为 18 个月的本人工资，六级伤残为 16 个月的本人工资。

（2）保留与用人单位的劳动关系，由用人单位安排适当工作。难以安排工作的，由用人单位按月发给伤残津贴，标准为：五级伤残为本人工资的 70%，六级伤残为本人工资的 60%，并由用人单位按照规定为其缴纳应缴纳的各项社会保险费。伤残津贴实际金额低于当地最低工资标准的，由用人单位补足差额。

经工伤职工本人提出，该职工可以与用人单位解除或者终止劳动关系，由工伤保险基金支付一次性工伤医疗补助金，由用人单位支付一次性伤残就业补助金。一次性工伤医疗补助金和一次性伤残就业补助金的具体标准由省、自治区、直辖市人民政府规定。

（六）七级至十级伤残待遇

职工因工致残被鉴定为七级至十级伤残的，享受以下待遇：

（1）从工伤保险基金按伤残等级支付一次性伤残补助金，标准为：七级伤残为 13 个月的本人工资，八级伤残为 11 个月的本人工资，九级伤残为 9 个月的本人工资，十级伤残为 7 个月的本人工资。

（2）劳动、聘用合同期满终止，或者职工本人提出解除劳动、聘用合同的，由工伤保险基金支付一次性工伤医疗补助金，由用人单位支付一次性伤残就业补助金。

（七）工亡待遇

职工因工死亡，其近亲属按照下列规定从工伤保险基金领取丧葬补助金、供养亲属抚恤金和一次性工亡补助金：

（1）丧葬补助金为 6 个月的统筹地区上年度职工月平均工资。

（2）供养亲属抚恤金按照职工本人工资的一定比例发给由因工死亡职工生前提供主要生活来源、无劳动能力的亲属。标准为：配偶每月 40%，其他亲属每人每月 30%，孤寡老人或者孤儿每人每月在上述标准的基础上增加 10%。核定的各供养亲属的抚恤金之和不应高于因工死亡职工生前的工资。供养亲属的具体范围由国务院社会保险行政部门规定。

（3）一次性工亡补助金标准为上一年度全国城镇居民人均可支配收入的20倍。

（八）职工因工外出期间发生事故或者在抢险救灾中下落不明

职工因工外出期间发生事故或者在抢险救灾中下落不明的，从事故发生当月起3个月内照发工资，从第4个月起停发工资，由工伤保险基金向其供养亲属按月支付供养亲属抚恤金。生活有困难的，可以预支一次性工亡补助金的50%。职工被人民法院宣告死亡的，按照职工因工死亡的规定处理。

（九）停止享受工伤保险待遇的情况

（1）丧失享受待遇条件的。

（2）拒不接受劳动能力鉴定的。

（3）拒绝治疗的。

（十）分立、合并、转让的工伤保险责任

用人单位分立、合并、转让的，承继单位应当承担原用人单位的工伤保险责任；原用人单位已经参加工伤保险的，承继单位应当到当地经办机构办理工伤保险变更登记。

用人单位实行承包经营的，工伤保险责任由职工劳动关系所在单位承担。

职工被借调期间受到工伤事故伤害的，由原用人单位承担工伤保险责任，但原用人单位与借调单位可以约定补偿办法。

企业破产的，在破产清算时依法拨付应当由单位支付的工伤保险待遇费用。

（十一）出境工作

职工被派遣出境工作，依据前往国家或者地区的法律应当参加当地工伤保险的，参加当地工伤保险，其国内工伤保险关系中止；不能参加当地工伤保险的，其国内工伤保险关系不中止。

五、用人单位法律责任

用人单位、工伤职工或者其近亲属骗取工伤保险待遇，医疗机构、辅助器具配置机构骗取工伤保险基金支出的，由社会保险行政部门责令退还，处骗取金额2倍以上5倍以下的罚款；情节严重，构成犯罪的，依法追究刑事责任。

用人单位依照《工伤保险条例》规定应当参加工伤保险而未参加的，由社会保险行政部门责令限期参加，补缴应当缴纳的工伤保险费，并自欠缴之日起，按日加收万分之五的滞纳金；逾期仍不缴纳的，处欠缴数额1倍以上3倍以下的罚款。

依照《工伤保险条例》规定应当参加工伤保险而未参加工伤保险的用人单位职工发生工伤的，由该用人单位按照《工伤保险条例》规定的工伤保险待遇项目和标准支付费用。

用人单位参加工伤保险并补缴应当缴纳的工伤保险费、滞纳金后，由工伤保险基金和用人单位依照《工伤保险条例》的规定支付新发生的费用。

第十二节 大型群众性活动安全管理条例

一、大型群众性活动的范围

《大型群众性活动安全管理条例》所称大型群众性活动，是指法人或者其他组织面向社会公众举办的每场次预计参加人数达到 1 000 人以上的下列活动：

（1）体育比赛活动。

（2）演唱会、音乐会等文艺演出活动。

（3）展览、展销等活动。

（4）游园、灯会、庙会、花会、焰火晚会等活动。

（5）人才招聘会、现场开奖的彩票销售等活动。

影剧院、音乐厅、公园、娱乐场所等在其日常业务范围内举办的活动，不适用《大型群众性活动安全管理条例》的规定。

大型群众性活动的特点是：有承办者、人数达到 1 000 人以上、参与者不特定、活动地点为公共场所。

二、大型群众性活动的安全责任

（一）承办者的安全责任

大型群众性活动的承办者（以下简称承办者）对其承办活动的安全负责，承办者的主要负责人为大型群众性活动的安全责任人。

举办大型群众性活动，承办者应当制订大型群众性活动安全工作方案。大型群众性活动安全工作方案包括以下内容：

（1）活动的时间、地点、内容及组织方式。

（2）安全工作人员的数量、任务分配和识别标志。

（3）活动场所消防安全措施。

（4）活动场所可容纳的人员数量以及活动预计参加人数。

（5）治安缓冲区域的设定及其标识。

（6）入场人员的票证查验和安全检查措施。

（7）车辆停放、疏导措施。

（8）现场秩序维护、人员疏导措施。

（9）应急救援预案。

承办者具体负责下列安全事项：

（1）落实大型群众性活动安全工作方案和安全责任制度，明确安全措施、安全工作人员岗位职责，开展大型群众性活动安全宣传教育。

（2）保障临时搭建的设施、建筑物的安全，消除安全隐患。

（3）按照负责许可的公安机关的要求，配备必要的安全检查设备，对参加大型群众性活动的人员进行安全检查，对拒不接受安全检查的，承办者有权拒绝其进入。

（4）按照核准的活动场所容纳人员数量、划定的区域发放或者出售门票。

（5）落实医疗救护、灭火、应急疏散等应急救援措施并组织演练。

（6）对妨碍大型群众性活动安全的行为及时予以制止，发现违法犯罪行为及时向公安机关报告。

（7）配备与大型群众性活动安全工作需要相适应的专业保安人员以及其他安全工作人员。

（8）为大型群众性活动的安全工作提供必要的保障。

（二）场所管理者的安全责任

大型群众性活动的场所管理者具体负责下列安全事项：

（1）保障活动场所、设施符合国家安全标准和安全规定。

（2）保障疏散通道、安全出口、消防车通道、应急广播、应急照明、疏散指示标志符合法律、法规、技术标准的规定。

（3）保障监控设备和消防设施、器材配置齐全、完好有效。

（4）提供必要的停车场地，并维护安全秩序。

（三）参加大型群众性活动人员的义务

参加大型群众性活动的人员应当遵守下列规定：

（1）遵守法律、法规和社会公德，不得妨碍社会治安、影响社会秩序。

（2）遵守大型群众性活动场所治安、消防等管理制度，接受安全检查，不得携带爆炸性、易燃性、放射性、毒害性、腐蚀性等危险物质或者非法携带枪支、弹药、管制器具。

（3）服从安全管理，不得展示侮辱性标语、条幅等物品，不得围攻裁判员、运动员或者其他工作人员，不得投掷杂物。

三、大型群众性活动的安全管理

（一）大型群众性活动的安全许可

公安机关对大型群众性活动实行安全许可制度。

大型群众性活动的预计参加人数在 1 000 人以上 5 000 人以下的，由活动所在地县级人民政府公安机关实施安全许可；预计参加人数在 5 000 人以上的，由活动所在地设区的市级人民政府公安机关或者直辖市人民政府公安机关实施安全许可；跨省、自治区、直辖市举办大型群众性活动的，由国务院公安部门实施安全许可。

（二）大型群众性活动许可后的变更

对经安全许可的大型群众性活动，承办者不得擅自变更活动的时间、地点、内容或者扩大大型群众性活动的举办规模。

承办者变更大型群众性活动时间的，应当在原定举办活动时间之前向做出许可决定的公安机关申请变更，经公安机关同意方可变更。

承办者变更大型群众性活动地点、内容以及扩大大型群众性活动举办规模的，应当依照规定重新申请安全许可。

承办者取消举办大型群众性活动的，应当在原定举办活动时间之前书面告知做出安全许可决定的公安机关，并交回公安机关颁发的准予举办大型群众性活动的安全许可证件。

（三）大型群众性活动的事故应急

在大型群众性活动举办过程中发生公共安全事故、治安案件的，安全责任人应当立即启动应急救援预案，并立即报告公安机关。

第十三节　女职工劳动保护特别规定

一、女职工禁忌从事的劳动范围

（一）一般情况下女职工禁忌从事的劳动范围

（1）矿山井下作业。

（2）体力劳动强度分级标准中规定的第四级体力劳动强度的作业。

（3）每小时负重 6 次以上、每次负重超过 20 公斤的作业，或者间断负重、每次负重超过 25 公斤的作业。

（二）女职工在经期禁忌从事的劳动范围

（1）冷水作业分级标准中规定的第二级、第三级、第四级冷水作业。

（2）低温作业分级标准中规定的第二级、第三级、第四级低温作业。

（3）体力劳动强度分级标准中规定的第三级、第四级体力劳动强度的作业。

（4）高处作业分级标准中规定的第三级、第四级高处作业。

（三）女职工在孕期禁忌从事的劳动范围

（1）作业场所空气中铅及其化合物、汞及其化合物、苯、镉、铍、砷、氰化物、氮氧化物、一氧化碳、二硫化碳、氯、己内酰胺、氯丁二烯、氯乙烯、环氧乙烷、苯胺、甲醛等有毒物质浓度超过国家职业卫生标准的作业。

（2）从事抗癌药物、己烯雌酚生产，接触麻醉剂气体等的作业。

（3）非密封源放射性物质的操作，核事故与放射事故的应急处置。

（4）高处作业分级标准中规定的高处作业。

（5）冷水作业分级标准中规定的冷水作业。

（6）低温作业分级标准中规定的低温作业。

（7）高温作业分级标准中规定的第三级、第四级的作业。

（8）噪声作业分级标准中规定的第三级、第四级的作业。

（9）体力劳动强度分级标准中规定的第三级、第四级体力劳动强度的作业。

（10）在密闭空间、高压室作业或者潜水作业，伴有强烈振动的作业，或者需要频繁弯腰、攀高、下蹲的作业。

（四）女职工在哺乳期禁忌从事的劳动范围

（1）孕期禁忌从事的劳动范围的第（1）项、第（3）项、第（9）项。

（2）作业场所空气中锰、氟、溴、甲醇、有机磷化合物、有机氯化合物等有毒物质浓度超过国家职业卫生标准的作业。

二、用人单位的职责

（1）用人单位应当加强女职工劳动保护，采取措施改善女职工劳动安全卫生条件，对女职工进行劳动安全卫生知识培训。

（2）用人单位应当遵守女职工禁忌从事的劳动范围的规定。用人单位应当将本单位属于女职工禁忌从事的劳动范围的岗位书面告知女职工。

（3）用人单位不得因女职工怀孕、生育、哺乳降低其工资、予以辞退、与其解除劳动或者聘用合同。

三、女职工孕期的保护

女职工在孕期不能适应原劳动的，用人单位应当根据医疗机构的证明，予以减轻劳动量或者安排其他能够适应的劳动。

对怀孕 7 个月以上的女职工，用人单位不得延长劳动时间或者安排夜班劳动，并应当在劳动时间内安排一定的休息时间。

怀孕女职工在劳动时间内进行产前检查，所需时间计入劳动时间。

四、产假规定

女职工生育享受 98 天产假，其中产前可以休假 15 天；难产的，增加产假 15 天；生育多胞胎的，每多生育 1 个婴儿，增加产假 15 天。

女职工怀孕未满 4 个月流产的，享受 15 天产假；怀孕满 4 个月流产的，享受 42 天产假。

五、生育津贴规定

女职工产假期间的生育津贴，对已经参加生育保险的，按照用人单位上年度职工月平均工资的标准由生育保险基金支付；对未参加生育保险的，按照女职工产假前工资的标准由用人单位支付。

女职工生育或者流产的医疗费用，按照生育保险规定的项目和标准，对已经参加生育保险的，由生育保险基金支付；对未参加生育保险的，由用人单位支付。

六、哺乳规定

对哺乳未满 1 周岁婴儿的女职工，用人单位不得延长劳动时间或者安排夜班劳动。

用人单位应当在每天的劳动时间内为哺乳期女职工安排 1 小时哺乳时间；女职工生育多胞胎的，每多哺乳 1 个婴儿每天增加 1 小时哺乳时间。

女职工比较多的用人单位应当根据女职工的需要，建立女职工卫生室、孕妇休息室、哺乳室等设施，妥善解决女职工在生理卫生、哺乳方面的困难。

第七章　安全生产部门规章

第一节　注册安全工程师分类管理办法

一、注册安全工程师的类别和级别

注册安全工程师专业类别划分为：煤矿安全、金属非金属矿山安全、化工安全、金属冶炼安全、建筑施工安全、道路运输安全、其他安全（不包括消防安全）。

注册安全工程师级别设置为：高级、中级、初级（助理）。

人力资源社会保障部、应急管理部负责注册安全工程师职业资格制度的制定、指导、监督和检查实施，统筹规划注册安全工程师专业分类。

二、注册安全工程师的执业范围

注册安全工程师可在相应行业领域生产经营单位和安全评价检测等安全生产专业服务机构中执业。

危险物品的生产、储存单位以及矿山、金属冶炼单位应当有相应专业类别的中级及以上注册安全工程师从事安全生产管理工作。

危险物品的生产、储存单位以及矿山单位安全生产管理人员中的中级及以上注册安全工程师比例应自《注册安全工程师分类管理办法》施行之日起 2 年内，金属冶炼单位安全生产管理人员中的中级及以上注册安全工程师比例应自《注册安全工程师分类管理办法》施行之日起 5 年内达到 15%左右并逐步提高。

三、中级注册安全工程师的取得

中级注册安全工程师职业资格考试按照专业类别实行全国统一考试，考试科目分为公共科目和专业科目，由人力资源社会保障部、应急管理部负责组织实施。

应急管理部或其授权的机构负责中级注册安全工程师职业资格公共科目和专业科目（建筑施工安全、道路运输安全类别除外）考试大纲的编制和命审题组织工作。

住房城乡建设部、交通运输部或其授权的机构分别负责建筑施工安全、道路运输安全类别中级注册安全工程师职业资格专业科目考试大纲的编制和命审题工作。

人力资源社会保障部负责审定考试大纲，负责组织实施考务工作。

四、注册安全工程师的继续教育

注册安全工程师在每个注册周期内应当参加继续教育，时间累计不得少于 48 学时。

继续教育由部门、省级注册机构按照统一制定的大纲组织实施。中央企业注册安全工程师的继续教育可以由中央企业总公司（总厂、集团公司）组织实施。

继续教育应当由具备安全培训条件的机构承担。

中级注册安全工程师按照专业类别进行继续教育，其中专业课程学时应不少于继续教育总学时的一半。

五、注册安全工程师的注册

注册安全工程师按照专业类别进行注册，应急管理部或其授权的机构为注册安全工程师职业资格的注册管理机构。

住房城乡建设部、交通运输部或其授权的机构分别负责其职责范围内建筑施工安全、道路运输安全类别中级注册安全工程师的注册初审工作。各省、自治区、直辖市安全监管部门和经应急管理部授权的机构负责其他中级注册安全工程师的注册初审工作。

应急管理部或其授权的机构负责中级注册安全工程师的注册终审工作。终审通过的建筑施工安全、道路运输安全类别中级注册安全工程师名单分别抄送住房城乡建设部、交通运输部。

中级注册安全工程师注册有效期为 5 年。有效期满前 3 个月，需要延续注册的，应向注册初审机构提出延续注册申请。有效期满未延续注册的，可根据需要申请重新注册。

六、注册安全工程师与政府主管部门安全能力合格证明的关系

取得注册安全工程师职业资格证书并经注册的人员，表明其具备与所从事的生产经营活动相应的安全生产知识和管理能力，可视为其安全生产知识和管理能力考核合格。

七、注册安全工程师与工程系列安全工程专业职称之间的关系

注册安全工程师各级别与工程系列安全工程专业职称相对应，不再组织工程系列安全工程专业职称评审。

高级注册安全工程师考评办法出台前，工程系列安全工程专业高级职称评审仍然按现行制度执行。

八、已取得的注册安全工程师的认可

《注册安全工程师分类管理办法》施行之前已取得的注册安全工程师执业资格证书、注册助理安全工程师资格证书，分别视同为中级注册安全工程师职业资格证书、助理注册安全工程师职业资格证书。

第二节　生产经营单位安全培训规定

一、主要负责人和安全生产管理人员的安全培训

（一）培训的要求及标准

生产经营单位主要负责人和安全生产管理人员应当接受安全培训，具备与所从事的生产经营活动相适应的安全生产知识和管理能力。

煤矿、非煤矿山、危险化学品、烟花爆竹、金属冶炼等生产经营单位主要负责人和安全生产管理人员，自任职之日起6个月内，必须经安全生产监管监察部门对其安全生产知识和管理能力考核合格。

（二）主要负责人培训的内容

（1）国家安全生产方针、政策和有关安全生产的法律、法规、规章及标准。

（2）安全生产管理基本知识、安全生产技术、安全生产专业知识。

（3）重大危险源管理、重大事故防范、应急管理和救援组织以及事故调查处理的有关规定。

（4）职业危害及其预防措施。

（5）国内外先进的安全生产管理经验。

（6）典型事故和应急救援案例分析。

（7）其他需要培训的内容。

（三）安全生产管理人员培训的内容

（1）国家安全生产方针、政策和有关安全生产的法律、法规、规章及标准。

（2）安全生产管理、安全生产技术、职业卫生等知识。

（3）伤亡事故统计、报告及职业危害的调查处理方法。

（4）应急管理、应急预案编制以及应急处置的内容和要求。

（5）国内外先进的安全生产管理经验。

（6）典型事故和应急救援案例分析。

（7）其他需要培训的内容。

（四）培训时间

生产经营单位主要负责人和安全生产管理人员初次安全培训时间不得少于32学时。每年再培训时间不得少于12学时。煤矿、非煤矿山、危险化学品、烟花爆竹、金属冶炼等生产经营单位主要负责人和安全生产管理人员安全资格培训时间不得少于48学时；每年再培训时间不得少于16学时。

（五）安全培训大纲和考核标准

非煤矿山、危险化学品、烟花爆竹、金属冶炼等生产经营单位主要负责人和安全生产管理人员的安全培训大纲及考核标准由应急管理部统一制定。

煤矿主要负责人和安全生产管理人员的安全培训大纲及考核标准由国家煤矿安全监察局制定。

煤矿、非煤矿山、危险化学品、烟花爆竹、金属冶炼以外的其他生产经营单位主要负责人和安全管理人员的安全培训大纲及考核标准，由省、自治区、直辖市安全生产监督管理部门制定。

二、其他从业人员的安全培训

（一）新上岗人员的安全培训

煤矿、非煤矿山、危险化学品、烟花爆竹、金属冶炼等生产经营单位必须对新上岗的临时工、合同工、劳务工、轮换工、协议工等进行强制性安全培训，保证其具备本岗位安全操作、自救互救以及应急处置所需的知识和技能后，方能安排上岗作业。

加工、制造业等生产单位的其他从业人员，在上岗前必须经过厂（矿）、车间（工段、区、队）、班组三级安全培训教育。

生产经营单位应当根据工作性质对其他从业人员进行安全培训，保证其具备本岗位安全操作、应急处置等知识和技能。

（二）培训时间

生产经营单位新上岗的从业人员，岗前培训时间不得少于 24 学时。煤矿、非煤矿山、危险化学品、烟花爆竹、金属冶炼等生产经营单位新上岗的从业人员安全培训时间不得少于 72 学时，每年接受再培训的时间不得少于 20 学时。

（三）厂（矿）级岗前安全培训的内容

（1）本单位安全生产情况及安全生产基本知识。

（2）本单位安全生产规章制度和劳动纪律。

（3）从业人员安全生产权利和义务。

（4）有关事故案例等。

煤矿、非煤矿山、危险化学品、烟花爆竹、金属冶炼等生产经营单位厂（矿）级安全培训除包括上述内容外，应当增加事故应急救援、事故应急预案演练及防范措施等内容。

（四）车间（工段、区、队）级岗前安全培训的内容

（1）工作环境及危险因素。

（2）所从事工种可能遭受的职业伤害和伤亡事故。

（3）所从事工种的安全职责、操作技能及强制性标准。

（4）自救互救、急救方法、疏散和现场紧急情况的处理。

（5）安全设备设施、个人防护用品的使用和维护。

（6）本车间（工段、区、队）安全生产状况及规章制度。

（7）预防事故和职业危害的措施及应注意的安全事项。

（8）有关事故案例。

（9）其他需要培训的内容。

（五）班组级岗前安全培训的内容

（1）岗位安全操作规程。

（2）岗位之间工作衔接配合的安全与职业卫生事项。

（3）有关事故案例。

（4）其他需要培训的内容。

（六）其他人员的培训

从业人员在本生产经营单位内调整工作岗位或离岗一年以上重新上岗时，应当重新接受车间（工段、区、队）和班组级的安全培训。

生产经营单位实施新工艺、新技术或者使用新设备、新材料时，应当对有关从业人员重新进行有针对性的安全培训。

三、安全培训的组织

生产经营单位从业人员的安全培训工作，由生产经营单位组织实施。

生产经营单位应当坚持以考促学、以讲促学，确保全体从业人员熟练掌握岗位安全生产知识和技能；煤矿、非煤矿山、危险化学品、烟花爆竹、金属冶炼等生产经营单位还应当完善和落实师傅带徒弟制度。

四、生产经营单位安全培训的职责

（1）具备安全培训条件的生产经营单位，应当以自主培训为主；可以委托具备安全培训条件的机构，对从业人员进行安全培训。不具备安全培训条件的生产经营单位，应当委托具备安全培训条件的机构，对从业人员进行安全培训。生产经营单位委托其他机构进行安全培训的，保证安全培训的责任仍由本单位负责。

（2）生产经营单位应当将安全培训工作纳入本单位年度工作计划。保证本单位安全培训工作所需资金。生产经营单位的主要负责人负责组织制定并实施本单位的安全培训计划。

（3）生产经营单位应当建立健全从业人员安全生产教育和培训档案，由生产经营单位的安全生产管理机构以及安全生产管理人员详细、准确记录培训的时间、内容、参加人员及考核结果等情况。

（4）生产经营单位安排从业人员进行安全培训期间，应当支付工资和必要的费用。

第三节 特种作业人员安全技术培训考核管理规定

一、特种作业的范围

特种作业共有10大类：电工作业、焊接与热切割作业、高处作业、制冷与空调作业、煤矿安全作业、金属非金属矿山安全作业、石油天然气安全作业、冶金（有色）安全作业、危险化学品安全作业、烟花爆竹安全作业。

二、特种作业人员监督管理

（1）应急管理部指导、监督全国特种作业人员的安全技术培训、考核、发证、复审工作；省、自治区、直辖市人民政府安全生产监督管理部门指导、监督本行政区域特种作业人员的安全技术培训工作，负责本行政区域特种作业人员的考核、发证、复审工作；县级以上安全生产监督管理部门负责监督检查本行政区域特种作业人员的安全技术培训和持证上岗工作。

（2）国家煤矿安全监察局指导、监督全国煤矿特种作业人员（含煤矿矿井使用的特种设备作业人员）的安全技术培训、考核、发证、复审工作；省、自治区、直辖市人民政府负责煤矿特种作业人员考核发证工作的部门或者指定的机构指导、监督本行政区域煤矿特种作业人员的安全技术培训工作，负责本行政区域煤矿特种作业人员的考核、发证、复审工作。

（3）省、自治区、直辖市人民政府安全生产监督管理部门和负责煤矿特种作业人员考核发证机关可以委托设区的市人民政府安全生产监督管理部门和负责煤矿特种作业人员考核发证工作的部门或者指定的机构实施特种作业人员的考核、发证、复审工作。

三、特种作业人员的安全培训

（1）特种作业人员应当接受与其所从事的特种作业相应的安全技术理论和实际操作培训。

（2）跨省、自治区、直辖市从业的特种作业人员，可以在户籍所在地或者从业所在地参加培训。

（3）已经取得职业高中、技工学校及中专以上学历的毕业生从事与其所学专业相应的特种作业，持学历证明经考核发证机关同意，可以免予安全理论培训。

（4）对特种作业人员的安全技术培训，具备安全培训条件的生产经营单位应当以自主培训为主，也可以委托具备安全培训条件的机构进行培训。不具备安全培训条件的生产经营单位，应当委托具备安全培训条件的机构进行培训。生产经营单位委托其他机构进行特种作业人员安全技术培训的，保证安全技术培训的责任仍由本单位负责。

（5）从事特种作业人员安全技术培训的机构，应当制定相应的培训计划、教学安排，并按照应急管理部、煤矿安监局制定的特种作业人员培训大纲进行特种作业人员的安全技术培训。

四、特种作业人员的考核发证

（1）特种作业人员的考核包括考试和审核两部分。考试由考核发证机关或其委托的单位负责；审核由考核发证机关负责。

（2）应急管理部、煤矿安监局分别制定特种作业人员、煤矿特种作业人员的考核标准，并建立相应的考试题库。

（3）考核发证机关或其委托的单位应当按照应急管理部、煤矿安监局统一制定的考核标准进行考核。

（4）参加特种作业操作资格考试的人员，应当填写考试申请表，由申请人或者申请人的用人单位持学历证明或者培训机构出具的培训证明向申请人户籍所在地或者从业所在地的考核发证机关或其委托的单位提出申请。

（5）考核发证机关或其委托的单位收到考试申请后，应当在60日内组织考试。

（6）特种作业操作资格考试包括安全技术理论考试和实际操作考试两部分。考试不及格的，允许补考1次。经补考仍不及格的，重新参加相应的安全技术培训。

（7）考核发证机关或其委托承担特种作业操作资格考试的单位，应当在考试结束后10个工作日内公布考试成绩。

（8）符合规定并经考试合格的特种作业人员，应当向其户籍所在地或者从业所在地的考核发证机关申请办理特种作业操作证，并提交身份证复印件、学历证书复印件、体检证明、考试合格证明等材料。

（9）收到申请的考核发证机关应当在5个工作日内完成对特种作业人员所提交申请材料的审查，作出受理或者不予受理的决定。能够当场作出受理决定的，应当当场作出受理决定；申请材料不齐全或者不符合要求的，应当当场或者在5个工作日内一次告知申请人需要补正的全部内容，逾期不告知的，视为自收到申请材料之日起即已被受理。对已经受理的申请，考核发证机关应当在20个工作日内完成审核工作。符合条件的，颁发特种作业操作证；不符合条件的，应当说明理由。

（10）特种作业操作证有效期为6年，在全国范围内有效。特种作业操作证由应急管理部统一式样、标准及编号。

五、特种作业操作证的复审

1. 复审规定

特种作业操作证每3年复审1次。特种作业人员在特种作业操作证有效期内，连续从事本工种 10 年以上，严格遵守有关安全生产法律法规的，经原考核发证机关或者从业所在地考核发证机关同意，特种作业操作证的复审时间可以延长至每 6 年 1 次。

特种作业操作证需要复审的，应当在期满前 60 日内，由申请人或者申请人的用人单位向原考核发证机关或者从业所在地考核发证机关提出申请。考核发证机关应当在 20 个工作日内完成复审工作。

特种作业操作证申请复审或者延期复审前，特种作业人员应当参加必要的安全培训并考试合格。安全培训时间不少于 8 个学时，主要培训法律、法规、标准、事故案例和有关新工艺、新技术、新装备等知识。

2. 复审或延期复审不予通过

特种作业人员有下列情形之一的，复审或者延期复审不予通过：

（1）健康体检不合格的。

（2）违章操作造成严重后果或者有 2 次以上违章行为，并经查证确实的。

（3）有安全生产违法行为，并给予行政处罚的。

（4）拒绝、阻碍安全生产监管监察部门监督检查的。

（5）未按规定参加安全培训，或者考试不合格的。

（6）所持特种作业操作证存在被撤销或者注销情形的。

第四节　安全生产培训管理办法

一、基本规定

安全培训的机构应当具备从事安全培训工作所需要的条件。从事危险物品的生产、经营、储存单位以及矿山、金属冶炼单位的主要负责人和安全生产管理人员，特种作业人员以及注册安全工程师等相关人员培训的安全培训机构，应当将教师、教学和实习实训设施等情况书面报告所在地安全生产监督管理部门、煤矿安全培训监管机构。

安全生产相关社会组织依照法律、行政法规和章程，为生产经营单位提供安全培训有关服务，对安全培训机构实行自律管理，促进安全培训工作水平的提升。

二、安全培训

（1）中央企业的分公司、子公司及其所属单位和其他生产经营单位，发生造成人员死亡的生产安全事故的，其主要负责人和安全生产管理人员应当重新参加安全培训。

（2）特种作业人员对造成人员死亡的生产安全事故负有直接责任的，应当按照规定重新参加安全培训。

（3）国家鼓励生产经营单位招录职业院校毕业生。职业院校毕业生从事与所学专业相关的作业，可以免予参加初次培训，实际操作培训除外。

（4）国家鼓励生产经营单位实行师傅带徒弟制度。矿山新招的井下作业人员和危险物品生产经营单位新招的危险工艺操作岗位人员，除按照规定进行安全培训外，还应当在有经验的职工带领下实习满 2 个月后，方可独立上岗作业。

（5）安全培训机构应当建立安全培训工作制度和人员培训档案。安全培训相关情况，应当如实记录并建档备查。安全培训机构从事安全培训工作的收费，应当符合法律、法规的规定。法律、法规没有规定的，应当按照行业自律标准或者指导性标准收费。

三、安全培训的考核

（一）考核标准

安全监管监察人员，危险物品的生产、经营、储存单位及非煤矿山、金属冶炼单位主要负责人、安全生产管理人员和特种作业人员，以及从事安全生产工作的相关人员的考核标准，由应急管理部统一制定。

煤矿企业的主要负责人、安全生产管理人员和特种作业人员的考核标准，由国家煤矿安全监察局制定。

除危险物品的生产、经营、储存单位和矿山、金属冶炼单位以外其他生产经营单位主要负责人、安全生产管理人员及其他从业人员的考核标准，由省级应急管理部门制定。

（二）考核

应急管理部负责省级以上应急管理部门的安全生产监管人员、各级煤矿安全监察机构的煤矿安全监察人员的考核；负责中央企业的总公司、总厂或者集团公司的主要负责人和安全生产管理人员的考核。

省级应急管理部门负责市级、县级应急管理部门的安全生产监管人员的考核；负责省属生产经营单位和中央企业分公司、子公司及其所属单位的主要负责人和安全生产管理人员的考核；负责特种作业人员的考核。

市级应急管理部门负责本行政区域内除中央企业、省属生产经营单位以外的其他生产经营单位的主要负责人和安全生产管理人员的考核。

省级煤矿安全培训监管机构负责所辖区域内煤矿企业的主要负责人、安全生产管理人员和特种作业人员的考核。

除主要负责人、安全生产管理人员、特种作业人员以外的生产经营单位的其他从业人员的考核，由生产经营单位按照省级应急管理部门公布的考核标准，自行组织考核。

四、安全培训的发证

接受安全培训人员经考核合格的，由考核部门在考核结束后 10 个工作日内颁发相应的证书。

安全生产监管执法证、煤矿安全监察执法证、安全合格证的有效期为 3 年。有效期届满需要延期的，应当于有效期届满 30 日前向原发证部门申请办理延期手续。

特种作业操作证和省级应急管理部门、省级煤矿安全培训监管机构颁发的主要负责人、安全生产管理人员的安全合格证，在全国范围内有效。

第五节　安全生产事故隐患排查治理暂行规定

一、事故隐患的分级

事故隐患分为一般事故隐患和重大事故隐患。

一般事故隐患，是指危害和整改难度较小，发现后能够立即整改排除的隐患。

重大事故隐患，是指危害和整改难度较大，应当全部或者局部停产停业，并经过一定时间整改治理方能排除的隐患，或者因外部因素影响致使生产经营单位自身难以排除的隐患。

二、事故隐患的排查治理

（一）生产经营单位事故隐患排查治理的职责

（1）生产经营单位应当依照法律、法规、规章、标准和规程的要求从事生产经营活动。严禁非法从事生产经营活动。

（2）生产经营单位是事故隐患排查、治理和防控的责任主体。生产经营单位应当建立健全事故隐患排查治理和建档监控等制度，逐级建立并落实从主要负责人到每个从业人员的隐患排查治理和监控责任制。

（3）生产经营单位应当保证事故隐患排查治理所需的资金，建立资金使用专项制度。

（4）生产经营单位应当定期组织安全生产管理人员、工程技术人员和其他相关人员排查本单位的事故隐患。对排查出的事故隐患，应当按照事故隐患的等级进行登记，建立事故隐患信息档案，并按照职责分工实施监控治理。

（5）生产经营单位应当建立事故隐患报告和举报奖励制度，鼓励、发动职工发现和排除事故隐患，鼓励社会公众举报。对发现、排除和举报事故隐患的有功人员，应当给予物质奖励和表彰。

（6）生产经营单位将生产经营项目、场所、设备发包、出租的，应当与承包、承租单位签订安全生产管理协议，并在协议中明确各方对事故隐患排查、治理和防控的管理职责。生产经营单位对承包、承租单位的事故隐患排查治理负有统一协调和监督管理的职责。

（7）生产经营单位应当每季、每年对本单位事故隐患排查治理情况进行统计分析，并分别于下一季度 15 日前和下一年 1 月 31 日前向安全监管监察部门和有关部门报送书面统计分析表。统计分析表应当由生产经营单位主要负责人签字。

（二）重大事故隐患报告

对于重大事故隐患，生产经营单位除依照相关规定报送外，应当及时向安全监管监察部门和有关部门报告。重大事故隐患报告应当包括以下内容：

（1）隐患的现状及其产生原因。

（2）隐患的危害程度和整改难易程度分析。

（3）隐患的治理方案。

（三）事故隐患治理

一般事故隐患的治理，由生产经营单位（车间、分厂、区队等）负责人或者有关人员立即组织整改。

重大事故隐患的治理，由生产经营单位主要负责人组织制定并实施事故隐患治理方案。

重大事故隐患治理方案应当包括以下内容：

（1）治理的目标和任务。

（2）采取的方法和措施。

（3）经费和物资的落实。

（4）负责治理的机构和人员。

（5）治理的时限和要求。

（6）安全措施和应急预案。

（四）事故隐患排查治理中的紧急处置

生产经营单位在事故隐患治理过程中，应当采取相应的安全防范措施，防止事故发生。事故隐患排除前或者排除过程中无法保证安全的，应当从危险区域内撤出作业人员，并疏散可能危及的其他人员，设置警戒标志，暂时停产停业或者停止使用；对暂时难以停产或者停止使用的相关生产储存装置、设施、设备，应当加强维护和保养，防止事故发生。

（五）自然灾害的预警

生产经营单位应当加强对自然灾害的预防。对于因自然灾害可能导致事故灾难的隐患，应当按照有关法律、法规、标准和《安全生产事故隐患排查治理暂行规定》的要求排查治理，采取可靠的预防措施，制定应急预案。在接到有关自然灾害预报时，应当及时向下属单位发出预警通知；发生自然灾害可能危及生产经营单位和人员安全的情况时，应当采取撤离人员、停止作业、加强监测等安全措施，并及时向当地人民政府及其有关部门报告。

（六）重大事故隐患治理后的安全评估

地方人民政府或者安全监管监察部门及有关部门挂牌督办并责令全部或者局部停产停业治理的重大事故隐患，治理工作结束后，有条件的生产经营单位应当组织本单位的技术人员和专家对重大事故隐患的治理情况进行评估；其他生产经营单位应当委托具备相应资质的安全评价机构对重大事故隐患的治理情况进行评估。

（七）重大事故隐患治理的监督检查

（1）地方人民政府或者安全监管监察部门及有关部门挂牌督办并责令全部或者局部

停产停业治理的重大事故隐患，经治理后符合安全生产条件的，生产经营单位应当向安全监管监察部门和有关部门提出恢复生产的书面申请，经安全监管监察部门和有关部门审查同意后，方可恢复生产经营。申请报告应当包括治理方案的内容、项目和安全评价机构出具的评价报告等。

（2）地方人民政府或者安全监管监察部门及有关部门挂牌督办并责令全部或者局部停产停业治理的重大事故隐患，安全监管监察部门收到生产经营单位恢复生产的申请报告后，应当在 10 日内进行现场审查。审查合格的，对事故隐患进行核销，同意恢复生产经营；审查不合格的，依法责令改正或者下达停产整改指令。对整改无望或者生产经营单位拒不执行整改指令的，依法实施行政处罚；不具备安全生产条件的，依法提请县级以上人民政府按照国务院规定的权限予以关闭。

第六节　生产安全事故应急预案管理办法

一、应急预案的编制

（一）预案的种类

生产经营单位应当根据有关法律、法规、规章和相关标准确立本单位的应急预案体系，并体现自救互救和先期处置等特点。生产经营单位应急预案分为综合应急预案、专项应急预案和现场处置方案。

（1）生产经营单位风险种类多、可能发生多种类型事故的，应当组织编制综合应急预案。综合应急预案应当规定应急组织机构及其职责、应急预案体系、事故风险描述、预警及信息报告、应急响应、保障措施、应急预案管理等内容。

（2）对于某一种或者多种类型的事故风险，生产经营单位可以编制相应的专项应急预案，或将专项应急预案并入综合应急预案。专项应急预案应当规定应急指挥机构与职责、处置程序和措施等内容。

（3）对于危险性较大的场所、装置或者设施，生产经营单位应当编制现场处置方案。现场处置方案应当规定应急工作职责、应急处置措施和注意事项等内容。

（4）事故风险单一、危险性小的生产经营单位，可以只编制现场处置方案。

（二）预案编制的衔接

生产经营单位编制的各类应急预案之间应当相互衔接，并与相关人民政府及其部门、应急救援队伍和涉及的其他单位的应急预案相衔接。

生产经营单位应当在编制应急预案的基础上，针对工作场所、岗位的特点，编制简明、实用、有效的应急处置卡。应急处置卡应当规定重点岗位、人员的应急处置程序和措施，以及相关联络人员和联系方式，便于从业人员携带。

二、应急预案的评审

（一）地方各级安全生产监督管理部门预案的评审

地方各级人民政府应急管理部门应当组织有关专家对本部门编制的部门应急预案进行审定；必要时，可以召开听证会，听取社会有关方面的意见。

（二）生产经营单位预案的评审

矿山、金属冶炼和易燃易爆物品、危险化学品的生产、经营、储存、运输企业，以及使用危险化学品达到国家规定数量的化工企业、烟花爆竹生产、批发经营企业和中型规模以上的其他生产经营单位，应当对本单位编制的应急预案进行评审，并形成书面评审纪要。其他生产经营单位应当对本单位编制的应急预案进行论证。

（三）评审的要求

（1）参加应急预案评审的人员应当包括有关安全生产及应急管理方面的专家。

（2）评审人员与所评审应急预案的生产经营单位有利害关系的，应当回避。

（3）应急预案的评审或者论证应当注重基本要素的完整性、组织体系的合理性、应急处置程序和措施的针对性、应急保障措施的可行性、应急预案的衔接性等内容。

三、应急预案的备案

（一）政府部门预案的备案

地方各级人民政府应急管理部门的应急预案，应当报同级人民政府备案，同时抄送上一级人民政府应急管理部门，并依法向社会公布。地方各级人民政府其他负有安全生产监督管理职责的部门的应急预案，应当抄送同级人民政府应急管理部门。

（二）生产经营单位预案的备案

（1）易燃易爆物品、危险化学品等危险物品的生产、经营、储存、运输单位，矿山、金属冶炼、城市轨道交通运营、建筑施工单位，以及宾馆、商场、娱乐场所、旅游景区等人员密集场所经营单位，应当在应急预案公布之日起20个工作日内，按照分级属地原则，向县级以上人民政府应急管理部门和其他负有安全生产监督管理职责的部门进行备案，并依法向社会公布。

（2）生产经营单位属于中央企业的，其总部（上市公司）的应急预案，报国务院主管的负有安全生产监督管理职责的部门备案，并抄送应急管理部；其所属单位的应急预案报所在地的省、自治区、直辖市或者设区的市级人民政府主管的负有安全生产监督管理职责的部门备案，并抄送同级人民政府应急管理部门。

（3）生产经营单位不属于中央企业的，其中非煤矿山、金属冶炼和危险化学品生产、经营、储存、运输企业，以及使用危险化学品达到国家规定数量的化工企业、烟花爆竹生产、批发经营企业的应急预案，按照隶属关系报所在地县级以上地方人民政府应急管理部门备案；上述单位以外的其他生产经营单位应急预案的备案，由省、自治区、直辖市人民政府负有安全生产监督管理职责的部门确定。

（4）油气输送管道运营单位的应急预案，除按照上述（1）、（2）的规定备案外，还应当抄送所经行政区域的县级人民政府应急管理部门。

（5）海洋石油开采企业的应急预案，除按照上述（1）、（2）的规定备案外，还应当抄送所经行政区域的县级人民政府应急管理部门和海洋石油安全监管机构。

（6）煤矿企业的应急预案除按照上述（1）、（2）的规定备案外，还应当抄送所在地的煤矿安全监察机构。

（三）应急预案备案的审查

受理备案登记的负有安全生产监督管理职责的部门应当在 5 个工作日内对应急预案材料进行核对，材料齐全的，应当予以备案并出具应急预案备案登记表；材料不齐全的，不予备案并一次性告知需要补齐的材料。逾期不予备案又不说明理由的，视为已经备案。

四、应急预案的实施

（一）应急预案的演练

除易燃易爆物品、危险化学品等危险物品的生产、经营、运输单位外，矿山、金属冶炼、城市轨道交通运营、建筑施工单位，以及宾馆、商场、娱乐场所、旅游景区等人员密集场所经营单位，应当制定本单位的应急预案演练计划，根据本单位的事故风险特点，每年至少组织一次综合应急预案演练或者专项应急预案演练，每半年至少组织一次现场处置方案演练。

应急预案演练结束后，应急预案演练组织单位应当对应急预案演练效果进行评估，撰写应急预案演练评估报告，分析存在的问题，并对应急预案提出修订意见。

（二）应急预案的评估

矿山、金属冶炼、建筑施工企业和易燃易爆物品、危险化学品等危险物品的生产、经营、储存、运输企业、使用危险化学品达到国家规定数量的化工企业、烟花爆竹生产、批发经营企业和中型规模以上的其他生产经营单位，应当每三年进行一次应急预案评估。

应急预案评估可以邀请相关专业机构或者有关专家、有实际应急救援工作经验的人员参加，必要时可以委托安全生产技术服务机构实施。

（三）应急预案的修订

应急预案编制单位应当建立应急预案定期评估制度，对预案内容的针对性和实用性进行分析，并对应急预案是否需要修订作出结论。

有下列情形之一的，应急预案应当及时修订并归档：

（1）依据的法律、法规、规章、标准及上位预案中的有关规定发生重大变化的。

（2）应急指挥机构及其职责发生调整的。

（3）安全生产面临的风险发生重大变化的。

（4）重要应急资源发生重大变化的。

（5）在应急演练和事故应急救援中发现需要修订预案的重大问题的。

（6）编制单位认为应当修订的其他情况。

第七节 生产安全事故信息报告和处置办法

一、较大涉险事故的范围

（1）涉险 10 人以上的事故。

（2）造成 3 人以上被困或者下落不明的事故。

（3）紧急疏散人员 500 人以上的事故。

（4）因生产安全事故对环境造成严重污染（人员密集场所、生活水源、农田、河流、水库、湖泊等）的事故。

（5）危及重要场所和设施安全（电站、重要水利设施、危化品库、油气站和车站、码头、港口、机场及其他人员密集场所等）的事故。

（6）其他较大涉险事故。

二、事故信息的报告

（一）生产经营单位的报告

（1）生产经营单位发生生产安全事故或者较大涉险事故，其单位负责人接到事故信息报告后应当于 1 小时内报告事故发生地县级安全生产监督管理部门、煤矿安全监察分局。

（2）发生较大以上生产安全事故的，事故发生单位在依照第（1）项规定报告的同时，应当在 1 小时内报告省级安全生产监督管理部门、省级煤矿安全监察机构。

（3）发生重大、特别重大生产安全事故的，事故发生单位在依照第（1）项、第（2）项规定报告的同时，可以立即报告应急管理部、国家煤矿安全监察局。

（二）各级政府部门的报告

（1）发生较大生产安全事故或者社会影响重大的事故的，县级、市级安全生产监督管理部门或者煤矿安全监察分局接到事故报告后，在依照规定逐级上报的同时，应当在 1 小时内先用电话快报省级安全生产监督管理部门、省级煤矿安全监察机构，随后补报文字报告；乡镇安监站（办）可以根据事故情况越级直接报告省级安全生产监督管理部门、省级煤矿安全监察机构。

（2）发生重大、特别重大生产安全事故或者社会影响恶劣的事故的，县级、市级安全生产监督管理部门或者煤矿安全监察分局接到事故报告后，在依照规定逐级上报的同时，应当在 1 小时内先用电话快报省级安全生产监督管理部门、省级煤矿安全监察机构，随后补报文字报告；必要时，可以直接用电话报告应急管理部、国家煤矿安全监察局。

省级安全生产监督管理部门、省级煤矿安全监察机构接到事故报告后，应当在 1 小时内先用电话快报应急管理部、国家煤矿安全监察局，随后补报文字报告。

应急管理部、国家煤矿安全监察局接到事故报告后，应当在 1 小时内先用电话快报国务院总值班室，随后补报文字报告。

三、举报事故信息的处置

（1）安全生产监督管理部门、煤矿安全监察机构接到任何单位或者个人的事故信息举报后，应当立即与事故单位或者下一级安全生产监督管理部门、煤矿安全监察机构联系，并进行调查核实。

（2）下一级安全生产监督管理部门、煤矿安全监察机构接到上级安全生产监督管理部门、煤矿安全监察机构的事故信息举报核查通知后，应当立即组织查证核实，并在 2 个月内向上一级安全生产监督管理部门、煤矿安全监察机构报告核实结果。

（3）对发生较大涉险事故的，安全生产监督管理部门、煤矿安全监察机构依照规定向上一级安全生产监督管理部门、煤矿安全监察机构报告核实结果；对发生生产安全事故的，安全生产监督管理部门、煤矿安全监察机构应当在 5 日内对事故情况进行初步查证，并将事故初步查证的简要情况报告上一级安全生产监督管理部门、煤矿安全监察机构，详细核实结果在 2 个月内报告。

（4）事故信息经初步查证后，负责查证的安全生产监督管理部门、煤矿安全监察机构应当立即报告本级人民政府和上一级安全生产监督管理部门、煤矿安全监察机构，并书面通知公安机关、劳动保障部门、工会、人民检察院和有关部门。

第八节　建设工程消防监督管理规定

一、人员密集场所的消防设计审核和消防验收

对具有下列情形之一的人员密集场所，建设单位应当向消防设计审查验收主管部门申请消防设计审查，并在建设工程竣工后向消防设计审查验收主管部门申请消防验收：

（1）建筑总面积大于 20 000 平方米的体育场馆、会堂，公共展览馆、博物馆的展示厅；

（2）建筑总面积大于 15 000 平方米的民用机场航站楼、客运车站候车室、客运码头候船厅；

（3）建筑总面积大于 10 000 平方米的宾馆、饭店、商场、市场；

（4）建筑总面积大于 2 500 平方米的影剧院，公共图书馆的阅览室，营业性室内健身、休闲场馆，医院的门诊楼，大学的教学楼、图书馆、食堂，劳动密集型企业的生产加工车

间，寺庙、教堂；

（5）建筑总面积大于1 000平方米的托儿所、幼儿园的儿童用房，儿童游乐厅等室内儿童活动场所，养老院、福利院，医院、疗养院的病房楼，中小学校的教学楼、图书馆、食堂，学校的集体宿舍，劳动密集型企业的员工集体宿舍；

（6）建筑总面积大于500平方米的歌舞厅、录像厅、放映厅、卡拉OK厅、夜总会、游艺厅、桑拿浴室、网吧、酒吧，具有娱乐功能的餐馆、茶馆、咖啡厅。

二、特殊建设工程的消防设计审核和消防验收

对具有下列情形之一的特殊建设工程，建设单位应当向消防设计审查验收主管部门申请消防设计审查，并在建设工程竣工后向消防设计审查验收主管部门申请消防验收：

（1）设有《建设工程消防监督管理规定》所列的人员密集场所的建设工程。

（2）国家机关办公楼、电力调度楼、电信楼、邮政楼、防灾指挥调度楼、广播电视楼、档案楼。

（3）上述第（1）项和第（2）项规定以外的单体建筑面积大于40 000平方米或者建筑高度超过50米的公共建筑。

（4）国家标准规定的一类高层住宅建筑。

（5）城市轨道交通、隧道工程，大型发电、变配电工程。

（6）生产、储存、装卸易燃易爆危险物品的工厂、仓库和专用车站、码头，易燃易爆气体和液体的充装站、供应站、调压站。

三、消防设计审查的程序

建设单位向消防设计审查验收主管部门提交申请消防设计审核的有关资料。

消防设计审查验收主管部门应当自受理消防设计审查申请之日起5个工作日内，将申请材料报送省、自治区、直辖市人民政府住房和城乡建设主管部门组织专家评审。

省、自治区、直辖市人民政府住房和城乡建设主管部门应当在收到申请材料之日起10个工作日内组织召开专家评审会，对建设单位提交的特殊消防设计技术资料进行评审。

评审专家应当符合相关专业要求，总数不得少于7人，且独立出具评审意见。特殊消防设计技术资料经四分之三以上评审专家同意即为评审通过，评审专家有不同意见的，应当注明。省、自治区、直辖市人民政府住房和城乡建设主管部门应当将专家评审意见，书面通知报请评审的消防设计审查验收主管部门，同时报国务院住房和城乡建设主管部门备案。

消防设计审查验收主管部门应当自受理消防设计审查申请之日起15个工作日内出具书面审查意见。依照《建设工程消防监督管理规定》需要组织专家评审的，专家评审时间不超过20个工作日。

第九节　建设项目安全设施“三同时”监督管理办法

一、建设项目安全预评价

（一）安全预评价的范围

（1）非煤矿矿山建设项目。

（2）生产、储存危险化学品（包括使用长输管道输送危险化学品，下同）的建设项目。

（3）生产、储存烟花爆竹的建设项目。

（4）金属冶炼建设项目。

（5）使用危险化学品从事生产并且使用量达到规定数量的化工建设项目（属于危险化学品生产的除外，下同）。

（6）法律、行政法规和国务院规定的其他建设项目。

（二）安全预评价

（1）生产经营单位应当委托具有相应资质的安全评价机构，对其建设项目进行安全预评价，并编制安全预评价报告。

（2）生产、储存危险化学品的建设项目和化工建设项目安全预评价报告还应当符合有关危险化学品建设项目的规定。

（3）对于其他建设项目，生产经营单位应当对其安全生产条件和设施进行综合分析，形成书面报告备查。

二、建设项目安全设施设计审查

（一）安全设施设计

（1）生产经营单位在建设项目初步设计时，应当委托有相应资质的设计单位对建设项目安全设施同时进行设计，编制安全设施设计。

（2）安全设施设计必须符合有关法律、法规、规章和国家标准或者行业标准、技术规范的规定，并尽可能采用先进适用的工艺、技术和可靠的设备、设施。

（3）高危建设项目安全设施设计应当充分考虑建设项目安全预评价报告提出的安全对策措施。

（4）安全设施设计单位、设计人应当对其编制的设计文件负责。

（二）高危建设项目安全设施设计的审查

1. 提交文件资料

非煤矿矿山建设项目，生产、储存危险化学品（包括使用长输管道输送危险化学品）的建设项目，生产、储存烟花爆竹的建设项目，金属冶炼建设项目等高危建设项目，安全设施设计完成后，生产经营单位应当按照规定向安全生产监督管理部门提出审查申请。

2. 受理

安全生产监督管理部门收到申请后，对属于本部门职责范围内的，应当及时进行审查，并在收到申请后5个工作日内作出受理或者不予受理的决定，书面告知申请人；对不属于本部门职责范围内的，应当将有关文件资料转送有审查权的安全生产监督管理部门，并书面告知申请人。

3. 审查及决定

对已经受理的建设项目安全设施设计审查申请，安全生产监督管理部门应当自受理之日起20个工作日内作出是否批准的决定，并书面告知申请人。20个工作日内不能作出决定的，经本部门负责人批准，可以延长10个工作日，并应当将延长期限的理由书面告知申请人。

（三）建设项目安全设施设计的变更

已经批准的建设项目及其安全设施设计有下列情形之一的，生产经营单位应当报原批准部门审查同意；未经审查同意的，不得开工建设：

（1）建设项目的规模、生产工艺、原料、设备发生重大变更的。

（2）改变安全设施设计且可能降低安全性能的。

（3）在施工期间重新设计的。

三、建设项目安全设施施工和竣工验收

（一）施工

施工单位应当在施工组织设计中编制安全技术措施和施工现场临时用电方案，同时对危险性较大的分部分项工程依法编制专项施工方案，并附具安全验算结果，经施工单位技术负责人、总监理工程师签字后实施。

施工单位发现安全设施设计文件有错漏的，应当及时向生产经营单位、设计单位提出。生产经营单位、设计单位应当及时处理。

施工单位发现安全设施存在重大事故隐患时，应当立即停止施工并报告生产经营单位进行整改。整改合格后，方可恢复施工。

（二）安全设施的试运行

建设项目竣工后，根据规定建设项目需要试运行的，应当在正式投入生产或者使用前进行试运行。试运行时间应当不少于30日，最长不得超过180日，国家有关部门有规定或者特殊要求的行业除外。

生产、储存危险化学品的建设项目和化工建设项目，应当在建设项目试运行前将试运行方案报负责建设项目安全许可的安全生产监督管理部门备案。

（三）建设项目的竣工验收

建设项目竣工投入生产或者使用前，生产经营单位应当组织对安全设施进行竣工验收，并形成书面报告备查。安全设施竣工验收合格后，方可投入生产和使用。

安全生产监督管理部门应当按照下列方式之一对高危建设项目的竣工验收活动和验收结果进行监督核查：

（1）对安全设施竣工验收报告按照不少于总数10%的比例进行随机抽查。

（2）在实施有关安全许可时，对建设项目安全设施竣工验收报告进行审查。

抽查和审查以书面方式为主。对竣工验收报告的实质内容存在疑问，需要到现场核查的，安全生产监督管理部门应当指派两名以上工作人员对有关内容进行现场核查。

四、建设项目违反“三同时”管理的处罚

（一）高危建设项目违反“三同时”的处罚

非煤矿矿山建设项目，生产、储存危险化学品（包括使用长输管道输送危险化学品）的建设项目，生产、储存烟花爆竹的建设项目，金属冶炼建设项目有下列情形之一的，责令停止建设或者停产停业整顿，限期改正；逾期未改正的，处50万元以上100万元以下的罚款，对其直接负责的主管人员和其他直接责任人员处2万元以上5万元以下的罚款；构成犯罪的，依照刑法有关规定追究刑事责任：

（1）未按照《建设项目安全设施“三同时”监督管理办法》规定对建设项目进行安全评价的。

（2）没有安全设施设计或者安全设施设计未按照规定报经安全生产监督管理部门审查同意，擅自开工的。

（3）施工单位未按照批准的安全设施设计施工的。

（4）投入生产或者使用前，安全设施未经验收合格的。

（二）建设项目安全设施违反变更规定的处罚

已经批准的建设项目安全设施设计发生重大变更，生产经营单位未报原批准部门审查同意擅自开工建设的，责令限期改正，可以并处1万元以上3万元以下的罚款。

（三）其他建设项目违反“三同时”规定的处罚

除非煤矿矿山建设项目，生产、储存危险化学品（包括使用长输管道输送危险化学品）的建设项目，生产、储存烟花爆竹的建设项目，金属冶炼建设项目等高危建设项目以外，其他建设项目有下列情形之一的，对有关生产经营单位责令限期改正，可以并处5 000元以上3万元以下的罚款：

（1）没有安全设施设计的。

（2）安全设施设计未组织审查，并形成书面审查报告的。

（3）施工单位未按照安全设施设计施工的。

（4）投入生产或者使用前，安全设施未经竣工验收合格，并形成书面报告的。

第十节 煤矿企业安全生产许可证实施办法

一、安全生产条件

井工煤矿的安全设施、设备、工艺必须符合下列条件：

（1）矿井至少有 2 个能行人的通达地面的安全出口，各个出口之间的距离不得小于 30 米；井下每一个水平到上一个水平和各个采（盘）区至少有两个便于行人的安全出口，并与通达地面的安全出口相连接；采煤工作面有两个畅通的安全出口，一个通到进风巷道，另一个通到回风巷道。在用巷道净断面满足行人、运输、通风和安全设施及设备安装、检修、施工的需要。

（2）按规定进行瓦斯等级、煤层自燃倾向性和煤尘爆炸危险性鉴定。

（3）矿井有完善的独立通风系统。矿井、采区和采掘工作面的供风能力满足安全生产要求，矿井使用安装在地面的矿用主要通风机进行通风，并有同等能力的备用主要通风机，主要通风机按规定进行性能检测；生产水平和采区实行分区通风；高瓦斯和煤与瓦斯突出矿井、开采容易自燃煤层的矿井、煤层群联合布置矿井的每个采区设置专用回风巷，掘进工作面使用专用局部通风机进行通风，矿井有反风设施。

（4）矿井有安全监控系统，传感器的设置、报警和断电符合规定，有瓦斯检查制度和矿长、技术负责人瓦斯日报审查签字制度，配备足够的专职瓦斯检查员和瓦斯检测仪器；按规定建立瓦斯抽采系统，开采煤与瓦斯突出危险煤层的有预测预报、防治措施、效果检验和安全防护的综合防突措施。

（5）有防尘供水系统，有地面和井下排水系统；有水害威胁的矿井还应有专用探放水设备。

（6）制定井上、井下防火措施；有地面消防水池和井下消防管路系统，井上、井下有消防材料库；开采容易自燃和自燃煤层的矿井还应有防灭火专项设计和综合预防煤层自然发火的措施。

（7）矿井有两回路电源线路；严禁井下配电变压器中性点直接接地；井下电气设备的选型符合防爆要求，有短路、过负荷、接地、漏电等保护，掘进工作面的局部通风机按规定采用专用变压器、专用电缆、专用开关，实现风电、瓦斯电闭锁。

（8）运送人员的装置应当符合有关规定。使用检测合格的钢丝绳；带式输送机采用非金属聚合物制造的输送带的阻燃性能和抗静电性能符合规定，设置安全保护装置。

（9）有通信联络系统，按规定建立人员位置监测系统。

（10）按矿井瓦斯等级选用相应的煤矿许用炸药和电雷管，爆破工作由专职爆破工担任。

（11）不得使用国家有关危及生产安全淘汰目录规定的设备及生产工艺；使用的矿用产品应有安全标志。

（12）配备足够数量的自救器，自救器的选用型号应与矿井灾害类型相适应，按规定建立安全避险系统。

（13）有反映实际情况的图纸：矿井地质图和水文地质图，井上下对照图，巷道布置图，采掘工程平面图，通风系统图，井下运输系统图，安全监控系统布置图和断电控制图，人员位置监测系统图，压风、排水、防尘、防火注浆、抽采瓦斯等管路系统图，井下通信系统图，井上、下配电系统图和井下电气设备布置图，井下避灾路线图。采掘工作面有符合实际情况的作业规程。

二、安全生产许可证的申请和颁发

安全生产许可证的申请和颁发包括申请、提交材料、受理、审查、决定、延期、变更等内容。

1. 受理

安全生产许可证颁发管理机关对申请人提交的申请书及文件、资料，应当按照下列规定处理：

（1）申请事项不属于本机关职权范围的，即时作出不予受理的决定，并告知申请人向有关行政机关申请。

（2）申请材料存在可以当场更正的错误的，允许或者要求申请人当场更正，并即时出具受理的书面凭证，通过互联网申请的，符合要求后即时提供电子受理回执。

（3）申请材料不齐全或者不符合要求的，应当当场或者在5个工作日内一次告知申请人需要补正的全部内容，逾期不告知的，自收到申请材料之日起即为受理。

（4）申请材料齐全、符合要求或者按照要求全部补正的，自收到申请材料或者全部补正材料之日起为受理。

2. 决定

安全生产许可证颁发管理机关应当对有关人员提出的审查意见进行讨论，并在受理申请之日起45个工作日内作出颁发或者不予颁发安全生产许可证的决定。

对决定颁发的，安全生产许可证颁发管理机关应当自决定之日起10个工作日内送达或者通知申请人领取安全生产许可证；对不予颁发的，应当在10个工作日内书面通知申请人并说明理由。

经审查符合《煤矿企业安全生产许可证实施办法》规定的，安全生产许可证颁发管理机关应当分别向煤矿企业及其所属煤矿颁发安全生产许可证。

3. 有效期

安全生产许可证的有效期为3年。

4. 延期

安全生产许可证有效期满需要延期的，煤矿企业应当于期满前3个月按照规定向原安全生产许可证颁发管理机关提出延期申请，并提交规定的文件、资料和安全生产许可证正本、副本。

煤矿企业在安全生产许可证有效期内符合下列条件，在安全生产许可证有效期届满时，经原安全生产许可证颁发管理机关同意，不再审查，直接办理延期手续：

（1）严格遵守有关安全生产的法律法规和《煤矿企业安全生产许可证实施办法》。

（2）接受安全生产许可证颁发管理机关及煤矿安全监察机构的监督检查。

（3）未因存在严重违法行为纳入安全生产不良记录“黑名单”管理。

（4）未发生生产安全死亡事故。

（5）煤矿安全质量标准化等级达到二级及以上。

5. 变更

煤矿企业在安全生产许可证有效期内有下列情形之一的，应当向原安全生产许可证颁发管理机关申请变更安全生产许可证：

（1）变更主要负责人的。

（2）变更隶属关系的。

（3）变更经济类型的。

（4）变更煤矿企业名称的。

（5）煤矿改建、扩建工程经验收合格的。

变更上述第（1）（2）（3）（4）项的，自工商营业执照变更之日起10个工作日内提出申请；变更上述第（5）项的，应当在改建、扩建工程验收合格后10个工作日内提出申请。

变更上述第（1）项的，应提供变更后的工商营业执照副本和主要负责人任命文件（或者聘书）；申请变更上述第（2）（3）（4）项的，应提供变更后的工商营业执照副本；申请变更上述第（5）项的，应提供改建、扩建工程安全设施及条件竣工验收合格的证明材料。

第十一节　煤矿建设项目安全设施监察规定

一、基本规定

煤矿建设项目安全设施的设计审查，由煤矿安全监察机构按照设计或者新增的生产能力，实行分级负责。

（1）设计或者新增的生产能力在 300 万吨/年及以上的井工煤矿建设项目和 1 000 万吨/年及以上的露天煤矿建设项目，由国家煤矿安全监察局负责设计审查。

（2）设计或者新增的生产能力在300万吨/年以下的井工煤矿建设项目和1 000万吨/年以下的露天煤矿建设项目，由省级煤矿安全监察局负责设计审查。

（3）未设立煤矿安全监察机构的省、自治区，由省、自治区人民政府指定的负责煤矿安全监察工作的部门负责设计或者新增的生产能力在 300 万吨/年以下的井工煤矿建设项目和 1 000 万吨/年以下的露天煤矿建设项目的设计审查。

二、设计审查

煤矿建设项目的安全设施设计应当包括煤矿水、火、瓦斯、煤尘、顶板等主要灾害的防治措施，所确定的设施、设备、器材等应当符合国家标准和行业标准。

三、施工和联合试运转

煤矿建设项目在竣工完成后，应当在正式投入生产或使用前进行联合试运转。联合试运转的时间一般为 1 至 6 个月，有特殊情况需要延长的，总时长不得超过 12 个月。

煤矿建设项目联合试运转期间，煤矿企业应当制定可靠的安全措施，做好现场检测、检验，收集有关数据，并编制联合试运转报告。

第十二节　煤矿安全培训规定

一、安全培训的组织与管理

煤矿企业应当建立完善安全培训管理制度，制定年度安全培训计划，明确负责安全培训工作的机构，配备专职或者兼职安全培训管理人员，按照国家规定的比例提取教育培训经费。其中，用于安全培训的资金不得低于教育培训经费总额的 40%。

煤矿企业应当建立健全从业人员安全培训档案，实行一人一档。煤矿企业还应当建立企业安全培训档案，实行一期一档。

对煤矿企业主要负责人和安全生产管理人员的煤矿企业安全培训档案应当保存 3 年以上，对特种作业人员的煤矿企业安全培训档案应当保存 6 年以上，其他从业人员的煤矿企业安全培训档案应当保存 3 年以上。

二、煤矿企业主要负责人和安全生产管理人员的安全培训及考核

煤矿企业主要负责人和安全生产管理人员应当自任职之日起 30 日内，按规定向考核

部门提出考核申请，并提交其任职文件、学历、工作经历等相关材料。

考核部门接到煤矿企业主要负责人和安全生产管理人员申请及其材料后，经审核符合条件的，应当及时组织相应的考试；发现申请人不符合规定的，不得对申请人进行安全生产知识和管理能力考试，并书面告知申请人及其所在煤矿企业或其任免机关调整其工作岗位。

煤矿企业主要负责人和安全生产管理人员的考试应当在规定的考点采用计算机方式进行。考试试题从国家级考试题库和省级考试题库随机抽取，其中抽取国家级考试题库试题比例占80%以上。考试满分为100分，80分以上为合格。考核部门应当自考试结束之日起5个工作日内公布考试成绩。

煤矿企业主要负责人和安全生产管理人员考试合格后，考核部门应当在公布考试成绩之日起10个工作日内颁发安全生产知识和管理能力考核合格证明。

煤矿企业主要负责人和安全生产管理人员考试不合格的，可以补考一次；经补考仍不合格的，一年内不得再次申请考核。考核部门应当告知其所在煤矿企业或其任免机关调整其工作岗位。

考核部门对煤矿企业主要负责人和安全生产管理人员的安全生产知识和管理能力每3年考核一次。

三、特种作业人员的安全培训和考核

特种作业人员在参加资格考试前应当按照规定的培训大纲进行安全生产知识和实际操作能力的专门培训。其中，初次培训的时间不得少于90学时。

四、其他从业人员的安全培训和考核

对从事采煤、掘进、机电、运输、通风、防治水等工作的班组长的安全培训，应当由其所在煤矿的上一级煤矿企业组织实施；没有上一级煤矿企业的，由本单位组织实施。

煤矿企业新上岗的井下作业人员安全培训合格后，应当在有经验的工人师傅带领下，实习满4个月，并取得工人师傅签名的实习合格证明后，方可独立工作。

工人师傅一般应当具备中级工以上技能等级、3年以上相应工作经历和没有发生过违章指挥、违章作业、违反劳动纪律等条件。

五、监督检查

特种作业人员违反相关规定被撤销特种作业操作证的，3年内不得再次申请特种作业操作证。

第十三节　非煤矿矿山企业安全生产许可证实施办法

一、非煤矿矿山企业的安全生产条件及安全生产许可证的申请

（一）安全生产条件

非煤矿矿山企业取得安全生产许可证，应当具备下列安全生产条件：

（1）建立健全主要负责人、分管负责人、安全生产管理人员、职能部门、岗位安全生产责任制；制定安全检查制度、职业危害预防制度、安全教育培训制度、生产安全事故管理制度、重大危险源监控和重大隐患整改制度、设备安全管理制度、安全生产档案管理制度、安全生产奖惩制度等规章制度；制定作业安全规程和各工种操作规程。

（2）安全投入符合安全生产要求，依照国家有关规定足额提取安全生产费用。

（3）设置安全生产管理机构，或者配备专职安全生产管理人员。

（4）主要负责人和安全生产管理人员经安全生产监督管理部门考核合格，取得安全资格证书。

（5）特种作业人员经有关业务主管部门考核合格，取得特种作业操作资格证书。

（6）其他从业人员依照规定接受安全生产教育和培训，并经考试合格。

（7）依法参加工伤保险，为从业人员缴纳保险费。

（8）制定防治职业危害的具体措施，并为从业人员配备符合国家标准或者行业标准的劳动防护用品。

（9）新建、改建、扩建工程项目依法进行安全评价，其安全设施经验收合格。

（10）危险性较大的设备、设施按照国家有关规定进行定期检测检验。

（11）制定事故应急救援预案，建立事故应急救援组织，配备必要的应急救援器材、设备；生产规模较小可以不建立事故应急救援组织的，应当指定兼职的应急救援人员，并与邻近的矿山救护队或者其他应急救援组织签订救护协议。

（12）符合有关国家标准、行业标准规定的其他条件。

（二）安全生产许可证的申请

（1）海洋石油天然气企业申请领取安全生产许可证，向应急管理部提出申请。

（2）其他非煤矿矿山企业申请领取安全生产许可证，向企业所在地省级安全生产许可证颁发管理机关或其委托的设区的市级安全生产监督管理部门提出申请。

二、安全生产许可证的颁发

安全生产许可证颁发管理机关应当依照下列规定颁发非煤矿矿山企业安全生产许可证：

（1）对中央管理的金属非金属矿山企业总部，向企业总部颁发安全生产许可证。

（2）对金属非金属矿山企业，向企业及其所属各独立生产系统分别颁发安全生产许可证；对于只有一个独立生产系统的企业，只向企业颁发安全生产许可证。

（3）对中央管理的陆上石油天然气企业，向企业总部直接管理的分公司、子公司以及下一级与油气勘探、开发生产、储运直接相关的生产作业单位分别颁发安全生产许可证；对设有分公司、子公司的地方石油天然气企业，向企业总部及其分公司、子公司颁发安全生产许可证；对其他陆上石油天然气企业，向具有法人资格的企业颁发安全生产许可证。

（4）对海洋石油天然气企业，向企业及其直接管理的分公司、子公司以及下一级与油气开发生产直接相关的生产作业单位、独立生产系统分别颁发安全生产许可证；对其他海洋石油天然气企业，向具有法人资格的企业颁发安全生产许可证。

（5）对地质勘探单位，向最下级具有企事业法人资格的单位颁发安全生产许可证。对采掘施工企业，向企业颁发安全生产许可证。

（6）对尾矿库单独颁发安全生产许可证。

三、安全生产许可证的延期和变更

（一）延期

非煤矿矿山企业符合下列条件的，当安全生产许可证有效期届满申请延期时，经原安全生产许可证颁发管理机关同意，不再审查，直接办理延期手续：

（1）严格遵守有关安全生产的法律法规的。

（2）取得安全生产许可证后，加强日常安全生产管理，未降低安全生产条件，并达到安全标准化等级二级以上的。

（3）接受安全生产许可证颁发管理机关及所在地人民政府安全生产监督管理部门的监督检查的。

（4）未发生死亡事故的。

（二）变更

非煤矿矿山企业在安全生产许可证有效期内有下列情形之一的，应当自工商营业执照变更之日起 30 个工作日内向原安全生产许可证颁发管理机关申请变更安全生产许可证：

（1）变更单位名称的。

（2）变更主要负责人的。

（3）变更单位地址的。

（4）变更经济类型的。

（5）变更许可范围的。

第十四节 非煤矿山外包工程安全管理暂行办法

一、发包单位的安全生产责任

（1）发包单位除审查承包单位的安全生产许可证和相应资质外，还应当审查项目部的安全生产管理机构、规章制度和操作规程、工程技术人员、主要设备设施、安全教育培训和负责人、安全生产管理人员、特种作业人员持证上岗等情况。

（2）发包单位应当与承包单位签订安全生产管理协议，明确各自的安全生产管理职责。安全生产管理协议应当包括下列内容：

① 安全投入保障。

② 安全设施和施工条件。

③ 隐患排查与治理。

④ 安全教育与培训。

⑤ 事故应急救援。

⑥ 安全检查与考评。

⑦ 违约责任。

（3）发包单位是外包工程安全投入的责任主体，应当按照国家有关规定和合同约定及时、足额向承包单位提供保障施工作业安全所需的资金，明确安全投入项目和金额，并监督承包单位落实到位。

（4）对合同约定以外发生的隐患排查治理和地下矿山通风、支护、防治水等所需的费用，发包单位应当提供合同价款以外的资金，保障安全生产需要。

（5）石油天然气总发包单位、分项发包单位以及金属非金属矿山总发包单位，应当每半年对其承包单位的施工资质、安全生产管理机构、规章制度和操作规程、施工现场安全管理和履行规定的信息报告义务等情况进行一次检查；发现承包单位存在安全生产问题的，应当督促其立即整改。

（6）金属非金属矿山分项发包单位，应当将承包单位及其项目部纳入本单位的安全管理体系，实行统一管理，重点加强对地下矿山领导带班下井、地下矿山从业人员出入井统计、特种作业人员、民用爆炸物品、隐患排查与治理、职业病防护等管理，并对外包工程的作业现场实施全过程监督检查。

（7）金属非金属矿山总发包单位对地下矿山一个生产系统进行分项发包的，承包单位原则上不得超过 3 家，避免相互影响生产、作业安全。上述发包单位在地下矿山正常生产期间，不得将主通风、主提升、供排水、供配电、主供风系统及其设备设施的运行管理进行分项发包。

（8）发包单位应当向承包单位进行外包工程的技术交底，按照合同约定向承包单位提供与外包工程安全生产相关的勘察、设计、风险评价、检测检验和应急救援等资料，并保证资料的真实性、完整性和有效性。

（9）发包单位应当建立健全外包工程安全生产考核机制，对承包单位每年至少进行一次安全生产考核。

（10）发包单位应当按照国家有关规定建立应急救援组织，编制本单位事故应急预案，并定期组织演练。外包工程实行总发包的，发包单位应当督促总承包单位统一组织编制外包工程事故应急预案；实行分项发包的，发包单位应当将承包单位编制的外包工程现场应急处置方案纳入本单位应急预案体系，并定期组织演练。

（11）发包单位在接到外包工程事故报告后，应当立即启动相关事故应急预案，或者采取有效措施，组织抢救，防止事故扩大，并依照《生产安全事故报告和调查处理条例》的规定，立即如实地向事故发生地县级以上人民政府安全生产监督管理部门和负有安全生产监督管理职责的有关部门报告。外包工程发生事故的，其事故数据纳入发包单位的统计范围。发包单位和承包单位应当根据事故调查报告及其批复承担相应的事故责任。

二、承包单位的安全生产职责任

（一）资质等级要求

承包金属非金属矿山生产、作业工程的资质等级，应当符合下列要求：

（1）总承包大型地下矿山工程和深凹露天、高陡边坡及地质条件复杂的大型露天矿山工程的，具备矿山工程施工总承包二级以上（含本级）施工资质。

（2）总承包中型、小型地下矿山工程的，具备矿山工程施工总承包三级以上施工资质。

（3）总承包其他露天矿山工程和分项承包金属非金属矿山工程的，具备矿山工程施工总承包或者相关的专业承包资质，具体规定由省级人民政府安全生产监督管理部门制定。

承包石油天然气勘探、开发工程的资质等级，由应急管理部或者国务院有关部门按照各自的管理权限确定。

（二）总承包和分项承包的职责

外包工程实行总承包的，总承包单位对施工现场的安全生产负总责；分项承包单位按照分包合同的约定对总承包单位负责。总承包单位和分项承包单位对分包工程的安全生产承担连带责任。总承包单位依法将外包工程分包给其他单位的，其外包工程的主体部分应当由总承包单位自行完成。

禁止承包单位转包其承揽的外包工程。禁止分项承包单位将其承揽的外包工程再次分包。

（三）承包单位对项目部的职责

（1）承包单位及其项目部应当根据承揽工程的规模和特点，依法健全安全生产责任体系，完善安全生产管理基本制度，设置安全生产管理机构，配备专职安全生产管理人员和有关工程技术人员。承包地下矿山工程的项目部应当配备与工程施工作业相适应的专职工程技术人员，其中至少有 1 名注册安全工程师或者具有 5 年以上井下工作经验的安全生产管理人员。项目部具备初中以上文化程度的从业人员比例应当不低于 50%。项目部负责人应当取得安全生产管理人员安全资格证。承包地下矿山工程的项目部负责人不得同时兼任其他工程的项目部负责人。

（2）承包单位应当加强对所属项目部的安全管理，每半年至少进行一次安全生产检查，对项目部人员每年至少进行一次安全生产教育培训与考核。

（3）禁止承包单位以转让、出租、出借资质证书等方式允许他人以本单位的名义承揽工程。

（四）现场管理

（1）承包单位应当依照有关规定制定施工方案，加强现场作业安全管理，及时发现并消除事故隐患，落实各项规章制度和安全操作规程。承包单位发现事故隐患后应当立即治理；不能立即治理的应当采取必要的防范措施，并及时书面报告发包单位协商解决，消除事故隐患。

（2）地下矿山工程承包单位及其项目部的主要负责人和领导班子其他成员应当严格依照相关规定执行带班下井制度。

（五）应急救援和事故报告

（1）外包工程实行总承包的，总承包单位应当统一组织编制外包工程应急预案。总承包单位和分项承包单位应当按照国家有关规定和应急预案的要求，分别建立应急救援组织或者指定应急救援人员，配备救援设备设施和器材，并定期组织演练。

外包工程实行分项承包的，分项承包单位应当根据建设工程施工的特点、范围以及施工现场容易发生事故的部位和环节，编制现场应急处置方案，并配合发包单位定期进行演练。

（2）外包工程发生事故后，事故现场有关人员应当立即向承包单位及项目部负责人报告。

承包单位及项目部负责人接到事故报告后，应当立即如实地向发包单位报告，并启动相应的应急预案，采取有效措施，组织抢救，防止事故扩大。

第十五节　尾矿库安全监督管理规定

一、基本规定

一等、二等、三等尾矿库应当安装在线监测系统。鼓励生产经营单位将尾矿回采再利用后进行回填。

应急管理部在国务院规定的职责范围内负责对有关尾矿库建设项目进行安全设施设计审查。其他尾矿库建设项目安全设施设计审查由省级安全生产监督管理部门按照分级管理的原则作出规定。

二、尾矿库的运行

（一）变更禁止

对生产运行的尾矿库，未经技术论证和安全生产监督管理部门的批准，任何单位和个人不得对下列事项进行变更：

（1）筑坝方式。

（2）排放方式。

（3）尾矿物化特性。

（4）坝型、坝外坡坡比、最终堆积标高和最终坝轴线的位置。

（5）坝体防渗、排渗及反滤层的设置。

（6）排洪系统的型式、布置及尺寸。

（7）设计以外的尾矿、废料或者废水进库等。

（二）现状评价

尾矿库应当每三年至少进行一次安全现状评价。尾矿库安全现状评价工作应当有能够进行尾矿坝稳定性验算、尾矿库水文计算、构筑物计算的专业技术人员参加。上游式尾矿坝堆积至二分之一至三分之二最终设计坝高时，应当对坝体进行一次全面勘察，并进行稳定性专项评价。

（三）安全管理

尾矿库经安全现状评价或者专家论证被确定为危库、险库和病库的，生产经营单位应当分别采取下列措施：

（1）确定为危库的，应当立即停产，进行抢险，并向尾矿库所在地县级人民政府、安全生产监督管理部门和上级主管单位报告。

（2）确定为险库的，应当立即停产，在限定的时间内消除险情，并向尾矿库所在地县级人民政府、安全生产监督管理部门和上级主管单位报告。

（3）确定为病库的，应当在限定的时间内按照正常库标准进行整治，消除事故隐患。

（四）应急预案和应急处置

生产经营单位应当建立健全防汛责任制，实施 24 小时监测监控和值班值守。

尾矿库出现下列重大险情之一的，生产经营单位应当按照安全监管权限和职责立即报告当地县级安全生产监督管理部门和人民政府，并启动应急预案，进行抢险：

（1）坝体出现严重的管涌、流土等现象的。

（2）坝体出现严重裂缝、坍塌和滑动迹象的。

（3）库内水位超过限制的最高洪水位的。

（4）在用排水井倒塌或者排水管（洞）坍塌堵塞的。

（5）其他危及尾矿库安全的重大险情。

（五）禁止爆破行为

未经生产经营单位进行技术论证并同意，以及尾矿库建设项目安全设施设计原审批部门批准，任何单位和个人不得在库区从事爆破、采砂、地下采矿等危害尾矿库安全的作业。

三、尾矿库的回采和闭库

（一）回采

尾矿回采再利用工程应当进行回采勘察、安全预评价和回采设计，回采设计应当包括安全设施设计，并编制安全专篇。回采安全设施设计应当报安全生产监督管理部门审查批准。

生产经营单位应当按照回采设计实施尾矿回采，并在尾矿回采期间进行日常安全管理和检查，防止尾矿回采作业对尾矿坝安全造成影响。

尾矿全部回采后不再进行排尾作业的，生产经营单位应当及时报安全生产监督管理部门履行尾矿库注销手续。

（二）闭库时限

尾矿库运行到设计最终标高或者不再进行排尾作业的，应当在一年内完成闭库。特殊情况不能按期完成闭库的，应当报经相应的安全生产监督管理部门同意后方可延期，但延长期限不得超过 6 个月。库容小于 10 万立方米且总坝高低于 10 米的小型尾矿库闭库程序，由省级安全生产监督管理部门根据本地实际制定。

（三）闭库设计

尾矿库运行到设计最终标高的前 12 个月内，生产经营单位应当进行闭库前的安全现状评价和闭库设计，闭库设计应当包括安全设施设计。

闭库安全设施设计应当经有关安全生产监督管理部门审查批准。

（四）竣工验收申请

尾矿库闭库工程安全设施验收，应当具备下列条件：

（1）尾矿库已停止使用。

（2）尾矿库闭库工程安全设施设计已经有关安全生产监督管理部门审查批准。

（3）有完备的闭库工程安全设施施工记录、竣工报告、竣工图和施工监理报告等。

（4）法律、行政法规和国家标准、行业标准规定的其他条件。

第十六节　冶金企业和有色金属企业安全生产规定

一、责任制及安全管理人员的要求

企业主要负责人应当每年向股东会或者职工代表大会报告本企业安全生产状况，接受股东和从业人员对安全生产工作的监督。企业存在金属冶炼工艺，从业人员在 100 人以上的，应当设置安全生产管理机构或者配备不低于从业人员 3‰的专职安全生产管理人员，但最低不少于 3 人；从业人员在 100 人以下的，应当设置安全生产管理机构或者配备专职安全生产管理人员。

二、特种作业人员的要求

企业从事煤气生产、储存、输送、使用、维护检修作业的特种作业人员必须依法经专门的安全技术培训，并经考核合格，取得《中华人民共和国特种作业操作证》后，方可上岗作业。

三、会议室等活动场所的设置

企业的操作室、会议室、活动室、休息室、更衣室等场所不得设置在高温熔融金属吊运的影响范围内。进行高温熔融金属吊运时，吊罐（包）与大型槽体、高压设备、高压管路、压力容器的安全距离应当符合有关国家标准或者行业标准的规定，并采取有效的防护措施。

四、高温熔融管理

企业在进行高温熔融金属冶炼、保温、运输、吊运过程中，应当采取防止泄漏、喷溅、爆炸伤人的安全措施，其影响区域不得有非生产性积水。高温熔融金属运输专用路线应当避开煤气、氧气、氢气、天然气、水管等管道及电缆；确需通过的，运输车辆与管道、电缆之间应当保持足够的安全距离，并采取有效的隔热措施。严禁运输高温熔融金属的车辆在管道或者电缆下方，以及有易燃易爆物质的区域停留。

五、电炉电解管理

企业对电炉、电解车间应当采取防雨措施和有效的排水设施，防止雨水进入槽下地坪，确保电炉、电解槽下没有积水。企业对电炉、铸造熔炼炉、保温炉、倾翻炉、铸机、流液槽、熔盐电解槽等设备，应当设置熔融金属紧急排放和储存的设施，并在设备周围设置拦挡围堰，防止熔融金属外流。

六、煤气使用管理

生产、储存、使用煤气的企业应当建立煤气防护站（组），配备必要的煤气防护人员、煤气检测报警装置及防护设施，并且每年至少组织一次煤气事故应急演练。生产、储存、使用煤气的企业应当在可能发生煤气泄漏、聚集的场所，设置固定式煤气检测报警仪和安全警示标志。进入煤气区域作业的人员，应当携带便携式一氧化碳检测报警仪，配备空气呼吸器，并由企业安排专门人员进行安全管理。煤气柜区域应当设有隔离围栏，安装在线监控设备，并由企业安排专门人员值守。煤气柜区域严禁烟火。

七、有限空间等危险作业管理

企业应当建立有限空间、动火、高处作业、能源介质停送等较大危险作业和检修、维修作业审批制度，实施工作票（作业票）和操作票管理，严格履行内部审批手续，并安排专门人员进行现场安全管理，确保作业安全。

第十七节 烟花爆竹生产企业安全生产许可证实施办法

一、安全生产许可证的申请条件

（一）产业结构和选址的规定

企业的设立应当符合国家产业政策和当地产业结构规划，企业的选址应当符合当地城乡规划。企业与周边建筑、设施的安全距离必须符合国家标准、行业标准的规定。

（二）基本建设项目的规定

企业的基本建设项目应当依照有关规定经县级以上人民政府或者有关部门批准。

（三）厂房和基础设施的规定

企业的厂房和仓库等基础设施、生产设备、生产工艺以及防火、防爆、防雷、防静电等安全设备设施必须符合国家标准、行业标准的规定。从事礼花弹生产的企业除符合上述规定外，还应当符合礼花弹生产安全条件的规定。

（四）仓库的规定

企业的药物和成品总仓库、药物和半成品中转库、机械混药和装药工房、晾晒场、烘干房等重点部位应当根据相关规定安装视频监控和异常情况报警装置，并设置明显的安全警示标志。企业的生产厂房数量和储存仓库面积应当与其生产品种及规模相适应。

（五）安全生产管理机构及相关人员的规定

企业应当设置安全生产管理机构，配备专职安全生产管理人员，并符合下列要求：

（1）确定安全生产主管人员。

（2）配备占本企业从业人员总数 1%以上且至少有 2 名专职安全生产管理人员。

（3）配备占本企业从业人员总数 5%以上的兼职安全员。

企业主要负责人、分管安全生产负责人和专职安全生产管理人员应当经专门的安全生产培训和安全生产监督管理部门考核合格，取得安全资格证。从事药物混合、造粒、筛选、装药、筑药、压药、切引、搬运等危险工序和烟花爆竹仓库保管、守护的特种作业人员，应当接受专业知识培训，并经考核合格取得特种作业操作证。

（六）应急预案及其他规定

企业应当依法参加工伤保险，为从业人员缴纳保险费。企业应当依照国家有关规定提取和使用安全生产费用，不得挪作他用。企业必须为从业人员配备符合国家标准或者行业标准的劳动防护用品，并依照有关规定对从业人员进行职业健康检查。企业应当建立生产安全事故应急救援组织，制定事故应急预案，并配备应急救援人员和必要的应急救援器材、设备。

二、安全生产许可证的初审

初审机关收到企业提交的安全审查申请后，应当对企业的设立是否符合国家产业政策和当地产业结构规划、企业的选址是否符合城乡规划以及有关申请文件、资料是否符合要求进行初步审查，并自收到申请之日起 20 个工作日内提出初步审查意见，连同申请文件、资料一并报省、自治区、直辖市人民政府安全生产监督管理部门。

初审机关在审查过程中，可以就企业的有关情况征求企业所在地县级人民政府的意见。

三、安全生产许可证的变更和延期

（1）企业在安全生产许可证有效期内有下列情形之一的，应当申请变更安全生产许可证：

① 改建、扩建烟花爆竹生产（含储存）设施的。

② 变更产品类别、级别范围的。

③ 变更企业主要负责人的。

④ 变更企业名称的。

（2）企业在安全生产许可证有效期内符合下列条件，在许可证有效期届满时，经原发证机关同意，不再审查，直接办理延期手续：

① 严格遵守有关安全生产法律、法规和《烟花爆竹生产企业安全生产许可证实施办法》。

② 取得安全生产许可证后，加强日常安全生产管理，不断提升安全生产条件，达到安全生产标准化二级以上。

③ 接受发证机关及所在地人民政府安全生产监督管理部门的监督检查。

④ 未发生生产安全死亡事故。

第十八节 烟花爆竹生产经营安全规定

一、行政许可

禁止在许可证载明的场所外从事烟花爆竹生产、经营、储存活动，禁止许可证过期继续从事生产经营活动。禁止销售超标、违禁烟花爆竹产品或者非法烟花爆竹产品。生产企业不得向其他企业销售烟花爆竹含药半成品，不得从其他企业购买烟花爆竹含药半成品加工后销售，不得购买其他企业烟花爆竹成品加贴本企业标签后销售。批发企业不得向零售经营者或者个人销售专业燃放类烟花爆竹产品。零售经营者不得在居民居住场所同一建筑物内经营、储存烟花爆竹。生产企业、批发企业应当在权责明晰的组织架构下统一组织开展生产经营活动。禁止分包、转包工（库）房、生产线、生产设备设施或者出租、出借、转让许可证。

二、安全要求

（一）工艺技术

生产企业应当积极推进烟花爆竹生产工艺技术进步，采用本质安全、性能可靠、自动化程度高的机械设备和生产工艺，使用安全、环保的生产原材料。禁止使用国家明令禁止或者淘汰的生产工艺、机械设备及原材料。禁止从业人员自行携带工具、设备进入企业从事生产作业。

（二）安全标志

生产企业、批发企业的生产区、总仓库区、工（库）房及其他有较大危险因素的生产经营场所和有关设施设备上，应当设置明显的安全警示标志；所有工（库）房应当按照国家标准或者行业标准的规定设置准确、清晰、醒目的定员、定量、定级标识。

零售经营场所应当设置清晰、醒目的易燃易爆以及周边严禁烟火、严禁燃放烟花爆竹的安全标志。

（三）值班巡查

生产企业、批发企业必须建立值班制度和现场巡查制度，全面掌握当日各岗位人员数量及药物分布等安全生产情况，确保不超员超量，并及时处置异常情况。

生产企业、批发企业的危险品生产区、总仓库区，应当确保24小时有人值班，并保持监控设施有效、通信畅通。

生产企业、批发企业应当加强日常安全检查，采取安全监控、巡查检查等措施，及时发现、纠正违反安全操作规程和规章制度的行为。禁止工（库）房超员、超量作业，禁止擅自改变工（库）房设计用途，禁止作业人员随意串岗、换岗、离岗。

（四）人员车辆管理

生产企业、批发企业应当建立从业人员、外来人员、车辆进出厂（库）区登记制度，对进出厂（库）区的从业人员、外来人员、车辆如实登记记录，随时掌握厂（库）区人员和车辆的情况。禁止无关人员和车辆进入厂（库）区。禁止未安装阻火装置等不符合国家标准或者行业标准规定安全条件的机动车辆进入生产区和仓库区。

（五）火药管理

生产企业和经营黑火药、引火线的批发企业应当要求供货单位提供并查验购进的黑火药、引火线及化工原材料的质检报告或者产品合格证，确保其安全性能符合国家标准或者行业标准的规定；对总仓库和中转库的黑火药、引火线、烟火药及裸药效果件，应当建立并实施由专人管理、登记、分发的安全管理制度。

生产企业、批发企业应当按照设计用途、危险等级、核定药量使用药物总库和成品总库，并按规定堆码，分类分级存放，保持仓库内通道畅通，准确记录药物和产品数量。

禁止在仓库内进行拆箱、包装作业。禁止将性质不相容的物质混存。禁止将高危险等级物品储存在危险等级低的仓库。禁止在烟花爆竹仓库储存不属于烟花爆竹的其他危险物品。

生产企业的中转库数量、核定存药量、药物储存时间，应当符合国家标准或者行业标准规定，确保药物、半成品、成品合理中转，保障生产流程顺畅。禁止在中转库内超量或者超时储存药物、半成品、成品。

生产企业、批发企业应当及时妥善处置生产经营过程中产生的各类危险性废弃物。不得留存过期的烟花爆竹成品、半成品、原材料及各类危险性废弃物。

（六）作业场所管理

生产企业、批发企业应当定期检查工（库）房、安全设施、电气线路、机械设备等的运行状况和作业环境，及时维护保养；对有药物粉尘的工房，应当按照操作规程及时清理冲洗。

对工（库）房、安全设施、电气线路、机械设备等进行检测、检修、维修、改造作业前，生产企业、批发企业应当制定安全作业方案，停止相关生产经营活动，转移烟花爆竹成品、半成品和原材料，清除残存药物和粉尘，切断被检测、检修、维修、改造的电气线路和机械设备电源，严格控制检修、维修作业人员数量，撤离无关的人员。

（七）流向登记

生产企业、批发企业在烟花爆竹购销活动中，应当依法签订规范的烟花爆竹买卖合同，建立烟花爆竹买卖合同和流向管理制度，使用全国统一的烟花爆竹流向管理信息系统，如实登记烟花爆竹流向。

生产企业应当在专业燃放类产品包装（包括运输包装和销售包装）及个人燃放类产品运输包装上张贴流向登记标签，并在产品入库和销售出库时登记录入。

批发企业购进烟花爆竹时，应当查验流向登记标签，并在产品入库和销售出库时登记录入。

（八）包装运输

生产企业、批发企业所生产、销售烟花爆竹的质量、包装、标志应当符合国家标准或者行业标准的规定。

在生产企业、批发企业内部及生产区、库区之间运输烟花爆竹成品、半成品及原材料时，应当使用符合国家标准或者行业标准规定安全条件的车辆、工具。企业内部运输应当严格按照规定路线、速度行驶。生产企业、批发企业装卸烟花爆竹成品、半成品及原材料时，应当严格遵守作业规程。禁止碰撞、拖拉、抛摔、翻滚、摩擦、挤压等不安全行为。

批发企业应当向零售经营者及零售经营场所提供烟花爆竹配送服务。配送烟花爆竹抵达零售经营场所装卸作业时，应当轻拿轻放、妥善码放，禁止碰撞、拖拉、抛摔、翻滚、摩擦、挤压等不安全行为。

零售经营者应当向批发企业采购烟花爆竹并接受批发企业配送服务，不得到企业仓库自行提取烟花爆竹。

第十九节 危险化学品生产企业安全生产许可证实施办法

一、安全生产许可证的申请条件

（一）厂房、场所及设备设施等条件

企业的厂房、作业场所、储存设施和安全设施、设备、工艺应当符合下列要求：

（1）新建、改建、扩建建设项目经具备国家规定资质的单位设计、制造和施工建设；涉及危险化工工艺、重点监管危险化学品的装置，由具有综合甲级资质或者化工石化专业甲级设计资质的化工石化设计单位设计。

（2）不得采用国家明令淘汰、禁止使用和危及安全生产的工艺、设备；新开发的危险化学品生产工艺必须在小试、中试、工业化试验的基础上逐步放大到工业化生产；国内首次使用的化工工艺，必须经过省级人民政府有关部门组织的安全可靠性论证。

（3）涉及危险化工工艺、重点监管危险化学品的装置装设自动化控制系统；涉及危险化工工艺的大型化工装置装设紧急停车系统；涉及易燃易爆、有毒有害气体化学品的场所装设易燃易爆、有毒有害介质泄漏报警等安全设施。

（4）生产区与非生产区分开设置，并符合国家标准或者行业标准规定的距离。

（5）危险化学品生产装置和储存设施之间及其与建（构）筑物之间的距离符合有关标准规范的规定。

（6）同一厂区内的设备、设施及建（构）筑物的布置必须适用同一标准的规定。

（二）有关人员的要求

（1）企业分管安全负责人、分管生产负责人、分管技术负责人应当具有一定的化工专业知识或者相应的专业学历，专职安全生产管理人员应当具备国民教育化工化学类（或安全工程）中等职业教育以上学历或者化工化学类中级以上专业技术职称。

（2）企业应当有危险物品安全类注册安全工程师从事安全生产管理工作。

（三）应急管理

（1）按照国家有关规定编制危险化学品事故应急预案并报有关部门备案。

（2）建立应急救援组织，规模较小的企业可以不建立应急救援组织，但应指定兼职的应急救援人员。

（3）配备必要的应急救援器材、设备和物资，并进行经常性维护、保养，保证正常运转。

（4）生产、储存和使用氯气、氨气、光气、硫化氢等吸入性有毒有害气体的企业，还应当配备至少两套以上全封闭防化服；构成重大危险源的，还应当设立气体防护站（组）。

二、安全生产许可证的变更

企业在安全生产许可证有效期内变更主要负责人、企业名称或者注册地址的，应当自工商营业执照或者隶属关系变更之日起 10 个工作日内向实施机关提出变更申请，并提交下列文件、资料：

（1）变更后的工商营业执照副本复制件。

（2）变更主要负责人的，还应当提供主要负责人经安全生产监督管理部门考核合格后颁发的安全合格证复制件。

（3）变更注册地址的，还应当提供相关证明材料。

对已经受理的变更申请，实施机关应当在对企业提交的文件、资料审查无误后，方可办理安全生产许可证变更手续。

企业在安全生产许可证有效期内变更隶属关系的，仅需提交隶属关系变更证明材料报实施机关备案。

第二十节　危险化学品经营许可证管理办法

一、经营许可证的内容

经营许可证分为正本、副本，正本为悬挂式，副本为折页式。正本、副本具有同等法律效力。

经营许可证正本、副本应当分别载明下列事项：

（1）企业名称。

（2）企业住所（注册地址、经营场所、储存场所）。

（3）企业法定代表人姓名。

（4）经营方式。

（5）许可范围。

（6）发证日期和有效期限。

（7）证书编号。

（8）发证机关。

（9）有效期延续情况。

二、经营许可证的变更

（1）已经取得经营许可证的企业变更企业名称、主要负责人、注册地址或者危险化学品储存设施及其监控措施的，应当自变更之日起 20 个工作日内，向规定的发证机关提出书面变更申请。

（2）已经取得经营许可证的企业有新建、改建、扩建危险化学品储存设施建设项目的，应当自建设项目安全设施竣工验收合格之日起 20 个工作日内，向规定的发证机关提出变更申请，并提交危险化学品建设项目安全设施竣工验收报告（复制件）等相关文件、资料。

（3）已经取得经营许可证的企业，有下列情形之一的，应当按照规定重新申请办理经营许可证，并提交相关文件、资料：

① 不带有储存设施的经营企业变更其经营场所的。

② 带有储存设施的经营企业变更其储存场所的。

③ 仓储经营的企业异地重建的。

④ 经营方式发生变化的。

⑤ 许可范围发生变化的。

第二十一节　危险化学品安全使用许可证实施办法

一、基本规定

需要办理危险化学品安全使用许可的只有化工企业中 2 类：一是列入危险化学品安全使用许可适用行业目录，主要存在一些危险工艺的企业；二是使用危险化学品从事生产并且达到危险化学品使用量的数量标准的企业。

设区的市级人民政府安全生产监督管理部门（以下简称发证机关）负责本行政区域

内危险化学品安全使用许可证的审批、颁发和管理，不得再委托其他单位、组织或者个人实施。

二、安全使用许可证的变更

企业在安全使用许可证有效期内变更主要负责人、企业名称或者注册地址的，应当自工商营业执照变更之日起10个工作日内提出变更申请。

第二十二节 危险化学品输送管道安全管理规定

一、危险化学品管道的规划

（1）危险化学品管道建设应当遵循安全第一、节约用地和经济合理的原则，并按照相关国家标准、行业标准和技术规范进行科学规划。

（2）禁止光气、氯气等剧毒气体化学品管道穿（跨）越公共区域。严格控制氨、硫化氢等其他有毒气体的危险化学品管道穿（跨）越公共区域。

（3）危险化学品管道建设的选线应当避开地震活动断层和容易发生洪灾、地质灾害的区域；确实无法避开的，应当采取可靠的工程处理措施，确保不受地质灾害影响。

（4）危险化学品管道与居民区、学校等公共场所以及建筑物、构筑物、铁路、公路、航道、港口、市政设施、通信设施、军事设施、电力设施的距离，应当符合有关法律、行政法规和国家标准、行业标准的规定。

二、危险化学品管道的建设

（1）对新建、改建、扩建的危险化学品管道，建设单位应当依照应急管理部有关危险化学品建设项目安全监督管理的规定，依法办理安全条件审查、安全设施设计审查和安全设施竣工验收手续。

（2）参加危险化学品管道焊接、防腐、无损检测作业的人员应当具备相应的操作资格证书。

（3）管道施工单位应当严格按照有关国家标准、行业标准的规定对管道的焊缝和防腐质量进行检查，并按照设计要求对管道进行压力试验和气密性试验。

（4）对敷设在江、河、湖泊或者其他环境敏感区域的危险化学品管道，应当采取增加管道压力设计等级、增加防护套管等措施，确保危险化学品管道安全。

（5）危险化学品管道试生产（使用）前，管道单位应当对有关保护措施进行安全检查，科学制定安全投入生产（使用）方案，并严格按照方案实施。

危险化学品管道试压半年后一直未投入生产（使用）的，管道单位应当在其投入生产

（使用）前重新进行气密性试验；对敷设在江、河或者其他环境敏感区域的危险化学品管道，应当相应缩短重新进行气密性试验的时间间隔。

三、危险化学品管道的运行

（1）危险化学品管道应当设置明显标志。发现标志毁损的，管道单位应当及时予以修复或者更新。

（2）管道单位应当建立、健全危险化学品管道巡护制度，配备专人进行日常巡护。巡护人员发现危害危险化学品管道安全生产情形的，应当立即报告单位负责人并及时处理。管道单位对危险化学品管道存在的事故隐患应当及时排除；对自身排除确有困难的外部事故隐患，应当向当地安全生产监督管理部门报告。

管道单位发现下列危害危险化学品管道安全运行行为的，应当及时予以制止，无法处置时应当向当地安全生产监督管理部门报告：

① 擅自开启、关闭危险化学品管道阀门。

② 采用移动、切割、打孔、砸撬、拆卸等手段损坏管道及其附属设施。

③ 移动、毁损、涂改管道标志。

④ 在埋地管道上方和巡查便道上行驶重型车辆。

⑤ 对埋地、地面管道进行占压，在架空管道线路和管桥上行走或者放置重物。

⑥ 利用地面管道、架空管道、管架桥等固定其他设施缆绳悬挂广告牌、搭建构筑物。

⑦ 其他危害危险化学品管道安全运行的行为。

禁止在危险化学品管道附属设施的上方架设电力线路、通信线路。

（3）在危险化学品管道及其附属设施外缘两侧各 5 米地域范围内，管道单位发现下列危害管道安全运行的行为的，应当及时予以制止，无法处置时应当向当地安全生产监督管理部门报告：

① 种植乔木、灌木、藤类、芦苇、竹子或者其他根系深达管道埋设部位可能损坏管道防腐层的深根植物。

② 取土、采石、用火、堆放重物、排放腐蚀性物质、使用机械工具进行挖掘施工、工程钻探。

③ 挖塘、修渠、修晒场、修建水产养殖场、建温室、建家畜棚圈、建房以及修建其他建（构）筑物。

（4）在危险化学品管道中心线两侧及危险化学品管道附属设施外缘两侧 5 米外的周边范围内，管道单位发现下列建（构）筑物与管道线路、管道附属设施的距离不符合国家标准、行业标准要求的，应当及时向当地安全生产监督管理部门报告：

① 居民小区、学校、医院、餐饮娱乐场所、车站、商场等人口密集的建筑物。

② 加油站、加气站、储油罐、储气罐等易燃易爆物品的生产、经营、存储场所。

③ 变电站、配电站、供水站等公用设施。

（5）在穿越河流的危险化学品管道线路中心线两侧 500 米地域范围内，管道单位发现有实施抛锚、拖锚、挖沙、采石、水下爆破等作业的，应当及时予以制止，无法处置时应当向当地安全生产监督管理部门报告。但在保障危险化学品管道安全的条件下，为防洪和航道通畅而实施的养护疏浚作业除外。

（6）在危险化学品管道专用隧道中心线两侧 1 000 米地域范围内，管道单位发现有实施采石、采矿、爆破等作业的，应当及时予以制止，无法处置时应当向当地安全生产监督管理部门报告。

（7）实施下列可能危及危险化学品管道安全运行的施工作业的，施工单位应当在开工的 7 日前书面通知管道单位，将施工作业方案报管道单位，并与管道单位共同制定应急预案，采取相应的安全防护措施，管道单位应当指派专人到现场进行管道安全保护指导：

① 穿（跨）越管道的施工作业。

② 在管道线路中心线两侧 5 米至 50 米和管道附属设施周边 100 米地域范围内，新建、改建、扩建铁路、公路、河渠，架设电力线路，埋设地下电缆、光缆，设置安全接地体、避雷接地体。

③ 在管道线路中心线两侧 200 米和管道附属设施周边 500 米地域范围内，实施爆破、地震法勘探或者工程挖掘、工程钻探、采矿等作业。

第二十三节　危险化学品建设项目安全监督管理办法

一、基本规定

（1）危险化学品建设项目的安全审查实行分级管理。

应急管理部指导、监督全国建设项目安全审查和建设项目安全设施竣工验收的实施工作，并负责实施下列建设项目的安全审查：

① 国务院审批（核准、备案）的。

② 跨省、自治区、直辖市的。

建设项目有下列情形之一的，应当由省级安全生产监督管理部门负责安全审查：

① 国务院投资主管部门审批（核准、备案）的。

② 生产剧毒化学品的。

③ 省级安全生产监督管理部门确定的其他建设项目。

负责实施建设项目安全审查的安全生产监督管理部门可以根据工作需要，委托下一级安全生产监督管理部门实施安全审查工作。委托实施安全审查的，审查结果由委托的安全生产监督管理部门负责。跨省、自治区、直辖市的建设项目和生产剧毒化学品的建设项目，不得委托实施安全审查。

建设项目有下列情形之一的，不得委托县级人民政府安全生产监督管理部门实施安全审查：

① 涉及应急管理部公布的重点监管危险化工工艺的。

② 涉及应急管理部公布的重点监管危险化学品中的有毒气体、液化气体、易燃液体、爆炸品，且构成重大危险源的。

接受委托的安全生产监督管理部门不得将其受托的建设项目安全审查工作再委托其他单位实施。

（2）建设项目的设计、施工、监理单位和安全评价机构应当具备相应的资质，并对其工作成果负责。

涉及重点监管危险化工工艺、重点监管危险化学品或者危险化学品重大危险源的建设项目，应当由具有石油化工医药行业相应资质的设计单位设计。

二、建设项目安全条件的审查

已经通过安全条件审查的建设项目有下列情形之一的，建设单位应当重新进行安全评价，并申请审查：

（1）建设项目周边条件发生重大变化的。

（2）变更建设地址的。

（3）主要技术、工艺路线、产品方案或者装置规模发生重大变化的。

（4）建设项目在安全条件审查意见书有效期内未开工建设，期限届满后需要开工建设的。

三、建设项目安全设施设计的审查

建设项目安全设施设计审查未通过的，建设单位经过整改后可以重新申请建设项目安全设施设计的审查。

已经审查通过的建设项目安全设施设计有下列情形之一的，建设单位应当向原审查部门申请建设项目安全设施变更设计的审查：

（1）改变安全设施设计且可能降低安全性能的。

（2）在施工期间重新设计的。

四、建设项目试生产（使用）

（1）建设项目安全设施施工完成后，建设单位应当对建设项目安全设施进行检验、检测。

（2）建设单位应当组织建设项目的设计、施工、监理等有关单位和专家，研究提出建设项目试生产（使用）可能出现的安全问题及对策，制定周密的试生产（使用）方案。

建设项目试生产期限应当不少于30日，不超过1年。

试生产（使用）前，建设单位应当组织专家对试生产（使用）方案进行审查。

试生产（使用）时，建设单位应当组织专家对试生产（使用）条件进行确认，对试生产（使用）过程进行技术指导。

五、建设项目安全设施的竣工验收

建设项目试生产期间，建设单位应当按照《危险化学品建设项目安全监督管理办法》的规定委托有相应资质的安全评价机构对建设项目及其安全设施试生产（使用）情况进行安全验收评价，且不得委托在可行性研究阶段进行安全评价的同一安全评价机构。

第二十四节 危险化学品重大危险源监督管理暂行规定

一、辨识与评估

（一）重大危险源的评估及分级

危险化学品单位应当对重大危险源进行安全评估并确定重大危险源等级。危险化学品单位可以组织本单位的注册安全工程师、技术人员或者聘请有关专家进行安全评估，也可以委托具有相应资质的安全评价机构进行安全评估。

依照法律、行政法规的规定，危险化学品单位需要进行安全评价的，重大危险源安全评估可以与本单位的安全评价一起进行，以安全评价报告代替安全评估报告，也可以单独进行重大危险源安全评估。

重大危险源根据其危险程度，分为一级、二级、三级和四级，一级为最高级别。

重大危险源有下列情形之一的，应当委托具有相应资质的安全评价机构，按照有关标准的规定采用定量风险评价方法进行安全评估，确定个人和社会风险值：

（1）构成一级或者二级重大危险源，且毒性气体实际存在（在线）量与其在《危险化学品重大危险源辨识》中规定的临界量比值之和大于或等于1的。

（2）构成一级重大危险源，且爆炸品或液化易燃气体实际存在（在线）量与其在《危险化学品重大危险源辨识》中规定的临界量比值之和大于或等于1的。

（二）重新辨识和评估

有下列情形之一的，危险化学品单位应当对重大危险源重新进行辨识、安全评估及分级：

（1）重大危险源安全评估已满3年的。

（2）构成重大危险源的装置、设施或者场所进行新建、改建、扩建的。

（3）危险化学品种类、数量、生产、使用工艺或者储存方式及重要设备、设施等发生变化，影响重大危险源级别或者风险程度的。

（4）外界生产安全环境因素发生变化，影响重大危险源级别和风险程度的。

（5）发生危险化学品事故造成人员死亡，或者 10 人以上受伤，或者影响到公共安全的。

（6）有关重大危险源辨识和安全评估的国家标准、行业标准发生变化的。

二、安全管理

（一）监控体系

危险化学品单位应当根据构成重大危险源的危险化学品种类、数量、生产、使用工艺（方式）或者相关设备、设施等实际情况，按照下列要求建立健全安全监测监控体系，完善控制措施：

（1）重大危险源配备温度、压力、液位、流量、组分等信息的不间断采集和监测系统以及可燃气体和有毒有害气体泄漏检测报警装置，并具备信息远传、连续记录、事故预警、信息存储等功能；一级或者二级重大危险源，具备紧急停车功能。记录的电子数据的保存时间不少于 30 天。

（2）重大危险源的化工生产装置装备满足安全生产要求的自动化控制系统；一级或者二级重大危险源，装备紧急停车系统。

（3）对重大危险源中的毒性气体、剧毒液体和易燃气体等重点设施，设置紧急切断装置；毒性气体的设施，设置泄漏物紧急处置装置。涉及毒性气体、液化气体、剧毒液体的一级或者二级重大危险源，配备独立的安全仪表系统（SIS）。

（4）重大危险源中储存剧毒物质的场所或者设施，设置视频监控系统。

（5）安全监测监控系统符合国家标准或者行业标准的规定。

对存在吸入性有毒、有害气体的重大危险源，危险化学品单位应当配备便携式浓度检测设备、空气呼吸器、化学防护服、堵漏器材等应急器材和设备；涉及剧毒气体的重大危险源，还应当配备两套以上（含本数）气密型化学防护服；涉及易燃易爆气体或者易燃液体蒸气的重大危险源，还应当配备一定数量的便携式可燃气体检测设备。

（二）备案制度

危险化学品单位在完成重大危险源安全评估报告或者安全评价报告后 15 日内，应当填写重大危险源备案申请表，连同《危险化学品重大危险源监督管理暂行规定》所规定的重大危险源档案材料，报送所在地县级人民政府安全生产监督管理部门备案。

县级人民政府安全生产监督管理部门应当每季度将辖区内的一级、二级重大危险源备案材料报送至设区的市级人民政府安全生产监督管理部门。设区的市级人民政府安全生产监督管理部门应当每半年将辖区内的一级重大危险源备案材料报送至省级人民政府安全生产监督管理部门。

三、监督检查

县级人民政府安全生产监督管理部门应当在每年 1 月 15 日前，将辖区内上一年度重大危险源的汇总信息报送至设区的市级人民政府安全生产监督管理部门。设区的市级人民政府安全生产监督管理部门应当在每年 1 月 31 日前，将辖区内上一年度重大危险源的汇总信息报送至省级人民政府安全生产监督管理部门。省级人民政府安全生产监督管理部门应当在每年 2 月 15 日前，将辖区内上一年度重大危险源的汇总信息报送至应急管理部。

第二十五节　工贸企业有限空间作业安全管理与监督暂行规定

一、有限空间作业的安全保障

（1）工贸企业应对从事有限空间作业的现场负责人、监护人员、作业人员、应急救援人员进行专项安全培训。

（2）工贸企业应当对本企业的有限空间进行辨识，确定有限空间的数量、位置以及危险有害因素等基本情况，建立有限空间管理台账，并及时更新。

（3）工贸企业实施有限空间作业前，应当对作业环境进行评估，分析存在的危险有害因素，提出消除、控制危害的措施，制定有限空间作业方案，并经本企业安全生产管理人员审核，负责人批准。

工贸企业应当按照有限空间作业方案，明确作业现场负责人、监护人员、作业人员及其安全职责。

工贸企业实施有限空间作业前，应当将有限空间作业方案和作业现场可能存在的危险有害因素、防控措施告知作业人员。现场负责人应当监督作业人员按照方案进行作业准备。

（4）工贸企业应当采取可靠的隔断（隔离）措施，将可能危及作业安全的设施设备、存在有毒有害物质的空间与作业地点隔开。

（5）有限空间作业应当严格遵守“先通风、再检测、后作业”的原则。检测指标包括氧浓度、易燃易爆物质（可燃性气体、爆炸性粉尘）浓度、有毒有害气体浓度。

未经通风和检测合格，任何人员不得进入有限空间作业。检测的时间不得早于作业开始前 30 分钟。

检测人员进行检测时，应当记录检测的时间、地点、气体种类、浓度等信息。检测记录经检测人员签字后存档。

有限空间内盛装或者残留的物料对作业存在危害时，作业人员应当在作业前对物料进行清洗、清空或者置换。经检测，有限空间的危险有害因素符合相关标准的要求后，方可进入有限空间作业。

（6）在有限空间作业过程中，工贸企业应当采取通风措施，保持空气流通，禁止采用纯氧通风换气。发现通风设备停止运转、有限空间内氧含量浓度低于或者有毒有害气体浓度高于国家标准或者行业标准规定的限值时，工贸企业必须立即停止有限空间作业，清点作业人员，撤离作业现场。

在有限空间作业过程中，工贸企业应当对作业场所中的危险有害因素进行定时检测或者连续监测。

作业中断超过 30 分钟，作业人员再次进入有限空间作业前，应当重新通风、检测合格后方可进入。

（7）有限空间作业场所的照明灯具电压应当符合国家标准或者行业标准的规定；作业场所存在可燃性气体、粉尘的，其电气设施设备及照明灯具的防爆安全要求应当符合国家标准或者行业标准的规定。

（8）工贸企业对其发包的有限空间作业安全承担主体责任。承包方对其承包的有限空间作业安全承担直接责任。

（9）工贸企业有限空间作业还应当符合下列要求：

① 保持有限空间出入口畅通。

② 设置明显的安全警示标志和警示说明。

③ 作业前清点作业人员和工器具。

④ 作业人员与外部有可靠的通信联络。

⑤ 监护人员不得离开作业现场，并与作业人员保持联系。

⑥ 存在交叉作业时，采取避免互相伤害的措施。

有限空间作业结束后，作业现场负责人、监护人员应当对作业现场进行清理，撤离作业人员。

企业应当根据本企业有限空间作业的特点，制定应急预案，并配备相关的呼吸器、防毒面罩、通信设备、安全绳索等应急装备和器材。有限空间作业的现场负责人、监护人员、作业人员和应急救援人员应当掌握相关应急预案内容，定期进行演练，提高应急处置能力。

有限空间作业中发生事故后，现场有关人员应当立即报警，禁止盲目施救。应急救援人员实施救援时，应当做好自身防护，佩戴必要的呼吸器具、救援器材。

二、有限空间作业的安全监督管理

安全生产监督管理部门对工贸企业有限空间作业实施监督检查时，应当重点抽查有限空间作业安全管理制度、有限空间管理台账、检测记录、劳动防护用品配备、应急救援演练、专项安全培训等情况。

第二十六节 建筑起重机械安全监督管理规定

一、安全生产条件

（1）出租单位在建筑起重机械首次出租前，自购建筑起重机械的使用单位在建筑起重机械首次安装前，应当持建筑起重机械特种设备制造许可证、产品合格证和制造监督检验证明到本单位工商注册所在地县级以上地方人民政府建设主管部门办理备案。

（2）从事建筑起重机械安装、拆卸活动的单位（以下简称安装单位）应当依法取得建设主管部门颁发的相应资质和建筑施工企业安全生产许可证，并在其资质许可范围内承揽建筑起重机械安装、拆卸工程。

（3）建筑起重机械使用单位和安装单位应当在签订的建筑起重机械安装、拆卸合同中明确双方的安全生产责任。实行施工总承包的，施工总承包单位应当与安装单位签订建筑起重机械安装、拆卸工程安全协议书。

（4）出租单位、自购建筑起重机械的使用单位，应当建立建筑起重机械安全技术档案。

二、安装单位、使用单位、施工总承包单位、监理单位安全职责

（一）安装单位的安全职责

安装单位应当履行下列安全职责：

（1）按照安全技术标准及建筑起重机械性能要求，编制建筑起重机械安装、拆卸工程专项施工方案，并由本单位技术负责人签字。

（2）按照安全技术标准及安装使用说明书等检查建筑起重机械及现场施工条件。

（3）组织安全施工技术交底并签字确认。

（4）制定建筑起重机械安装、拆卸工程生产安全事故应急救援预案。

（5）将建筑起重机械安装、拆卸工程专项施工方案，安装、拆卸人员名单，安装、拆卸时间等材料报施工总承包单位和监理单位审核后，告知工程所在地县级以上地方人民政府建设主管部门。

（二）使用单位的安全职责

使用单位应当履行下列安全职责：

（1）根据不同施工阶段、周围环境以及季节、气候的变化，对建筑起重机械采取相应的安全防护措施。

（2）制定建筑起重机械生产安全事故应急救援预案。

（3）在建筑起重机械活动范围内设置明显的安全警示标志，对集中作业区做好安全防护。

（4）设置相应的设备管理机构或者配备专职的设备管理人员。

（5）指定专职设备管理人员、专职安全生产管理人员进行现场监督检查。

（6）建筑起重机械出现故障或者发生异常情况的，立即停止使用，消除故障和事故隐患后，方可重新投入使用。

（三）施工总承包单位的安全职责

施工总承包单位应当履行下列安全职责：

（1）向安装单位提供拟安装设备位置的基础施工资料，确保建筑起重机械进场安装、拆卸所需的施工条件。

（2）审核建筑起重机械的特种设备制造许可证、产品合格证、制造监督检验证明、备案证明等文件。

（3）审核安装单位、使用单位的资质证书、安全生产许可证和特种作业人员的特种作业操作资格证书。

（4）审核安装单位制定的建筑起重机械安装、拆卸工程专项施工方案和生产安全事故应急救援预案。

（5）审核使用单位制定的建筑起重机械生产安全事故应急救援预案。

（6）指定专职安全生产管理人员监督检查建筑起重机械安装、拆卸、使用情况。

（7）施工现场有多台塔式起重机作业时，应当组织制定并实施防止塔式起重机相互碰撞的安全措施。

（四）监理单位的安全职责

监理单位应当履行下列安全职责：

（1）审核建筑起重机械特种设备制造许可证、产品合格证、制造监督检验证明、备案证明等文件。

（2）审核建筑起重机械安装单位、使用单位的资质证书、安全生产许可证和特种作业人员的特种作业操作资格证书。

（3）审核建筑起重机械安装、拆卸工程专项施工方案。

（4）监督安装单位执行建筑起重机械安装、拆卸工程专项施工方案情况。

（5）监督检查建筑起重机械的使用情况。

（6）发现存在生产安全事故隐患的，应当要求安装单位、使用单位限期整改，对安装单位、使用单位拒不整改的，及时向建设单位报告。

第二十七节 危险性较大的分部分项工程安全管理规定

一、前期保障

（一）建设单位

建设单位应当依法提供真实、准确、完整的工程地质、水文地质和工程周边环境等资料。

建设单位应当组织勘察、设计等单位在施工招标文件中列出危大工程清单，要求施工单位在投标时补充完善危大工程清单并明确相应的安全管理措施。

建设单位应当按照施工合同约定及时支付危大工程施工技术措施费以及相应的安全防护文明施工措施费，保障危大工程施工安全。

建设单位在申请办理安全监督手续时，应当提交危大工程清单及其安全管理措施等资料。

（二）勘察、设计单位

勘察单位应当根据工程实际及工程周边环境资料，在勘察文件中说明地质条件可能造成的工程风险。

设计单位应当在设计文件中注明涉及危大工程的重点部位和环节，提出保障工程周边环境安全和工程施工安全的意见，必要时进行专项设计。

二、专项施工方案

（1）施工单位应当在危大工程施工前组织工程技术人员编制专项施工方案。实行施工总承包的，专项施工方案应当由施工总承包单位组织编制。

危大工程实行分包的，专项施工方案可以由相关专业分包单位组织编制。

（2）专项施工方案应当由施工单位技术负责人审核签字、加盖单位公章，并由总监理工程师审查签字、加盖执业印章后方可实施。

危大工程实行分包并由分包单位编制专项施工方案的，专项施工方案应当由总承包单位技术负责人及分包单位技术负责人共同审核签字并加盖单位公章。

（3）对于超过一定规模的危大工程，施工单位应当组织召开专家论证会对专项施工方案进行论证。实行施工总承包的，由施工总承包单位组织召开专家论证会。专家论证前专项施工方案应当通过施工单位审核和总监理工程师审查。

专家应当从地方人民政府住房城乡建设主管部门建立的专家库中选取，符合专业要求且人数不得少于5名。

与本工程有利害关系的人员不得以专家身份参加专家论证会。

专家论证会后，应当形成论证报告，对专项施工方案提出通过、修改后通过或者不通过的一致意见。专家对论证报告负责并签字确认。

专项施工方案经论证需修改后通过的，施工单位应当根据论证报告修改完善后，重新履行规定的程序。

专项施工方案经论证不通过的，施工单位修改后应当按照《危险性较大的分部分项工程安全管理规定》的要求重新组织专家论证。

三、现场安全管理

（1）施工单位应当在施工现场显著位置公告危大工程名称、施工时间和具体责任人员，并在危险区域设置安全警示标志。

专项施工方案实施前，编制人员或者项目技术负责人应当向施工现场管理人员进行方案交底。

施工现场管理人员应当向作业人员进行安全技术交底，并由双方和项目专职安全生产管理人员共同签字确认。施工单位应当严格按照专项施工方案组织施工，不得擅自修改专项施工方案。

施工单位应当对危大工程施工作业人员进行登记，项目负责人应当在施工现场履职。

项目专职安全生产管理人员应当对专项施工方案实施情况进行现场监督，对未按照专项施工方案施工的，应当要求立即整改，并及时报告项目负责人，项目负责人应当及时组织限期整改。

施工单位应当按照规定对危大工程进行施工监测和安全巡视，发现危及人身安全的紧急情况，应当立即组织作业人员撤离危险区域。

对于按照规定需要验收的危大工程，施工单位、监理单位应当组织相关人员进行验收。验收合格的，经施工单位项目技术负责人及总监理工程师签字确认后，方可进入下一道工序。

危大工程验收合格后，施工单位应当在施工现场明显位置设置验收标识牌，公示验收时间及责任人员。

危大工程发生险情或者事故时，施工单位应当立即采取应急处置措施，并报告工程所在地住房城乡建设主管部门。建设、勘察、设计、监理等单位应当配合施工单位开展应急抢险工作。

施工、监理单位应当建立危大工程安全管理档案。施工单位应当将专项施工方案及审核、专家论证、交底、现场检查、验收及整改等相关资料纳入档案管理。

（2）因规划调整、设计变更等原因确需调整的，修改后的专项施工方案应当按照《危险性较大的分部分项工程安全管理规定》重新审核和论证。涉及资金或者工期调整的，建设单位应当按照约定予以调整。危大工程应急抢险结束后，建设单位应当组织勘察、设计、施工、监理等单位制定工程恢复方案，并对应急抢险工作进行后评估。

（3）监理单位应当结合危大工程专项施工方案编制监理实施细则，并对危大工程施工实施专项巡视检查。

监理单位发现施工单位未按照专项施工方案施工的，应当要求其进行整改；情节严重的，应当要求其暂停施工，并及时报告建设单位。施工单位拒不整改或者不停止施工的，监理单位应当及时报告建设单位和工程所在地住房城乡建设主管部门。

监理单位应当建立危大工程安全管理档案。监理单位应当将监理实施细则、专项施工方案审查、专项巡视检查、验收及整改等相关资料纳入档案管理。

第二十八节 海洋石油安全生产规定

一、建设项目的要求

（1）海洋石油建设项目在可行性研究阶段或者总体开发方案编制阶段应当进行安全预评价。

（2）在设计阶段，海洋石油生产设施的重要设计文件及安全专篇，应当经海洋石油生产设施发证检验机构（以下简称发证检验机构）审查同意。发证检验机构应当在审查同意的设计文件、图纸上加盖印章。

（3）海洋石油生产设施应当由具有相应资质或者能力的专业单位施工，施工单位应当按照审查同意的设计方案或者图纸施工。

（4）海洋石油生产设施试生产前，应当经发证检验机构检验合格，取得最终检验证书或者临时检验证书，并制订试生产的安全措施，于试生产前45日报海油安办有关分部备案。

（5）海洋石油生产设施试生产正常后，应当由作业者或者承包者负责组织对其安全设施进行竣工验收，并形成书面报告备查。

（6）经验收合格并办理安全生产许可证后，方可正式投入生产使用。

二、作业现场的规定

（1）作业者和承包者应当加强防火防爆管理，按照有关规定划分和标明安全区与危险区；在危险区作业时，应当对作业程序和安全措施进行审查。

（2）作业者和承包者应当加强对易燃、易爆、有毒、腐蚀性等危险物品的管理，按国家有关规定进行装卸、运输、储存、使用和处置。

（3）作业者和承包者应当保存安全生产的相关资料，主要包括作业人员名册、工作日志、培训记录、事故和险情记录、安全设备维修记录、海况和气象情况等。

三、海洋石油作业设施的要求

（1）海洋石油作业设施首次投入使用前或者变更作业区块前，应当制订作业计划和安全措施。

（2）作业计划和安全措施应当在开始作业前15日报海油安办有关分部备案。

（3）外国海洋石油作业设施进入中华人民共和国管辖海域前按照上述要求执行。

四、守护船的特殊要求

作业者和承包者应当建立守护船值班制度，在海洋石油生产设施和移动式钻井船（平台）周围应备有守护船值班。无人值守的生产设施和陆岸结构物除外。

五、井控程序和防硫化氢措施

（1）作业者或者承包者在编制钻井、采油和井下作业等作业计划时，应当根据地质条件与海域环境确定安全可靠的井控程序和防硫化氢措施。

（2）打开油（气）层前，作业者或者承包者应当确认井控和防硫化氢措施的落实情况。

六、海洋石油生产设施的检验

（1）在海洋石油生产设施的设计、建造、安装以及生产的全过程中，实施发证检验制度。

（2）海洋石油生产设施的发证检验包括建造检验、生产过程中的定期检验和临时检验。

（3）发证检验工作由作业者委托具有资质的发证检验机构进行。

（4）发证检验机构应当依照有关法律、行政法规、部门规章和国家标准、行业标准或者作业者选定的技术标准实施审查、检验，并对审查、检验结果负责。

（5）作业者选定的技术标准不得低于国家标准和行业标准。

（6）海油安办对发证检验机构实施的设计审查程序、检验程序进行监督。

第三部分

精选题库

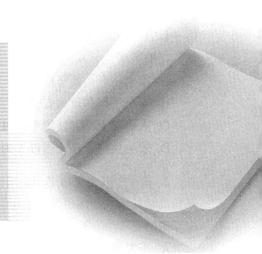

第一章安全生产相关国家政策精选题库

一、单项选择题

（每题1分，每题的备选项中只有1个最符合题意。）

1. 下列国家领导人关于做好安全生产工作作出的重要指示，其中“安全生产红线意识”指的是（　　）。

A. 安全生产，要坚持防患于未然

B. 安全生产和重大安全生产事故风险“一票否决”

C. 人命关天，发展绝不能以牺牲人的生命为代价

D. 安全生产工作应当以人为本，坚持安全第一

2. 关于中共中央总书记、国家主席、中央军委主席习近平针对2013年11月22日山东青岛输油管线泄漏引发重大爆燃事故作出的重要批示中提出的“四不两直”，下列说法中正确的是（　　）。

A. 不发通知、不打招呼、不听汇报、不用陪同和接待，直奔基层、直插现场

B. 不打招呼、不听汇报、不收贿赂、不用陪同和招待，直奔基层、直插现场

C. 不发通知、不打招呼、不听汇报、不用陪同和招待，直奔企业、直插现场

D. 不发通知、不打招呼、不听汇报、不用陪同和接待，直奔企业、直插现场

3. 2013年11月22日，国家领导人关于企业安全生产主体责任落实提出了“四到位”的要求。下列关于“四到位”的含义的说法中，正确的是（　　）。

A. 安全责任到位、安全投入到位、安全培训到位、应急救援到位

B. 安全责任到位、安全投入到位、安全培训到位、安全管理到位

C. 安全责任到位、安全投入到位、安全管理到位、应急救援到位

D. 安全投入到位、安全培训到位、基础管理到位、应急救援到位

4. 2016年12月9日，中共中央、国务院印发《中共中央国务院关于推进安全生产领域改革发展的意见》，这是新中国成立后，第一次以中共中央、国务院名义印发的安全生产方面的文件，充分体现了党中央对安全生产工作的高度重视。《中共中央国务院关于推进安全生产领域改革发展的意见》确定了安全生产领域改革发展的基本原则和相关内容。其中，属于基本原则的是（　　）。

A. 坚持依法监管　　B. 坚持创新发展　　C. 坚持源头治理　　D. 坚持系统防范

二、多项选择题

（每题 2 分，每题的备选项中有 2 个或 2 个以上符合题意，至少有 1 个错项。错选，本题不得分；少选，所选的每个选项得 0.5 分。）

1. 依据《中共中央国务院关于推进安全生产领域改革发展的意见》，安全生产领域改革发展的 5 项制度性改革有（　　）。

A. 加快落实安全生产责任制
B. 着力完善安全监管监察体制
C. 大力推进依法治国
D. 建立安全生产预防控制体系
E. 加强基础设施建设

2. 在《安全生产“十三五”规划》确定的 11 项工作重点中，工贸行业的事故防范重点是（　　）。

A. 职业病危害治理
B. 应急救援体系建设
C. 粉尘涉爆
D. 金属冶炼
E. 涉氨制冷

第二章安全生产法律基础知识精选题库

一、单项选择题

（每题 1 分，每题的备选项中只有 1 个最符合题意。）

1. 按照法律地位和法律效力层级的不同，法应当包括宪法、法律、行政法规、地方性法规和行政规章等。下列关于法的制定的说法中，正确的是（　　）。

A. 行政法规的地位和效力高于行政规章，低于宪法和法律
B.《工伤保险条例》属于法律，由全国人民代表大会及其常务委员会制定
C.《安全生产法》的法律效力次于《危险化学品安全管理条例》
D. 国家应急管理部制定的《生产安全事故应急预案管理办法》的效力高于××省人民政府制定的《××省安全生产主体责任落实规定》

2. 下列关于法律效力的说法中，正确的是（　　）。

A.《危险化学品管理条例》的法律效力高于《安全生产法》
B.《建设工程质量管理条例》的法律效力高于《建筑法》
C.《安全生产法》优于《消防法》
D.《特种设备法》的法律效力高于《特种设备安全监察条例》

3. 根据法的不同效力层级，下列安全生产法律法规和规章中，属于最低层级的安全生产立法是（　　）。（2019年真题）

A. 国务院通过的《安全生产许可证条例》

B. 某直辖市人大常委会通过的《××市安全生产条例》

C. 某省人民政府通过的《××省煤矿安全生产监督管理规定》

D. 全国人大常委会通过的《特种设备安全法》

二、多项选择题

（每题2分，每题的备选项中有2个或2个以上符合题意，至少有1个错项。错选，本题不得分；少选，所选的每个选项得0.5分。）

1. 下列关于我国法律体系的基本框架的说法中，正确的有（　　）。

A. 安全生产法规可分为行政法规、部门法规和地方性法规

B. 安全生产法是安全生产法律体系中的上位法

C. 部门规章的法律效力高于地方性法规和地方政府规章

D.《安全生产法》的法律效力高于地方性法规

E.《特种设备安全法》是安全生产领域的特别法

2. 我国的安全生产法律体系包括法律、法规、规章等。下列关于我国安全生产法律体系的说法中，正确的有（　　）。

A.《安全生产法》是由全国人民代表大会常务委员会制定的

B.《生产安全事故应急条例》是由国务院制定的

C.《危险化学品生产企业安全生产许可证实施办法》可以对《安全生产许可证条例》未规定的违反行政管理的行为，设定一定数量的罚款

D.《××省安全生产条例》不可以对《安全生产法》中规定的行政处罚作出具体规定

E. 与《安全生产法》相比，《矿山安全法》属于单行法

第三章中华人民共和国安全生产法精选题库

一、单项选择题

（每题1分，每题的备选项中只有1个最符合题意。）

1. 下列关于《安全生产法》适用范围的说法中，正确的是（　　）。

A. 个体生产经营企业和外商独资企业的安全生产不适用《安全生产法》
B. 法律法规对非煤矿山、建筑施工安全没有规定的，不适用《安全生产法》
C. 法律法规对金属冶炼、危险化学品安全另有规定的，不适用《安全生产法》
D. 法律法规对特种设备、核与辐射安全另有规定的，不适用《安全生产法》

2. 依据《安全生产法》的规定，下列属于排除适用范围的是（　　）。
A. 消防安全、建筑施工安全、金属冶炼安全、道路交通安全、特种设备安全
B. 消防安全、特种设备安全、核与辐射安全、道路交通安全、民用航空安全
C. 矿山安全、建筑施工安全、金属冶炼安全、道路交通安全、特种设备安全
D. 矿山安全、建筑施工安全、金属冶炼安全、核与辐射安全、烟花爆竹安全

3. 2020 年 8 月 12 日，某公司的木材加工车间发生火灾，造成 5 人死亡、23 人受伤。该公司董事长王某因中风常年在医院接受治疗，不能主持公司的日常工作。公司总经理李某于 2017 年 7 月出国参加学习一直未归。总经理出国期间，由公司常务副总经理张某全面主持工作。该公司由综合管理部负责安全生产管理工作，综合管理部主任是刘某。另外，该公司还配备了一名专职的安全员，负责现场安全监督管理工作。依据《安全生产法》，针对该事故，该公司应当被追究法律责任的主要负责人是（　　）。

A. 董事长王某　　B. 总经理李某
C. 常务副总经理张某　　B. 综合管理部主任刘某

4. 某电源有限公司发生一起火灾爆炸事故，共造成 18 人重伤、2 人死亡（其中 1 名是消防战士）。董事长兼总经理李某于 2019 年 9 月出国参加学习一直未归。总经理出国期间，由公司常务副总经理张某全面主持工作。该公司由质安部负责安全生产管理工作，质安部主任是刘某。另外，该公司还配备了一名专职的安全员赵某，负责现场安全监督管理工作。依据《安全生产法》，下列说法中正确的是（　　）。
A. 该公司应当被追究法律责任的主要负责人是质安部主任刘某
B. 常务副总经理张某应当组织制定并实施本单位安全生产教育和培训计划
C. 董事长兼总经理李某应当对本单位的安全生产工作全面负责
D. 安全员赵某应当及时排查生产安全事故隐患，组织制定并实施本单位的应急救援预案

5. 依据《安全生产法》的规定，下列安全工作职责中，属于生产经营单位主要负责人的是（　　）。
A. 组织制定并实施本单位安全生产教育和培训计划
B. 参与拟订本单位安全生产规章制度、操作规程
C. 督促落实本单位重大危险源的安全管理措施
D. 及时排查生产安全事故隐患，提出改进安全生产管理的建议

6. 依据《安全生产法》的规定，下列单位中应当设置安全生产管理机构或配备专职安全管理人员的是（　　）。

A. 79 人的服装厂　　　　B. 98 人的鸡肉分割厂

C. 35 人的危险化学品运输公司　　　　D. 82 人的砂石厂

7. 某生鲜食品运输单位有从业人员 80 人。依据《安全生产法》的规定，下列关于该单位设置安全生产管理机构和配备安全生产管理人员的说法中，正确的是（　　）。

A. 应当配备专职或者兼职的安全生产管理人员

B. 可以不配备专职的安全生产管理人员，但必须配备兼职的安全生产管理人员

C. 可以不设置安全生产管理机构，但必须配备专职安全生产管理人员

D. 不需要设置安全生产管理机构或配备专职安全生产管理人员，可委托具有相关安全资质的服务机构提供安全生产管理服务

8. 现有三家企业，分别是某危险物品销售公司、某炼钢厂、某建筑公司。这三家企业分别配备了专职安全生产管理人员。依据《安全生产法》的规定，下列关于这三家企业安全生产管理人员的说法中，正确的是（　　）。

A. 这三家企业均应配有注册安全工程师从事安全生产管理工作

B. 三家企业的专职安全生产管理人员的任免均应告知安全生产监督管理部门

C. 危险物品销售公司、炼钢厂应配有注册安全工程师从事安全生产管理工作

D. 炼钢厂应配有注册安全工程师从事安全生产管理工作

9. 张某为某服装厂安全主管，王某为某食品厂安全主管，李某为某炼钢厂安全主管，赵某为某建筑公司安全主管。依据《安全生产法》的规定，上述人员的任免应当告知安全生产监督管理主管部门的是（　　）。

A. 张某　　B. 王某　　C. 李某　　D. 赵某

10. 依据《安全生产法》，下列生产经营单位应当有注册安全工程师从事安全生产管理工作的是（　　）。

A. 建筑施工单位　　　　B. 非煤矿山开采单位

C. 生鲜食品运输企业　　　　D. 危险物品销售企业

11. 下列关于工会参加安全管理和监督权利的表述中，不符合《安全生产法》规定的是（　　）。

A. 工会对生产经营单位违反安全生产法律、法规，侵犯从业人员合法权益的行为，有权要求纠正

B. 发现生产经营单位违章指挥、强令冒险作业或者发现事故隐患时，有权进行相应的处罚

C. 发现危及从业人员生命安全的情况时，有权向生产经营单位建议组织从业人员撤离危险场所，生产经营单位必须立即作出处理

D. 工会有权依法参加事故调查，向有关部门提出处理意见，并要求追究有关人员的责任

12. 依据《安全生产法》，下列关于安全生产基本规定的说法中，正确的是（　　）。

A. 安全生产工作应当建立生产经营单位负责、职工参与、政府监管、行业自律和社会监督的机制

B. 国务院和县级以上地方各级人民政府对安全生产工作实施综合监督管理

C. 工会对生产经营单位的安全生产工作实施监督管理，维护职工安全生产方面的合法权益

D. 生产经营单位与从业人员订立协议，免除或者减轻其对从业人员因生产安全事故伤亡依法应承担的责任的，该协议无效；对生产经营单位的人事部门负责人处 2 万元以上 10 万元以下的罚款

13. 依据《安全生产法》的规定，下列关于各级人民政府安全生产职责的说法中，正确的是（　　）。

A. 县级以上地方各级人民政府履行本行政区域内的安全监管职责，对生产经营单位安全生产状况实施监督检查

B. 县级以上各级人民政府应当依据国民经济和社会发展规划制定安全生产规划，并组织实施

C. 乡、镇人民政府应当支持、督促各有关部门依法履行安全监管职责，建立健全安全生产工作协调机制，及时协调、解决安全生产监督管理中存在的重大问题

D. 街道办事处、开发区管理机构等地方人民政府的派出机关对本行政区域内的安全生产工作实施综合监督管理，加强对本行政区域内生产经营单位安全生产状况的监督检查

14. 某轮毂制造公司发生一起爆炸火灾事故，共造成 165 人重伤、70 人死亡。依据《安全生产法》的规定，下列关于对该公司主要负责人处罚的说法中，正确的是（　　）。

A. 给予撤职处分

B. 处上一年收入 60%的罚款

C. 自刑罚执行完毕或者受处分之日起，5 年内不得担任本行业生产经营单位的主要负责人

D. 生产经营单位主要负责人不立即组织抢救，处上一年收入 80%～100%的罚款

15. 依据《安全生产法》的规定，下列建设项目需要进行安全评价并由建设单位负责

组织对安全设施进行竣工验收的是（ ）。

A. 大型游乐场建设项目　　B. 港口危险物品装卸码头项目

C. 烟花爆竹生产项目　　D. 民用机场建设项目

16. 甲公司在其办公楼建设项目中，将电气线路作业委托给乙公司，将室内装潢作业委托给丙公司，并委托丁公司负责施工监理。电气线路作业和室内装潢作业同时开展。依据《安全生产法》的规定，下列关于上述作业活动安全管理职责的说法中，正确的是（ ）。

A. 甲公司应与丁公司签订安全生产管理协议，约定由丁公司全权负责安全生产管理工作

B. 丁公司应与乙公司、丙公司签订安全生产管理协议，约定安全生产管理职责由乙公司、丙公司承担

C. 甲公司应与乙公司、丙公司签订安全生产管理协议，约定各自的安全生产管理职责

D. 甲公司委托安全服务机构对该建设项目的安全生产工作进行统一协调管理

17. 某公司是一家烟花爆竹生产企业，同时还开设了一家经营自产产品的零售店。现要进行厂房搬迁，旧厂房和旧设备拆除中，需要进行吊装作业和定向爆破作业。依据《安全生产法》的规定，下列做法中正确的是（ ）。

A. 该公司临时将部分成品存放在单身职工公寓中无人居住的房间内

B. 在新建的员工宿舍楼一层零售自产的烟花爆竹

C. 爆破作业前，应报告安全生产监督管理部门并实施现场监控

D. 吊装作业时，应安排专门人员进行现场安全管理

18. 某化工企业主要生产三硝基甲苯，存量已构成重大危险源。依据《安全生产法》的规定，下列关于该企业对该重大危险源进行安全管理的说法中，正确的是（ ）。

A. 对重大危险源进行登记建档、定期检测、评估、监控，并制定应急预案

B. 应当委托安全评价机构对重大危险源进行安全评价

C. 将重大危险源及安全措施、应急措施向社会通报

D. 设区的市级人民政府应当对重大危险源进行定期检测、评估、监控

19. 依据《安全生产法》的规定，某公司安全生产管理人员在检查本公司的安全生产状况和事故隐患工作时，下列做法正确的是（ ）。

A. 对检查中发现的安全问题，立即处理，同时向主管的负有安全监督管理职责的部门报告

B. 对检查中发现的安全问题，立即处理，同时报告本公司的有关负责人

C. 对检查中发现的重大事故隐患，立即向本公司的有关负责人报告，有关负责人不

及时处理的，可以向主管的负有安全监督管理职责的部门报告

D. 对检查中发现的重大事故隐患，立即向本公司的主要负责人报告，同时立即向主管的负有安全监督管理职责的部门报告

20. 甲化工厂年产 3 万吨 40%乙二醇、1 万吨蓄电池硫酸、2 万吨发烟硫酸。甲化工厂计划明年调整部分生产业务，将硫酸生产线外包给其他单位。依据《安全生产法》的规定，甲化工厂的下列调整计划中，符合规定的是（　　）。

A. 将蓄电池硫酸生产线外包给乙蓄电池装配厂，由乙蓄电池装配厂全面负责安全管理

B. 将发烟硫酸生产线外包给丙磷肥厂，由甲化工厂全面负责安全管理

C. 与承包方签订协议，约定外包生产线的安全责任由承包单位全部承担

D. 外包的同时，甲化工厂还负责统一协调、管理外包生产线的安全生产工作

21. 依据《安全生产法》的规定，生产经营单位的主要负责人在本单位发生生产安全事故时，不立即组织抢救或者在事故调查处理期间擅离职守或者逃匿的，给予降级、撤职的处分，并由安全生产监督管理部门处以罚款。下列关于罚款的说法中，正确的是（　　）。

A. 发生一般事故，处上一年年收入 20%的罚款

B. 发生较大事故，处上一年年收入 40%的罚款

C. 发生重大事故，处当年年收入 60%的罚款

D. 发生特别重大事故，处当年年收入 80%的罚款

22. 依据《安全生产法》的规定，下列关于从业人员安全生产权利与义务的说法中，正确的是（　　）。

A. 发现直接危及人身安全的紧急情况时，从业人员有权立即撤离作业现场

B. 从业人员有权拒绝违章指挥和强令冒险作业

C. 从业人员发现事故隐患，应立即报告安全生产监督管理部门

D. 从业人员受到事故伤害获得工伤保险后，不再享有从单位获得赔偿的权利

23. 依据《安全生产法》的规定，下列关于安全生产监督检查人员依法履行职责要求的表述中，正确的是（　　）。

A. 安全生产监督检查人员不得要求企业提供涉及技术秘密的相关工艺参数

B. 安全生产监督检查人员执行监督检查任务时，应当出示监督执法证件

C. 监督检查应当提前通知被检查单位，适当安排停止危险性较大的生产经营活动

D. 安全生产监督检查人员应当将检查的时间、地点、内容、发现的问题及其处理情况，作出书面记录，由被检查单位的负责人签字即可

24. 2020 年 7 月 31 日，某县安全生产监督管理部门工作人员王某，对本县的某企业

进行了现场检查，并针对检查发现的问题，采取了处理措施。依据《安全生产法》的规定，王某的下列履职行为中，正确的是（　　）。

A. 发现一台设备未张贴设备铭牌和警示标识，予以查封

B. 发现安全生产教育和培训记录作假，责令限期整改

C. 现场发现 10 多例违章作业行为，责令企业停产停业整顿

D. 发现一厂房有倒塌危险，提请当地人民政府对该企业予以关闭

25. 依据《安全生产法》的规定，安全生产监督管理部门可依法对生产经营单位执行安全生产法律、法规和国家标准或者行业标准的情况进行监督检查，其可以依法行使的职权有（　　）。

A. 现场检查权、当场处理权、紧急处置权、查封扣押权

B. 强制执行权、现场检查权、现场处置权、紧急处置权

C. 现场检查权、现场处置权、紧急处置权、行政拘留权

D. 现场检查权、现场处置权、行政处分权、紧急处置权

26. 某食品加工企业存在重大事故隐患，安全生产监督管理部门对该企业作出停产停业整顿处罚，但该企业仍然继续生产，安全生产监督管理部门决定对该企业采取停止供电措施。依据《安全生产法》的规定，下列说法中正确的是（　　）。

A. 应当提前 8 小时通知生产经营单位

B. 应当提前 12 小时通知生产经营单位

C. 应当提前 24 小时通知生产经营单位

D. 应当提前 48 小时通知生产经营单位

27. 依据《安全生产法》的规定，下列关于应急救援工作的说法中，正确的是（　　）。

A. 地方各级人民政府应加强生产安全事故应急能力建设，在各个领域建立应急救援基地

B. 市级以上地方各级人民政府应当组织有关部门制定本行政区域内较大生产安全事故应急救援预案

C. 生产经营单位应当制定本单位生产安全事故应急救援预案

D. 生产经营单位应当建立应急救援队伍，配备相应的应急救援装备和物资

28. 依据《安全生产法》的规定，下列关于生产经营单位应急救援工作的说法中，正确的是（　　）。

A. 危险物品的生产、经营、储存单位以及矿山、金属冶炼、交通运输、建筑施工单位应当建立应急救援组织

B. 生产经营单位应当建立应急救援组织，生产经营规模较小的可以不建立应急救援组织，但应当指定兼职的应急救援人员

C. 危险物品的生产、经营、储存、运输单位应当建立应急救援组织，生产经营规模较小的可以不建立应急救援组织，但应当指定专职的应急救援人员

D. 矿山、金属冶炼、城市轨道交通运营、建筑施工单位应当建立应急救援组织，生产经营规模较小的可以不建立应急救援组织，但应当指定兼职的应急救援人员

29. 依据《安全生产法》的规定，下列关于生产安全事故报告与调查处理的说法中，正确的是（　　）。

A. 安全生产监督管理部门接到生产安全事故报告后，应在 2 小时内赶赴事故现场，组织事故抢救

B. 生产经营单位发生生产安全事故后，事故现场有关人员应当立即报告本单位负责人

C. 除尚未核实伤亡人数等原因外，不得迟报事故

D. 未经有关部门批准，不得故意破坏事故现场和毁灭有关证据

30. 某化工厂委托某机构进行安全评价。该机构在对项目的评价过程中发现了若干不符合安全条件的问题。该机构经过与化工厂沟通，经化工厂经理要求，遂出具了符合要求的安全评价报告，并获得服务报酬 35 万元。依据《安全生产法》的规定，下列对该机构出具虚假报告的罚款数额中符合法律规定的是（　　）。

A. 5 万元　　B. 35 万元　　C. 150 万元　　D. 350 万元

31. 甲公司委托具有安全评价资质的乙机构实施某建设项目的安全评价，甲公司委托具有资质的丙机构针对该项目的起重机械进行监测检验，甲公司将丙机构提交的报告交给乙机构作为安全评价的依据，因丙机构出具了虚假监测检验报告，导致发生起重机械防脱钩装置失效死人事故，给他人造成重大经济损失。依据《安全生产法》的规定，对此次事故损失承担连带赔偿责任的单位是（　　）。

A. 甲公司和乙机构　　B. 甲公司和丙机构

C. 乙机构和丙机构　　D. 甲公司、乙机构和丙机构

32. 某机械加工企业存在大量起重设备、铸造设备、冲压设备、空压机等。依据《安全生产法》的规定，该企业应该在这些设备上张贴的标志是（　　）。

A. 安全提示标志　　B. 安全指示标志　　C. 安全警示标志　　D. 安全使用标志

二、多项选择题

（每题 2 分，每题的备选项中有 2 个或 2 个以上符合题意，至少有 1 个错项。错选，本题不得分；少选，所选的每个选项得 0.5 分。）

1. 依据《安全生产法》的规定，下列关于生产经营单位安全生产管理人员职责的说法中，正确的有（　　）。

A. 组织本单位安全生产教育和培训，如实记录安全生产教育和培训情况

B. 健全本单位安全生产责任制，实施本单位安全生产教育和培训计划

C. 制止和纠正违章指挥、强令冒险作业、违反操作规程的行为

D. 保证本单位安全生产投入的有效实施，组织拟订本单位安全生产操作规程

E. 督促落实本单位重大危险源的安全管理措施

2. 依据《安全生产法》的规定，下列安全生产管理机构和安全生产管理人员的配置中，正确的有（　　）。

A. 某铁矿有 50 名员工，未设置安全生产管理机构，配备了专职和兼职安全生产管理人员

B. 某道路运输公司有 35 名员工，未设置安全生产管理机构，配备了 5 名兼职安全生产管理人员

C. 某建筑公司有 87 名员工，设置了安全生产管理机构，配备了专职安全生产管理人员，但未配备兼职安全生产管理人员

D. 某纺织厂有 96 名员工，未设置安全生产管理机构，配备了 6 名兼职安全生产管理人员

E. 某旅游公司有 120 名员工，未设置安全生产管理机构，配备 5 名兼职安全管理人员

3. 某工贸企业存在重大事故隐患，应急管理部门责令其停产停业整顿，但其仍然进行生产。依据《安全生产法》的规定，对该企业情节严重的安全生产违法行为，应当向社会公告，并通报的部门有（　　）。

A. 行业主管部门　　B. 投资主管部门

C. 国土资源主管部门　　D. 工业和信息化主管部门

E. 证券监督管理机构

4. 某安全评价机构为一危险化学品生产企业提供虚假安全评价报告，并收取服务费用 8 万元。该企业因存在重大事故隐患未及时整改导致发生死亡 2 人的生产安全事故。依据《安全生产法》的规定，下列对该安全评价机构及其相关人员可作出的行政处罚中，正确的有（　　）。

A. 没收非法所得并处违法所得 2 倍以上 5 倍以下的罚款

B. 对负责此次评价的主管人员处 10 000 元的罚款

C. 吊销其营业执照

D. 追究其与危险化学品生产企业承担事故的连带赔偿责任

E. 吊销其安全评价资质

5. 某公司总经理李某为了确保年度利润指标的完成，减少安全投入，弱化了安全生

产管理。半年后，公司发生了一起死亡 5 人、重伤 9 人、轻伤 25 人的生产安全事故，经安全生产监督管理部门调查，事故与李某弱化安全生产管理的做法存在因果关系，是一起责任事故。依据《安全生产法》的规定，下列关于对李某法律责任追究的说法中，正确的有（　　）。

A. 撤职

B. 处李某当年收入 40%的罚款

C. 构成犯罪的，依照刑法的有关规定追究李某的刑事责任

D. 自刑罚执行完毕或者受处分之日起，终身禁止李某担任本行业生产经营单位的主要负责人

E. 自刑罚执行完毕或者受处分之日起，5 年内李某不得担任任何生产经营单位的主要负责人

6. 依据《安全生产法》的规定，下列关于安全生产保障的说法中，正确的有（　　）。

A. 生产、经营、储存、使用危险物品的车间、商店、仓库不得与员工宿舍在同一座建筑物内，并应当与员工宿舍保持安全距离

B. 生产经营单位必须为从业人员提供符合国际标准或者行业标准的劳动防护用品

C. 生产经营单位必须为从业人员投保安全生产责任保险

D. 某铝锭生产企业的建设项目在竣工后、投入生产或者使用前，应当由该铝锭生产企业负责组织对安全设施进行验收

E. 某生产经营单位使用 30 名劳务派遣者，他们的岗位安全操作规程和安全操作技能的教育和培训，可以由该单位进行，也可以由劳务派遣单位进行

7. 依据《安全生产法》的规定，下列设备设施中，必须由专业生产单位生产，并经具有专业资质的检测、检验机构检测、检验合格，取得安全使用证或者安全标志，方可投入使用的是（　　）。

A. 油罐车

B. 乙醇储罐

C. 煤矿井下电气设备

D. 涉爆场所电气设备

E. 剪板机

8. 依据《安全生产法》的规定，下列关于安全生产投入的说法中，正确的有（　　）。

A. 张某为某公司董事长，李某该公司总经理，该公司的安全生产投入资金由张某决定

B. 张某为某公司董事长，李某该公司总经理，该公司的安全生产投入资金由李某决定

C. 张某为某国企的总经理，该公司的安全生产投入资金由张某决定

D. 张某为某国企的总经理，该企业由于安全生产投入不足而导致死亡 2 人的安全事

故发生，给予张某撤职处分

E. 李某为一个体经营者，因安全生产投入不足而导致死亡1人的安全事故发生，给予李某10万元的罚款

第四章安全生产单行法律精选题库

一、单项选择题

（每题1分，每题的备选项中只有1个最符合题意。）

1. 依据《矿山安全法》的规定，下列关于矿山建设安全保障的说法中，正确的是（　　）。

A. 矿山建设工程的设计文件，必须符合矿山安全规程和行业技术规范，并按照国家规定经安全生产监督管理部门批准

B. 矿山必须有与外界相通的、符合安全要求的运输和电气线路设施

C. 每个矿井必须设有2个以上能行人的安全出口，出口之间的距离必须符合矿山安全规程和行业技术规范

D. 矿山建设工程安全设施竣工后，由管理矿山企业的主管部门验收，并须有负责安全生产监督管理的部门参加

2. 依据《矿山安全法》的规定，下列关于矿山开采安全保障的说法中，不正确的是（　　）。

A. 矿山使用的有特殊安全要求的设备、器材、防护用品和安全检测仪器，必须符合国家安全标准或者行业安全标准

B. 矿山企业必须对井下湿度和温度进行检测

C. 矿山企业必须对机电设备及其防护装置、安全检测仪器，定期检查、维修，保证使用安全

D. 矿山企业对使用机械、电气设备，排土场、矸石山、尾矿库和矿山闭坑后可能引起的危害，应当采取预防措施

3. 依据《矿山安全法》的规定，下列关于矿山企业安全管理的规定中，正确的是（　　）。

A. 不得分配女职工从事与矿山相关的劳动

B. 矿山企业应当配备专职人员组成的救护和医疗急救组织，配备必要的装备、器材和药物

C. 矿山企业必须从矿产品销售额中按照国家规定提取安全技术措施专项费用

D. 矿山企业安全生产条件所需资金，由矿山企业按矿山维简费的 10%的比例据实列支

4. 依据《消防法》的规定，下列关于消防安全重点单位消防安全职责的说法中，错误的是（　　）。

A. 确定消防安全管理人，组织实施本单位的消防安全管理工作

B. 建立消防档案，确定消防安全重点部位，设置防火标志，实行严格管理

C. 实行每周防火巡查，并建立巡查记录

D. 对职工进行岗前消防安全培训，定期组织消防安全培训和消防演练

5. 依据《消防法》的规定，某商场营业期间发生严重火灾时，下列关于灭火救援的说法中，正确的是（　　）。

A. 该商场组织火灾现场扑救时，优先抢救贵重物品

B. 该商场员工立即组织、引导在场人员疏散撤离

C. 立即组织在场的所有人参与扑救火灾

D. 个人为火灾报警提供便利的，应获得适当报酬

6. 依据《道路交通安全法》的规定，下列有关道路通行条件的说法中，正确的是（　　）。

A. 交通信号包括交通信号灯、交通标志、交通标线和交通警察的指挥

B. 交通信号灯由红灯、绿灯、黄灯和警示闪烁灯组成

C. 红灯表示警示和禁止通行，绿灯表示准许通行

D. 城市主要道路的人行道应当按照规划设置盲道，盲道的设置应当符合交通行业标准

7. 刘某驾驶机动车在一条路面没有任何交通标志、标线，路口也没有信号灯、交通警察的路上行驶。依据《道路交通安全法》等法律法规，郑某通过该路口的正确做法是（　　）。

A. 在道路的右侧行驶

B. 欲左转弯，应在对面直行的车辆前尽快通过

C. 进入路口前停车观望，让右方道路的来车先行

D. 发现前车行驶速度较慢，加速超越通行

8. 依据《道路交通安全法》的规定，下列关于车辆通行的说法中，正确的是（　　）。

A. 在允许拖拉机通行的道路上，拖拉机可以从事货运和客运

B. 机动车载运爆炸物品应当按照最短路线、指定的时间和指定的速度行驶

C. 高速公路、大中城市中心城区内的道路，禁止拖拉机通行

D. 铰接式客车驶入高速公路，最高时速不得超过 120 千米

9. 依据《道路交通安全法》的规定，下列关于道路通行限速的说法中，正确的是（　　）。

A. 在高速公路行驶的拖拉机时速不得低于 70 千米

B. 高速公路限速标志标明的最高时速不得超过 150 千米

C. 残疾人机动轮椅车在非机动车道内行驶时，最高时速不得超过 15 千米

D. 电动自行车在机动车道内行驶时，最高时速不得超过 20 千米

10. 依据《道路交通安全法》的规定，张某下班后和单位同事聚餐，饮酒后驾驶机动车在回家路上被交警查出为醉酒驾驶机动车，张某将受到的行政处罚是（　　）。

A. 处 15 日以下拘留，并处 5 000 元的罚款

B. 处暂扣 6 个月机动车驾驶证

C. 吊销机动车驾驶证，依法追究刑事责任；终身不得重新取得机动车驾驶证

D. 吊销机动车驾驶证，依法追究刑事责任；5 年内不得重新取得机动车驾驶证

11. 依据《特种设备安全法》的规定，下列特种设备中，其设计文件无须经负责特种设备安全监督管理的部门核准的检验机构鉴定即可用于制造的是（　　）。

A. 气瓶　　B. 氧舱

C. 大型游乐设施　　D. 电梯

12. 受甲公司委托，乙锅炉压力容器检测检验站委派具有检验资格的张某到甲公司对一个 500 m^3 的球型液氨储罐进行检测检验。该球型液氨储罐是由丙公司制造、丁施工公司安装的。依据《特种设备安全法》的规定，下列关于张某检测和执业的说法中，正确的是（　　）。

A. 检验发现球型液氨储罐有重大缺陷，张某应当立即向当地安全监督管理部门报告

B. 张某检验球型液氨储罐所需的技术资料，应由丙公司和丁公司提供，并对资料的真实性负责

C. 甲公司需要购置新球型液氨储罐的，张某不得向其推荐产品

D. 张某经批准可以同时在两个检测、检验机构中执业

13. 依据《特种设备安全法》的规定，下列关于特种设备安全监督管理和检验检测的说法中，错误的是（　　）。

A. 对学校、幼儿园、医院等公众聚集场所的特种设备，实施重点安全监督检查

B. 发现特种设备存在应当召回而未召回的情形时，由省级负责特种设备安全监督管理的部门责令特种设备生产单位召回

C. 国务院负责特种设备安全监督管理的部门负责对检验、检测结果和鉴定结论进行监督抽查

D. 从事锅炉清洗，应当按照安全技术规范的要求进行，并接受特种设备检验机构的监督检验

14. 依据《特种设备安全法》的规定，下列关于特种设备的生产、经营、使用的说法中，正确的是（　　）。

A. 电梯安装验收合格、交付使用后，电梯的维护保养单位应当对其维护保养的电梯的安全性能负责

B. 锅炉改造完成后，施工单位应当及时将改造方案等相关资料归档保存

C. 进口大型起重机，应当向进口地的安全监督管理部门履行提前告知义务

D. 气瓶的使用单位应当向特种设备安全监督管理部门办理使用登记

15. 依据《建筑法》的规定，下列关于施工许可的说法中，正确的是（　　）。

A. 建设单位应当自领取施工许可证之日起 1 个月内开工

B. 建设单位领取施工许可证时，应当有保证质量和安全的具体措施

C. 中止施工满 3 年的工程恢复施工前，建设单位应当报发证机关核验施工许可证

D. 建筑工程开工前，建设单位应当按照国家有关规定向工程所在地市级以上人民政府建设主管部门申请施工许可证

16. 依据《建筑法》的规定，下列关于承揽工程业务的说法中，正确的是（　　）。

A. 企业承揽分包工程，应当取得相应建筑业企业资质

B. 不具有相应资质等级的施工企业，可以采取同一专业联合承包的方式满足承揽工程业务要求

C. 施工企业与项目经理部签订内部承包协议，属于允许他人以本企业名义承揽工程

D. 承包单位可以将其承包的全部建筑工程转包给他人

17. 依据《建筑法》的规定，下列关于建筑施工企业安全生产管理的说法中，正确的是（　　）。

A. 建筑施工企业对专业性较强的工程项目，应当编制专项安全施工组织设计，并采取安全技术措施

B. 实行施工总承包的，分包单位负责自己项目的现场的安全生产管理

C. 建筑施工企业应当对施工现场实行封闭管理

D. 建筑施工企业项目负责人编制安全生产责任制度

二、多项选择题

（每题 2 分，每题的备选项中有 2 个或 2 个以上符合题意，至少有 1 个错项。错选，本题不得分；少选，所选的每个选项得 0.5 分。）

1. 为了预防和减少火灾危害，加强应急救援工作，维护公共安全，依据《消防法》的规定，下列单位中应当建立专职消防队来承担本单位火灾扑救工作的有（　　）。

A. 生产黑火药的大型企业　　B. 大型建筑施工企业

C. 主要港口　　D. 大型火力发电厂

E. 从事金矿开采的大型企业

2. 依据《道路交通安全法》的规定，下列有关道路通行条件的说法中，正确的有（　　）。

A. 未经许可，任何单位和个人不得占用道路从事非交通活动

B. 因穿越道路架设、增设管线设施影响交通安全的，应当事先征得道路主管部门的同意

C. 挖掘道路施工作业完毕，应当迅速消除道路上的障碍物，消除安全隐患后，经道路主管部门和公安机关交通管理部门验收合格，符合通行要求后，方可恢复通行

D. 学校、幼儿园、医院、养老院门前的道路没有行人过街设施的，应当施划人行横道线，设置提示标志

E. 道路两侧设置的广告牌、管线等，应当与交通设施保持必要的距离，不得遮挡交通信号灯、交通标志

3. 依据《道路交通安全法》的规定，下列关于道路通行的做法中，正确的有（　　）。

A. 某大货车顺路搭载了 2 名公司员工回公司

B. 某客运司机为某图书批发商搭载了 10 箱图书

C. 张某驾驶电动自行车在非机动车道上以时速 14 千米的速度行驶

D. 李某骑摩托车以时速 80 千米的速度经高速公路回老家探亲

E. 某人开拖拉机在某县城中心道路上行驶

4. 依据《特种设备安全法》的规定，特种设备使用单位应当建立特种设备安全技术档案。安全技术档案应当包括的内容有（　　）。

A. 特种设备的日常使用状况记录

B. 特种设备的设计文件、产品质量合格证明

C. 特种设备的登记标志

D. 特种设备的运行故障和事故记录

E. 特种设备的监督检验证明

5. 某 30 层写字楼有电梯 4 部，产权单位为甲公司。甲公司全权委托乙物业公司进行写字楼的管理。共有 10 家公司租赁该写字楼内的房间办公。依据《特种设备安全法》的规定，下列关于该写字楼内电梯使用的说法中，正确的有（　　）。

A. 该写字楼内的所有电梯必须在特种设备投入使用前或者投入使用后 30 日内，向负责特种设备安全监督管理的部门办理使用登记，取得使用登记证书

B. 甲公司应当配备专职的特种设备安全管理人员

C. 该写字楼的电梯为进口电梯，需要提前告知当地负责特种设备安全监督管理的部门

D. 物业公司应当按要求在检验合格有效期届满前 1 个月向特种设备检验检测机构提出定期检验要求

E. 物业公司应当对电梯的安全性能负责，接到故障通知后，应当立即赶赴现场，并采取必要的应急救援措施

6. 依据《建筑法》的规定，下列关于建设工程分包的说法中，正确的有（　　）。

A. 建筑工程的发包单位可以将建筑工程的勘察、设计、施工、设备采购一并发包给一个工程总承包单位

B. 承包单位将其承包的全部建筑工程肢解以后以分包的名义分别转包给他人

C. 建筑工程总承包单位按照总承包合同的约定对建设单位负责；分包单位按照分包合同的约定对总承包单位负责

D. 发包单位可以指定承包单位购入用于工程的建筑构配件的供应商

E. 施工总承包的，建筑工程主体结构的施工必须由总承包单位自行完成

第五章安全生产相关法律精选题库

一、单项选择题

（每题 1 分，每题的备选项中只有 1 个最符合题意。）

1. 陈某承包经营某电镀厂，未按国家标准为电镀设备安装漏电保护装置，导致 2 名工人作业时触电死亡。依据《刑法》的规定，陈某的行为构成的罪名是（　　）。

A. 重大责任事故罪　　B. 重大劳动安全事故罪

C. 强令违章冒险作业罪　　D. 玩忽职守罪

2. 某煤矿生产矿长助理李某，在明知井下瓦斯传感器失效，安全生产存在重大隐患的情况下，仍强行组织大批工人下井作业，最终导致 10 人死亡的严重后果。依据《刑法》

及有关规定，对李某应予判处的刑罚是（ ）。

A. 3年以下有期徒刑 B. 3年以上7年以下有期徒刑

C. 5年以下有期徒刑 D. 5年以上有期徒刑

3. 依据《行政处罚法》的规定，下列关于行政处罚设定的说法中，正确的是（ ）。

A. 行政法规可以设定除限制人身自由、吊销企业营业执照之外的行政处罚

B. 地方性法规可以设定除限制人身自由、没收违法所得以外的行政处罚

C. 国务院部、委发布的规章可以设定警告或一定数量罚款的行政处罚

D. 设区的市人民政府制定的规章可以设定警告或一定数量罚款的行政处罚

4. 依据《行政处罚法》的行政处罚决定程序，当调查终结，行政机关负责人应当审查调查结果，酌情做出决定，下列决定中正确的是（ ）。

A. 违法行为轻微的，可以从轻处罚

B. 确有应受行政处罚的违法行为的，依据情节轻重及具体情况，作出行政处罚决定

C. 对情节复杂或者重大违法行为给予较重的行政处罚，由行政机关的主要负责人实施

D. 违法事实不能成立的，适度给予行政处罚

5. 某企业因存在重大违法行为，被行政机关处以100万元罚款。依据《行政处罚法》的规定，下列关于行政处罚听证的说法中，正确的是（ ）。

A. 该企业要求听证的，应当在行政机关告知后7日内提出

B. 举行听证的费用应该由该企业合理承担

C. 除涉及国家秘密、商业秘密或者个人隐私外，听证公开举行

D. 必须由当事人亲自参加听证

6. 依据《行政处罚法》的规定，下列关于行政处罚执行程序的说法中，正确的是（ ）。

A. 李某因违反《道路交通安全法》被处以50元罚款，依法当场收缴

B. 李某因违反《道路交通安全法》被处以200元罚款，应当自收到行政处罚决定书之日起15日内，到指定的银行缴纳罚款

C. 交管部门当场收缴王某罚款10元，并于15日内上缴指定银行

D. 交管部门当场收缴王某罚款10元，并向王某出具交管部门统一制发的罚款收据

7. 某行政机关对某用人单位处以5 000元罚款。依据《行政处罚法》的规定，下列关于行政处罚执行的说法中，正确的是（ ）。

A. 该单位对行政处罚决定不服申请行政复议的，行政处罚应当停止执行

B. 当事人拒不履行法定义务的，行政机关可申请人民法院强制执行

C. 当事人拒不履行法定义务的，行政机关只能冻结当事人的存款，划拨抵缴罚款

D. 该单位到期未缴纳罚款，行政机关可每日按罚款数额的 3‰ 加处罚款

8. 依据《劳动法》的规定，下列关于女职工特殊保护的说法中，正确的是（　　）。

A. 禁止安排女职工从事矿山井下、国家规定的第三级体力劳动强度的劳动和其他禁忌从事的劳动

B. 不得安排女职工在经期从事高处、低温、冷水作业和国家规定的第二级体力劳动强度的劳动

C. 不得安排女职工在怀孕期间从事国家规定的第三级体力劳动强度的劳动和怀孕期间禁忌从事的活动

D. 不得安排女职工在哺乳一周岁婴儿期间从事国家规定的第二级体力劳动强度的劳动和哺乳期间禁忌的其他劳动

9. 依据《劳动法》，某公司下列对女职工和未成年工特殊保护的做法中，正确的是（　　）。

A. 该公司安排 16 周岁员工李某从事矿山井下劳动

B. 该公司安排 16 周岁员工王某从事国家规定的第三级体力劳动强度的劳动

C. 该公司安排女职工金某在经期从事国家规定的第三级体力劳动强度的劳动

D. 该公司安排怀孕 7 个月以上的女职工胡某夜班劳动

10. 孙某与某公司签订了劳动合同，该公司为其提供专项培训费用进行专业技术培训，孙某取得电焊工特种作业资格证。该公司由于转产进行裁员，与孙某解除了劳动合同。依据《劳动合同法》的规定，下列关于孙某与该公司权利和义务的说法中，正确的是（　　）。

A. 孙某应向该公司返还为其支付的专业技术培训费

B. 该公司在解除与孙某的劳动合同前，应组织对孙某进行离岗前职业健康检查

C. 孙某离职后 3 年内不得到与该公司从事同类业务的有竞争关系的其他用人单位就业

D. 该公司可以直接单方解除与孙某的劳动合同

11. 依据《劳动合同法》的规定，下列关于订立、履行劳动合同违法行为及违法解除、终止劳动合同的法律责任的说法中，错误的是（　　）。

A. 用人单位自用工之日起超过 1 个月不满 1 年未与劳动者订立书面劳动合同的，应当向劳动者每月支付 2 倍的工资

B. 用人单位违反规定不与劳动者订立无固定期限劳动合同的，自应当订立无固定期限劳动合同之日起向劳动者每月支付 2 倍的工资

C. 用人单位违法解除或者终止劳动合同的，应当依照规定的经济补偿标准的 2 倍向

劳动者支付赔偿金

D. 劳动者非因工负伤，在规定的医疗期满后，不能从事原来工作的，用人单位可以立即与劳动者解除劳动合同，且无须支付经济补偿金

12. 依据《突发事件应对法》的规定，下列关于突发事件的预防与应急准备的说法中，正确的是（　　）。

A. 县级人民政府应当建立应急救援物资、生活必需品和应急处置装备的储备制度

B. 新闻媒体应当按照无偿与有偿相结合的原则，积极开展突发事件预防与应急知识的宣传

C. 国务院有关部门组织制定国家突发事件专项应急预案，并适时修订

D. 易燃易爆物品的生产、经营、储运、使用单位，应当制定具体应急预案，并及时采取措施消除隐患，防止发生突发事件

13. 依据《突发事件应对法》的规定，下列关于突发事件预警级别的说法中，正确的是（　　）。

A. 分为一、二、三和四级，分别用红、橙、黄和粉色标示，一级为最高等级

B. 分为一、二、三和四级，分别用黄、橙、红和绿色标示，四级为最高等级

C. 分为一、二、三和四级，分别用蓝、黄、橙和红色标示，四级为最高等级

D. 分为一、二、三和四级，分别用红、橙、黄和蓝色标示，一级为最高等级

14. 某市气象局发布了防汛黄色警报。依据《突发事件应对法》的规定，应当采取的措施是（　　）。

A. 转移、疏散或者撤离易受雷雨危害的煤矿人员并予以妥善安置

B. 责令矿山应急救援队伍、负有特定职责的人员进入待命状态

C. 采取必要措施，确保交通、通信、供水、排水、供电等公共设施的安全和正常运行

D. 启动应急预案，责令有关部门、专业机构和负有特定职责的人员收集、报告有关信息

15. 依据《突发事件应对法》的规定，下列关于突发事件的应急处置与救援的说法中，正确的是（　　）。

A. 突发事件发生后，履行统一领导职责或者组织处置突发事件的安全监督管理部门应当针对其性质、特点和危害程度，立即组织有关部门，调动应急救援队伍和社会力量，采取应急处置措施

B. 突发事件发生后，应当视具体情况采取应急措施，不得为稳定市场而采取经济性处置措施

C. 人民政府应当尊重公众的知情权，按照规定统一、准确、及时发布有关突发事件

事态发展和应急处置工作的信息

D. 受到自然灾害危害或者发生事故灾难、公共卫生事件的单位，应当立即组织本单位应急救援队伍和工作人员营救受害人员，采取必要措施，同时向所在地市级人民政府报告

16. 依据《职业病防治法》的规定，下列关于劳动者劳动过程中职业病的防护与管理的说法中，错误的是（　　）。

A. 用人单位应当定期对工作场所进行职业病危害因素检测、评价。检测、评价结果存入用人单位职业卫生档案，定期向所在地卫生行政许可部门报告并向劳动者公布

B. 对从事接触职业病危害作业的劳动者，用人单位应当组织上岗前、在岗期间和离岗时的职业健康检查，并将检查结果书面告知劳动者

C. 没有证据否定职业病危害因素与病人临床表现之间的必然联系的，不得诊断为职业病

D. 职业病诊断应当由取得《医疗机构执业许可证》的医疗卫生机构承担；职业健康检查费用由用人单位承担

17. 依据《职业病防治法》的规定，产生职业病危害的用人单位的设立，除应当符合法律、行政法规规定的设立条件外，其作业场所布局应遵循的原则是（　　）。

A. 生产作业与储存作业分开

B. 加工作业与包装作业分开

C. 有害作业与无害作业分开

D. 吊装作业与维修作业分开

18. 张某为某机械加工厂工人，与该单位签订为期3年的劳动合同。工作一年后，该单位将其从机械加工岗位调到铸造岗位工作。依据《职业病防治法》的规定，下列关于张某在劳动过程中职业病防护与管理的做法中，正确的是（　　）。

A. 张某因该单位未事先告知铸造岗位职业危害而拒绝调动，用人单位因此解除与其签订的劳动合同

B. 张某因该单位铸造岗位未配备防尘口罩和护目镜而拒绝调动，用人单位因此解除与其签订的劳动合同

C. 该单位为了避免张某拒绝调动岗位，未事先告知张某铸造岗位职业病危害，也未协商变更相关条款

D. 张某到新岗位后，该单位与张某协商变更劳动合同相关条款

二、多项选择题

（每题2分，每题的备选项中有2个或2个以上符合题意，至少有1个错项。错选，本题不得分；少选，所选的每个选项得0.5分。）

1. 依据《最高人民法院　最高人民检察院关于办理危害生产安全刑事案件适用法律

若干问题的解释》的规定，生产安全事故发生后，可能被判处3年以下有期徒刑或拘役的情形有（　　）。

A. 贻误事故抢救，导致事故后果扩大，增加死亡2人

B. 贻误事故抢救，导致事故后果扩大，增加间接经济损失300万元

C. 毁灭、伪造、隐匿与事故有关的计算机数据，致使不能及时有效开展事故抢救

D. 指使、串通有关人员不报、谎报事故情况，致使不能及时有效开展事故抢救

E. 采用命令方式阻止他人报告事故情况导致事故后果扩大

2. 依据《行政处罚法》的规定，下列有关行政处罚管辖和适用的表述中，正确的有（　　）。

A. 主动消除或者减轻违法行为危害后果的，应当依法从轻或减轻处罚

B. 行为人的违法行为轻微并及时纠正，没有造成危害后果的，不予行政处罚

C. 违法行为在3年内未被发现的不再给予行政处罚

D. 行政处罚由违法行为发生地的县级以上地方人民政府具有行政处罚权的行政机关管辖

E. 对行政处罚管辖发生争议的，由违法行为发生单位的主管部门管辖

3. 依据《劳动合同法》的规定，下列关于禁止生产经营单位解除劳动合同的叙述中，正确的有（　　）。

A. 宋某在试用期间被证明不符合录用条件，单位不得与之解除劳动合同

B. 李某在单位工作3年后确诊患职业病，单位不得与之解除劳动合同

C. 王某从事饲料粉碎工作，未进行职业健康检查，单位不得与之解除劳动合同

D. 赵某在职业健康检查中发现患疑似职业病，单位不得与之解除劳动合同

E. 郑某因工负伤，并被鉴定为四级伤残，单位不得与之解除劳动合同

4. 某市春季干旱少雨，市人民政府发布森林火灾黄色警报。依据《突发事件应对法》的规定，该市人民政府在发布预警后应采取的处置措施有（　　）。

A. 启动应急预案

B. 责令有关部门、专业机构、监测网点和负有特定职责的人员及时收集、报告有关信息

C. 组织有关部门和机构、专业技术人员、有关专家学者，随时对突发事件信息进行分析评估

D. 责令应急救援队伍、负有特定职责的人员进入待命状态

E. 及时向社会发布有关采取特定措施避免或者减轻危害的建议、劝告

5. 依据《职业病防治法》的规定，产生职业病危害的用人单位，应当在醒目位置设

置公告栏，公布的相关内容有（　　）。

A. 有关职业病防治的规章制度　　B. 有关职业病防治的操作规程

C. 职工职业健康检查结果　　D. 职业病危害事故应急救援措施

E. 工作场所职业病危害因素检测结果

6. 依据《职业病防治法》的规定，下列关于职业病诊断的说法中，正确的有（　　）。

A. 职业病诊断应当由取得《医疗机构执业许可证》的医疗卫生机构承担

B. 劳动者可以在用人单位所在地、本人户籍所在地或者经常居住地依法承担职业病诊断的医疗卫生机构进行职业病诊断

C. 没有证据证明职业病危害因素与病人临床表现之间的必然联系的，不应诊断为职业病

D. 用人单位对仲裁裁决不服向人民法院提起诉讼的，诉讼期间劳动者的治疗费用按照职业病待遇规定的途径支付

E. 当事人对职业病诊断有异议的，可以向当地设区的市级以上地方人民政府卫生行政部门申请鉴定

7. 依据《职业病防治法》的规定，下列关于职业病病人保障的说法中，正确的有（　　）。

A. 疑似职业病病人在诊断、医学观察期间的费用，由社保基金承担

B. 不适宜继续从事原工作的职业病病人，应当调离原岗位，并妥善安置

C. 劳动者被诊断患有职业病，但用人单位没有依法参加工伤保险的，其医疗和生活保障由该用人单位承担

D. 职业病病人变动工作单位，工伤保险基金给予一次性经济补偿，不再享受工伤待遇

E. 用人单位申请破产，不再对劳动者进行健康检查

第六章安全生产行政法规精选题库

一、单项选择题

（每题1分，每题的备选项中只有1个最符合题意。）

1. 某烟花爆竹生产企业近日通过试生产，需向本省安全生产许可证颁发机关申请取得烟花爆竹安全生产许可证。依据《安全生产许可证条例》的规定，下列说法中正确的是（　　）。

A. 该企业须配备专职或者兼职安全生产管理人员

B. 该企业主要负责人和安全生产管理人员须取得安全资格证书
C. 依法进行安全评价
D. 依法参加工伤保险、安全责任保险和人身意外伤害保险

2. 某建筑施工企业的安全生产许可证在有效期内，而且严格遵守安全生产的法律规定，未发生死亡事故。依据《安全生产许可证条例》的规定，下列关于其安全生产许可证有效期届满延期的说法中，正确的是（ ）。
A. 应当在有效期满前 1 个月提出延期的申请，经同意可免审延续 1 年
B. 应当在有效期满前 3 个月提出延期的申请，经同意可免审延续 1 年
C. 应当在有效期满前 1 个月提出延期的申请，经同意可免审延续 3 年
D. 应当在有效期满前 3 个月提出延期的申请，经同意可免审延续 3 年

3. 某铁矿石生产企业近日通过试生产，需向本省安全生产许可证颁发机关申请取得非煤矿山安全生产许可证。依据《安全生产许可证条例》的规定，下列关于发证的说法中，正确的是（ ）。
A. 安全生产许可证颁发管理机关应当自收到申请之日起 45 日内审查完毕
B. 安全生产许可证颁发管理机关依法只需对申请人提交的申请文件、资料是否齐全、真实、合法，进行检查核实
C. 安全生产许可证颁发管理机关进行实地审查或者核实时，必须委派本机关工作人员直接进行
D. 安全生产许可证的有效期为 5 年

4. 依据《煤矿安全监察条例》，下列关于煤矿安全监察内容的说法中，正确的是（ ）。
A. 煤矿安全监察人员发现煤矿未向职工发放保障安全生产所需的劳动防护用品的，应当责令停业整顿
B. 煤矿安全监察机构发现煤矿未设置安全生产管理机构或者配备安全生产管理人员的，应当责令停业整顿
C. 煤矿安全监察人员发现煤矿矿长或者其他主管人员违章指挥工人或者强令工人违章、冒险作业，或者发现工人违章作业的，应当立即纠正或者责令立即停止作业
D. 煤矿安全监察机构发现煤矿矿井使用的设备、器材、仪器、仪表、防护用品不符合国家安全标准或者行业安全标准的，应当责令立即停业整顿

5. 依据《煤矿安全监察条例》的规定，下列关于煤矿建设工程安全设施安全监察的说法中，正确的是（ ）。
A. 煤矿建设工程安全设施设计必须经煤矿安全监察机构和应急管理部门联合审查同意后方能施工

B. 审查机构审查煤矿建设工程安全设施设计，应当自收到申请资料之日起 45 日内审查完毕

C. 煤矿建设工程竣工后或者投产前，应当经煤矿建设单位对其安全设施和条件进行验收合格后方能投入生产

D. 煤矿验收机构应当自收到申请验收文件之日起 30 日内对煤矿建设工程安全设施和条件验收完毕

6. 依据《国务院关于预防煤矿生产安全事故的特别规定》的规定，下列关于煤矿停产整顿的说法中，正确的是（　　）。

A. 对被责令停产整顿的煤矿，颁发证照的部门应当暂扣采矿许可证、安全生产许可证、营业执照和矿长资格证、矿长安全资格证、特种作业人员资格证

B. 对被停产整顿的煤矿，在停产整顿期间，由有关人民政府采取有效措施进行监督检查

C. 被责令停产整顿的煤矿整改结束后要求恢复生产的，应当由设区的市级以上人民政府负责煤矿安全生产监督管理的部门自收到恢复生产申请之日起 30 日内组织验收完毕

D. 验收合格的，经组织验收的地方人民政府负责煤矿安全生产监督管理的部门的主要负责人签字，煤矿方可恢复生产

7. 某煤矿因存在通风系统不合理、瓦斯超标严重存在重大安全隐患，被当地煤矿安全监察机构责令停产整顿。依据《国务院关于预防煤矿生产安全事故的特别规定》的规定，下列关于对该煤矿的监察的说法中，正确的是（　　）。

A. 该煤矿整顿后验收不合格恢复生产，煤矿安全监察机构采取强制措施停产停业

B. 该煤矿 3 个月内 2 次或者 2 次以上发现有重大安全生产隐患，煤矿安全监察机构应提请有关地方人民政府予以关闭

C. 该煤矿停产整顿期间擅自从事生产，煤矿安全监察机构采取强制措施停产停业

D. 因存在重大安全隐患该煤矿被关闭，该煤矿的矿长 3 年内不得担任任何煤矿的矿长

8. 依据《建设工程安全生产管理条例》的规定，下列关于建设单位安全责任的说法中，正确的是（　　）。

A. 建设单位可视工程需要压缩合同约定的工期

B. 建设单位应当自开工报告批准之日起 30 日内，将保证安全施工的措施报送建设工程所在地的县级以上地方人民政府建设行政主管部门或者其他有关部门备案

C. 建设单位在编制工程概算时，应当确定建设工程安全作业环境及安全施工措施所需费用

D. 建设单位应当在拆除工程施工 15 日前，将相关资料报送建设工程所在地的设区的市级以上地方人民政府建设行政主管部门或者其他有关部门备案

9. 依据《建设工程安全生产管理条例》的规定，下列关于建设工程相关单位安全责任的说法中，正确的是（　　）。

A. 工程监理单位应当审查施工组织设计中的安全技术措施或者专项施工方案是否符合工程建设标准

B. 工程监理单位在实施监理过程中，发现存在安全事故隐患严重的，应当要求施工单位暂时停止施工，并及时向有关主管部门报告

C. 安装、拆卸施工起重机械和整体提升脚手架、模板等自升式架设设施，应当编制拆装方案、制定安全施工措施，并由安全管理人员现场监督

D. 施工起重机械和整体提升脚手架、模板等自升式架设设施安装完毕后，安装单位应当自检，出具自检合格证明

10. 依据《建设工程安全生产管理条例》，下列关于建设工程承包中施工总承包单位和分包单位安全责任的说法中，正确的是（　　）。

A. 建设工程实行施工总承包的，由建设单位和总承包单位对施工现场的安全生产负总责

B. 分包单位应当服从总承包单位的安全管理，分包单位不服从管理导致生产安全事故的，由分包单位承担主要责任

C. 总承包单位依法将建设工程分包给其他单位的，分包单位对分包工程的安全生产承担主要责任

D. 分包单位不服从管理导致生产安全事故的，分包单位和总承包单位对分包工程的安全生产承担连带责任

11. 依据《建设工程安全生产管理条例》的规定，下列关于施工单位安全责任的说法中，正确的是（　　）。

A. 施工单位的项目负责人应当建立健全安全生产责任制度和安全生产教育培训制度

B. 施工单位的主要负责人对建设工程项目的安全施工负责

C. 施工单位应当配备专职或兼职安全生产管理人员

D. 实行施工总承包的，由总承包单位支付意外伤害保险费

12. 依据《危险化学品安全管理条例》的规定，下列关于安全生产监督管理部门执法人员进行危险化学品监督检查的说法中，正确的是（　　）。

A. 经所在地人民政府批准，查封违法生产、储存、使用、经营危险化学品的场所，扣押违法生产、储存、使用、经营、运输的危险化学品

B. 开展现场危险化学品监督检查工作，监督检查人员不得少于 3 人，并应当出示执法证件

C. 对不符合法律、行政法规、规章规定或者国家标准、行业标准要求的设施、设备、装置、器材、运输工具，监督检查人员立即扣押或查封

D. 监督检查人员发现影响危险化学品安全的违法行为，当场予以纠正或者责令限期改正

13. 依据《危险化学品安全管理条例》的规定，下列关于危险化学品生产、储存安全管理的说法中，正确的是（　　）。

A. 建设单位应当将危险化学品生产建设项目的安全条件论证和安全评价的情况报告报建设项目所在地县级以上人民政府安全生产监督管理部门审查

B. 危险化学品生产企业应当提供与其生产的危险化学品相符的化学品安全技术说明书，并将安全技术说明书粘贴或者拴挂在危险化学品包装（包括外包装件）上

C. 运输危险化学品的船舶及其配载的容器，应当按照国家船舶检验规范进行生产，并经海事管理机构认定的船舶检验机构检验合格，方可投入使用

D. 对重复使用的危险化学品包装物、容器，使用单位在重复使用前应当进行检查，并对检查情况作出记录，记录的保存期限不得少于 1 年

14. 依据《危险化学品安全管理条例》的规定，下列关于危险化学品储存安全管理的说法中，正确的是（　　）。

A. 已建的危险化学品生产装置或者储存数量构成重大危险源的危险化学品储存设施不符合规定，需要转产、停产、搬迁、关闭的，由县级人民政府决定并组织实施

B. 储存危险化学品的企业，应当委托具备国家规定的资质条件的机构，对本企业的安全生产条件每 1 年进行一次安全评价，提出安全评价报告

C. 储存剧毒化学品或者国务院公安部门规定的可用于制造爆炸物品的危险化学品（以下简称易制爆危险化学品）的单位，发现剧毒化学品、易制爆危险化学品丢失或者被盗的，应当立即向当地公安机关报告

D. 剧毒化学品储存单位应当将其储存数量、储存地点以及管理人员的情况，报所在地设区的市级人民政府安全生产监督管理部门（在港区内储存的，报港口行政管理部门）和公安机关备案

15. 依据《危化学品安全管理条例》的规定，下列选项中不属于申请危险化学品安全使用许可证的化工企业应当具备的条件的是（　　）。

A. 主要负责人经安全生产监督管理部门培训考核合格取得安全合格证书

B. 有与所使用的危险化学品相适应的专业技术人员

C. 有安全管理机构和专职安全管理人员，并依法进行了安全评价

D. 有符合国家规定的危险化学品事故应急预案和必要的应急救援器材、设备

16. 依据《危险化学品安全管理条例》的规定，下列关于危险化学品经营许可的说法中，不正确的是（　　）。

A. 依法设立的危险化学品生产企业在本厂区范围内销售本企业生产的危险化学品，不需要再取得危险化学品经营许可

B. 依照《中华人民共和国港口法》的规定取得港口经营许可证的港口经营人，在港区内从事危险化学品仓储经营，不需要取得危险化学品经营许可

C. 从事危险化学品经营的企业应当向所在地设区的市级人民政府安全生产监督管理部门提出申请

D. 安全生产监督管理部门应对申请办理危险化学品经营许可证的企业进行审查予以批准的，核发危险化学品经营许可证；不予批准的，应当书面通知申请人并说明理由

17. 依据《危险化学品安全管理条例》的规定，企业通过道路运输剧毒化学品，应该申请剧毒化学品道路运输通行证，受理通行证申请的部门是（　　）。

A. 运输始发地的县级安全生产监督管理部门

B. 运输始发地的县级公安机关

C. 运输目的地的设区的市级安全生产监督管理部门

D. 运输目的地的设区的市级公安机关

18. 某公司是一家生产烟花爆竹的企业。依据《烟化爆竹安全管理条例》的规定，下列该公司安全生产的做法中，正确的是（　　）。

A. 该公司办理《烟花爆竹安全生产许可证》时，应当经所在地县级安全生产监督管理部门审查，由所在地设区的市级安全生产监督管理部门核发

B. 该公司切引、搬运工序的作业人员经设区的市人民政府安全生产监督管理部门考核合格，方可上岗作业

C. 该公司发现生产烟花爆竹所使用的黑火药丢失，立即向当地公安部门报告

D. 对于该公司生产烟花爆竹使用的原料，国家标准有用量限制的，可以少量超量使用

19. 依据《烟化爆竹安全管理条例》的规定，下列关于烟花爆竹经营的说法中，正确的是（　　）。

A. 从事烟花爆竹批发的企业和零售经营者的经营布点，应当经安全生产监督管理部门审批

B. 烟花爆竹批发企业可以向从事烟花爆竹零售的经营者供应按照国家标准规定应

由专业燃放人员燃放的烟花爆竹

C. 申请从事烟花爆竹批发的企业，应当向所在地县级人民政府安全生产监督管理部门提出申请

D. 受理烟花爆竹零售经营者申请的安全生产监督管理部门应当自受理申请之日起30日内对提交的有关材料和经营场所进行审查

20. 某单位为庆祝春节欲申请举办大型焰火燃放活动。依据《烟花爆竹安全管理条例》，下列关于办理燃放手续的说法中，正确的是（　　）。

A. 主办单位应当向焰火燃放地人民政府安全生产监督管理机构提出申请

B. 受理申请的安全生产监督管理机构自受理申请之日起30日内进行审查

C. 设区的市级以上地方人民政府可以依据本行政区域的实际情况，确定限制或者禁止燃放烟花爆竹的时间、地点和种类

D. 公安部门应当加强对危险等级较高的焰火晚会以及其他大型焰火燃放活动的监督检查

21. 依据《民用爆炸物品安全管理条例》的规定，下列关于民用爆炸物品销售和购买的说法中，正确的是（　　）。

A. 民用爆炸物品生产企业销售自己生产的民用爆炸物品，应取得民用爆炸物品销售许可证

B. 购买民用爆炸物品的企业应自买卖成交3日内，将购买品种、数量和购买单位向省级民用爆炸物品行业主管部门和所在地县级公安机关备案

C. 可以通过银行转账或者现金交易方式购买或销售民用爆炸物品

D. 省、自治区、直辖市人民政府民用爆炸物品行业主管部门对申请从事民用爆炸物品销售的企业提交的申请书等符合规定的有关材料，应当自受理之日起30日内进行审查

22. 依据《民用爆炸物品安全管理条例》的规定，下列关于民用爆炸物品相关单位安全管理责任的说法中，正确的是（　　）。

A. 民用爆炸物品生产企业为调整生产能力及品种进行改建、扩建的，不用再依照相关规定申请办理《民用爆炸物品生产许可证》

B. 运输民用爆炸物品，收货单位应当向始发地县级人民政府公安机关提出申请

C. 受理爆破作业单位爆破作业申请的公安机关应当自受理申请之日起20日内进行审查

D. 在爆破作业现场临时存放民用爆炸物品的，可以在杂物仓库短期临时存放民用爆炸物品

23. 依据《特种设备安全监察条例》的规定，下列关于特种设备使用的说法中，正确

的是（　　）。

A. 电梯应当至少每 30 日进行一次清洁、润滑、调整和检查

B. 客运索道、大型游乐设施的运营使用单位的主要负责人至少应当每月召开一次会议

C. 电梯投入使用后，电梯的使用单位应当对其制造的电梯的安全运行情况进行跟踪调查和了解

D. 特种设备检验检测结果、鉴定结论经检验检测人员签字后交给特种设备使用单位

24. 依据《生产安全事故应急条例》的规定，下列关于应急准备的说法中，正确的是（　　）。

A. 主要负责人发生调整，生产安全事故应急救援预案制定单位应当及时修订相关预案

B. 电影院应当将其制定的生产安全事故应急救援预案按照国家有关规定报送设区的市级以上人民政府负有安全生产监督管理职责的部门备案

C. 小型 KTV 可以不建立应急救援队伍，但应当指定兼职的应急救援人员，并且可以与邻近的应急救援队伍签订应急救援协议

D. 危险化学品经营单位实行 24 小时应急值班

25. 依据《生产安全事故应急条例》的规定，下列关于应急演练的说法中，正确的是（　　）。

A. 县级以上地方人民政府，应当至少每 1 年组织 1 次生产安全事故应急救援预案演练

B. 乡、镇人民政府以及街道办事处，应当至少每半年组织 1 次生产安全事故应急救援预案演练

C. 易燃易爆物品的生产经营单位，应当至少每半年组织 1 次生产安全事故应急救援预案演练

D. 宾馆、商场、娱乐场所、旅游景区等人员密集场所经营单位，应当至少每季度组织 1 次生产安全事故应急救援预案演练

26. 依据《生产安全事故应急条例》的规定，下列关于应急救援的说法中，正确的是（　　）。

A. 发生生产安全事故后，生产经营单位应当立即采取的应急救援措施是迅速控制危险源，组织抢救遇险人员

B. 在生产安全事故应急救援过程中，发现可能直接危及应急救援人员生命安全的紧急情况时，要指挥尽快救援遇险人员

C. 应急救援过程中被调用、征用或者调用、征用后毁损、灭失的财产，由事故单位

给予补偿

D. 应急救援队伍依据救援命令参加生产安全事故应急救援所耗费用，由有关人民政府承担

27. 某化工企业发生火灾事故，当场导致 5 人死亡、52 人严重烧伤，事故发生后第 6 天，严重烧伤人员中有 3 人因抢救无效死亡，死亡人数增至 8 人，严重烧伤人数减至 49 人。依据《生产安全事故报告和调查处理条例》的规定，该起事故属于（　　）。

A. 一般事故　　B. 较大事故　　C. 重大事故　　D. 特别重大事故

28. 位于甲省乙市丙区的某酒厂发生了一起生产安全事故，造成 6 人死亡。依据《生产安全事故报告和调查处理条例》的规定，下列关于该酒厂生产安全事故报告的说法中，正确的是（　　）。

A. 该酒厂负责人应在接到事故报告后 1 小时内，上报至乙区安全生产监督管理部门

B. 丙区安全生产监督管理部门必须在 2 小时内上报至乙市安全生产监督管理部门和乙市人民政府

C. 乙市安全生产监督管理部门不需上报至甲省安全生产监督管理部门

D. 丙区人民政府、安全生产监督管理部门接到事故报告后，其负责人应当立即赶赴事故现场，组织事故救援

29. 依据《工伤保险条例》的规定，下列应当认定为工伤的情形是（　　）。

A. 某职工饮酒后操作机床，造成右臂骨折

B. 某职工在车间突发疾病经抢救 24 小时后无效死亡的

C. 某职工在下班途中顺路去买菜，被闯红灯小汽车撞伤

D. 某职工在上班途中，因地铁拥挤，导致肋骨断裂两根

30. 某单位发生一起起重机械伤人事故，导致员工钟某受伤，经过鉴定，钟某为三级伤残。依据《工伤保险条例》的规定，下列关于对钟某一次性伤残补助金的说法中，正确的是（　　）。

A. 25 个月的本人工资　　B. 23 个月的本人工资

C. 21 个月的本人工资　　D. 18 个月的本人工资

31. 某企业新员工李某在作业过程中因工负伤，经鉴定为六级伤残。李某尚在试用期内，企业未为其缴纳工伤保险。依据《工伤保险条例》的规定，下列关于李某工伤保险待遇的说法中，正确的是（　　）。

A. 该企业应从工伤保险基金中一次性支付李某伤残补助金

B. 该企业可单方解除与李某的劳动关系，但应该按月发给李某伤残津贴

C. 李某主动提出与企业解除劳动关系，该企业不得同意解除

D. 李某主动提出与企业解除劳动关系，企业应按标准支付伤残就业补助金和工伤医疗补助金

32. 依据《大型群众性活动安全管理条例》的规定，下列活动属于大型群众性活动的是（　）。

A. 某国营集团公司举办的5 000人的体育比赛活动

B. 某影视公司在容量为2 000人的影剧院放映贺岁片

C. 某会展中心举办的可容纳500人的食品展销会

D. 某政府在可容纳10 000人的广场上举办的大型焰火晚会

33. 依据《大型群众性活动安全管理条例》的规定，下列关于大型群众性活动安全管理的说法中，正确的是（　　）。

A. 大型群众性活动的预计参加人数在1 000人以上5 000人以下的，由活动所在地设区的市级人民政府公安机关或者直辖市人民政府公安机关实施安全许可

B. 承办者变更大型群众性活动时间的，应当依照规定重新申请安全许可

C. 承办者变更大型群众性活动地点、内容以及扩大大型群众性活动举办规模的，经公安机关同意方可变更

D. 公安机关对大型群众性活动实行安全许可制度

34. 依据《女职工劳动保护特别规定》的规定，下列关于女职工禁忌从事的劳动范围的说法中，正确的是（　　）。

A. 禁止女职工从事间断负重、每次负重超过20公斤的作业

B. 禁止女职工经期从事高处作业分级标准中规定的第二级、第三级、第四级高处作业

C. 禁止女职工孕期从事高温作业分级标准中规定的第三级、第四级的作业

D. 禁止女职工哺乳期从事冷水作业分级标准中规定的冷水作业

35. 依据《女职工劳动保护特别规定》的规定，下列关于女职工劳动保护的说法中，正确的是（　　）。

A. 用人单位应当将本单位属于女职工禁忌从事的劳动范围的岗位书面告知女职工

B. 怀孕女职工在劳动时间内进行产前检查，所需时间不能计入劳动时间

C. 女职工李某生了一对双胞胎，单位给予其100天产假

D. 女职工生育或者流产的医疗费用，对未参加生育保险的，由本人支付

二、多项选择题

（每题2分，每题的备选项中有2个或2个以上符合题意，至少有1个错项。错选，本题不得分；少选，所选的每个选项得0.5分。）

1. 依据《建设工程安全生产管理条例》的规定，下列关于建设工程安全的说法中，正确的有（ ）。

A. 建设单位应当向施工单位提供与施工相关的地下管线、气象和水文观测等资料

B. 施工单位应当与监理单位共同拟定安全技术措施或专项施工方案

C. 监理单位在监理中，发现存在安全事故隐患的，应当立即要求施工单位停止施工

D. 勘察单位提供的勘察文件应当真实、准确，满足建设工程安全生产的需要

E. 设计单位应当对涉及施工安全的重点部位和环节在设计文件中注明，并对防范生产安全事故提出指导意见

2. 依据《危险化学品安全管理条例》的规定，下列关于危险化学品仓储安全管理的说法中，错误的有（ ）。

A. 危险化学品储存应当由专人负责管理，并在专用仓库内单独存放，实行双人收发、双人保管制度

B. 储存危险化学品的单位应当建立危险化学品出入库核查、验收、登记、备案制度

C. 对剧毒化学品以及储存数量构成重大危险源的其他危险化学品，储存单位应当将其储存数量、储存地点以及管理人员的情况，报所在地县级人民政府安全生产监督管理部门和环保部门备案

D. 危险化学品专用仓库应当符合国家标准、行业标准的要求，并设置明显的标志；储存剧毒化学品、易制爆危险化学品的专用仓库，应当按照国家有关规定设置相应的技术防范设施

E. 储存危险化学品的单位应当对其危险化学品专用仓库的安全设施、设备定期进行检测、检验

3. 依据《危险化学品安全管理条例》的规定，下列关于危险化学品运输安全管理的说法中，正确的有（ ）。

A. 水路运输危险化学品的集装箱装箱作业应当在集装箱装箱现场检查员的指挥或者监控下进行

B. 通过道路运输危险化学品的，应当配备安全管理人员，并保证所运输的危险化学品处于安全管理人员的监控之下

C. 剧毒化学品、易制爆危险化学品在道路运输途中丢失、被盗、被抢或者出现流散、泄漏等情况的，驾驶人员、押运人员应当立即采取相应的警示措施和安全措施，并向当地公安机关报告

D. 港口行政管理部门应当根据危险化学品的种类和危险特性，确定船舶运输危险化学品的相关安全运输条件

E. 运输危险化学品需要添加抑制剂或者稳定剂的，由承运人添加

4. 依据《危险化学品安全管理条例》的规定，下列关于剧毒化学品安全管理的说法中，正确的有（　　）。

A. 从事剧毒化学品、易制爆危险化学品经营的企业，应当向所在地设区的市级人民政府安全生产监督管理部门提出申请

B. 依法取得危险化学品安全生产许可证的企业应当向所在地县级人民政府公安机关提出购买剧毒化学品的申请

C. 个人不得购买剧毒化学品和易制爆危险化学品

D. 剧毒化学品的销售企业、购买单位应当在销售、购买后3日内，将所销售、购买的剧毒化学品的品种、数量以及流向信息报所在地县级人民政府公安机关备案

E. 使用剧毒化学品的单位不得出借、转让其购买的剧毒化学品

5. 某日11时，某建设工地发生事故，现场安全员立即将事故情况向施工企业负责人报告，企业负责人立即组织人员前往现场救援，事故造成7人当场死亡、3人受伤送往医院治疗。次日8时施工企业负责人向当地安全生产监督管理部门报告事故情况。3日后1人因救治无效死亡。依据《生产安全事故报告和调查处理条例》的规定，下列关于该起事故报告的说法中，正确的有（　　）。

A. 现场安全员只向企业负责人报告，未及时向当地安全生产监督管理部门报告，属违法行为

B. 企业负责人事故发生后21小时向当地应急管理局报告事故情况，属于迟报

C. 企业负责人还应该向建设行政主管部门报告

D. 因死亡人数增加1人，企业应当及时向当地安全生产监督管理部门和建设行政主管部门补报

E. 当地安全生产监督管理部门应当向上一级安全生产监督管理部门报告

6. 某省甲市某企业租赁本省乙市一库房储存在乙市销售的产品，2020年5月21日，该库房发生一起火灾爆炸事故，事故造成8人当场死亡、20人受伤送往医院治疗。依据《生产安全事故报告和调查处理条例》的规定，下列关于该起事故调查的说法中，正确的有（　　）。

A. 该起事故由乙市人民政府组织事故调查组进行调查，甲市人民政府派人参加

B. 在事故发生5天后，3名受伤人员因重伤不治身亡，事故调查组成员不变

C. 由人民政府指定的事故调查组组长主持事故调查工作

D. 无特殊情况下，事故调查组应当自事故发生之日起60日内提交事故调查报告

E. 乙市人民政府应当自收到事故调查报告之日起15日内做出批复

7. 某设区的市的一家机械设备制造企业发生一起生产安全事故，导致职工王某受伤。2020年5月5日，王某向该市劳动能力鉴定委员会提出劳动能力鉴定申请。依据《工伤

保险条例》的规定，下列关于王某劳动能力鉴定的说法中，正确的有（　　）。

A. 该市劳动能力鉴定委员会从医疗卫生专家库中随机抽取 2 名相关专家，组成专家组，实施鉴定

B. 该市劳动能力鉴定委员会于 2020 年 8 月 15 日作出劳动能力鉴定结论

C. 王某对鉴定结论不服，应在收到鉴定结论 60 日内再次提出鉴定申请

D. 王某对鉴定结论不服，应于 15 日内向该市人民法院提起诉讼

E. 自劳动能力鉴定结论作出之日起 1 年后，工伤职工或者其近亲属、所在单位或者经办机构认为伤残情况发生变化的，可以申请劳动能力复查鉴定

8. 李某 2020 年 3 月 20 日在登高作业时不慎从高处坠落，导致左腿骨折。依据《工伤保险条例》的规定，下列关于李某工伤认定的说法中，正确的有（　　）。

A. 李某所在单位于 2020 年 5 月 1 日前向当地社会保险行政部门提出工伤认定申请

B. 李某所在单位未提出工伤认定申请，李某于 2020 年 8 月 15 日向当地社会保险行政部门提出工伤认定申请

C. 用人单位不认为是工伤，李某认为是工伤，应由李某提供认定工伤的证明材料

D. 受理工伤认定申请后，社会保险行政部门于 45 日内作出工伤认定，并书面通知李某和其所在单位

E. 李某提交的工伤认定申请表中包含事故发生的时间、地点、原因以及伤害程度等基本情况

第七章安全生产部门规章精选题库

一、单项选择题

（每题 1 分，每题的备选项中只有 1 个最符合题意。）

1. 依据《注册安全工程师分类管理办法》的规定，下列属于注册安全工程师专业类别的是（　　）。

A. 消防安全　　B. 金属冶炼安全　　C. 核与辐射安全　　D. 民用航空安全

2. 注册安全工程师李某于 2017 年 10 月 5 日在某中央企业初始注册并执业，2018 年 6 月参加由集团公司总部组织的继续教育 16 学时。2019 年 6 月由于工作太忙，未抽出时间参加集团公司总部组织的继续教育，于 2019 年 12 月参加了工作地点所在地省应急管理局培训中心组织的继续教育 16 学时。2020 年 6 月再次参加由集团公司总部组织的继续教育 16 学时。李某准备在 2020 年办理延续注册。依据《注册安全工程师管理规定》的规定，

下列有关李某延续注册的说法中，正确的是（　　）。

A. 李某参加集团公司组织的继续教育累计只有 32 学时，不能办理延续注册

B. 李某参加继续教育累计有 48 学时，符合要求，可以办理延续注册

C. 李某可以在 2020 年 10 月 5 日提出延续注册申请

D. 2020 年 6 月参加继续教育 16 学时，未满足 48 学时，不能办理延续注册

3. 依据《生产经营单位安全培训规定》的规定，下列关于安全生产管理人员培训时间的说法中，正确的是（　　）。

A. 食品加工企业主要负责人和安全生产管理人员初次安全培训时间不得少于 32 学时，每年再培训时间不得少于 12 学时

B. 危险化学品生产企业主要负责人和安全生产管理人员安全培训时间不得少于 48 学时，每年再培训时间不得少于 20 学时

C. 烟花爆竹企业新上岗的从业人员岗前安全培训时间须达到 72 学时，每年接受再培训的时间不得少于 16 学时

D. 建筑施工企业新上岗的从业人员安全培训时间不得少于 72 学时，每年接受再培训的时间不得少于 8 学时

4. 余某于 2017 年 12 月在甲市经安全技术培训并考核合格，取得特种作业操作证。次年 6 月，余某来到乙市打工，工作期间余某有违章作业，但未受到行政处罚。依据《特种作业人员安全技术培训考核管理规定》的规定，下列关于余某的特种作业操作证复审的说法中，正确的是（　　）。

A. 余某应在 2020 年 9 月前提出复审申请

B. 余某可以向乙市考核发证机关提出复审申请

C. 考核发证机关应当在收到余某复审申请之日起 30 个工作日内完成复审

D. 考核发证机关对余某的复审不予通过

5. 依据《安全生产培训管理办法》的规定，下列关于生产经营单位主要负责人和安全生产管理人员考核发证的说法中，错误的是（　　）。

A. 中央企业的总公司、总厂或者集团公司的主要负责人和安全生产管理人员的考核由应急管理部负责

B. 省属生产经营单位和中央企业分公司、子公司及其所属单位的主要负责人和安全生产管理人员的考核，由省级安全生产监督管理部门负责

C. 除主要负责人、安全生产管理人员、特种作业人员以外的生产经营单位的其他从业人员的考核，由生产经营单位按照省级安全生产监督管理部门公布的考核标准，自行组织考核

D. 接受安全培训经考核合格的，由考核部门在考核结束后 20 个工作日内颁发相应

的证书

6. 某市安全生产监督管理部门在安全检查中发现某尾矿库坝体出现严重裂缝的重大事故隐患，责令其停产停业整顿。依据《安全生产事故隐患排查治理暂行规定》的规定，下列关于该公司开展隐患治理的说法中，错误的是（　　）。

A. 应当由该公司主要负责人组织制定并实施事故隐患治理方案

B. 该公司必须组织本单位的技术人员和专家对重大事故隐患的治理情况进行评估

C. 该公司在整改结束后即可恢复生产

D. 该公司在整改结束后提出恢复生产的书面申请，安全监管监察部门应当在收到申请后 20 日内进行现场审查

7. 依据《安全生产事故隐患排查治理暂行规定》的规定，下列关于事故隐患排查治理的说法中，正确的是（　　）。

A. 生产经营单位应当每季对事故隐患排查治理情况进行统计分析并报政府有关部门备案

B. 生产经营单位将生产经营场所发包、出租的，应当与承包、承租单位签订安全管理协议，事故隐患排查治理由承包、承租单位负全责

C. 对于一般事故隐患，由生产经营单位的车间、分厂、区队等的负责人或者有关人员立即组织整改

D. 局部停产停业治理的重大事故隐患，政府有关部门收到生产经营单位恢复生产的申请报告后，应当在 10 日内进行现场审查

8. 依据《生产安全事故应急预案管理办法》的规定，下列关于应急预案备案的说法中，正确的是（　　）。

A. 中央非煤矿山企业所属单位的应急预案，报所在地省级或设区的市级应急管理部门备案

B. 油气输送管线运营企业的应急预案，应抄送所跨行政区域的设区的市级应急管理部门备案

C. 煤矿企业的应急预案，报所在地的煤矿安全监察机关备案

D. 省属金属冶炼企业的应急预案，报省级应急管理部门备案

9. 甲公司是中央管理的大型化工集团，其下属的乙公司位于丙省丁市戊县的经济技术开发区，是一家危险化学品生产企业。依据《生产安全事故应急预案管理办法》的规定，下列关于甲公司、乙公司应急预案备案的说法中，正确的是（　　）。

A. 甲公司的专项应急预案应抄送丁市负有安全生产监督管理职责的部门

B. 甲公司的综合应急预案应报丙省负有安全生产监督管理职责的部门

C. 乙公司的应急预案应抄送丁市负有安全生产监督管理职责的部门

D. 乙公司的专项应急预案应抄送戊县负有安全生产监督管理职责的部门

10. 依据《生产安全事故应急预案管理办法》的规定，生产经营单位应结合本单位组织管理体系、生产规模和可能发生的事故特点，确立本单位的应急预案体系，编制相应的应急预案。下列关于应急预案编制的说法中，正确的是（　　）。

A. 编制的应急预案应充分体现协同联动和社会救助等特点

B. 对于危险性较大的某一类风险，应当制定现场处置方案

C. 编制的应急预案应当与所涉及的其他单位的应急预案相互衔接

D. 应急预案编制完成后不需要组织专家评审

11. 依据《生产安全事故信息报告和处置办法》的规定，下列事故中，属于较大涉险事故的是（　　）。

A. 造成 2 人被困的事故　　B. 造成 5 人下落不明的事故

C. 造成 8 人涉险的事故　　D. 造成 198 人紧急疏散的事故

12. 某在建商业大厦的楼板浇筑施工中，突然发生大面积模板垮塌事故，致使 50 多名现场作业人员当场死亡。依据《生产安全事故信息报告和处置办法》的规定，应采用电话快报方式报告事故，下列关于电话快报的说法中，正确的是（　　）。

A. 最长 1 小时内报告至国务院总值班室

B. 最长 2 小时内报告至国务院总值班室

C. 最长 3 小时内报告至国务院总值班室

D. 最长 4 小时内报告至国务院总值班室

13. 甲市安全生产监督管理部门接到报告，本市乙县某电子仪表生产企业发生一起毒气泄漏事故，造成 2 人死亡、10 人重伤。依据《生产安全事故信息报告和处置办法》的规定，下列关于该事故信息报告与处置的做法中，正确的是（　　）

A. 甲市安全生产监督管理部门负责人接到报告后，立即与乙县安全生产监督管理部门负责人联系，让其进行调查核实

B. 乙县安全生产监督管理部门接到核查通知后，立即组织查证核实，在 10 日内对事故情况进行初步查证，并将事故初步查证的简要情况报告甲市安全生产监督管理部门

C. 乙县安全生产监督管理部门在查证核实后，在 1 个月内详细核实结果报告甲市安全生产监督管理部门

D. 乙县安全生产监督管理部门在事故信息经初步查证后，立即报告甲市人民政府和安全生产监督管理部门

14. 依据《建设工程消防监督管理规定》的规定，下列人员密集场所中，建设单位应当向消防机构申请消防设计审核，并在建设工程竣工后向出具消防设计审核意见的消防机构申请消防验收的是（　　）。

A. 建筑总面积大于 5 000 平方米的民用机场航站楼

B. 建筑总面积大于 3 500 平方米的宾馆

C. 建筑总面积大于 3 000 平方米的大学的教学楼

D. 建筑总面积大于 500 平方米的中小学校的教学楼

15. 依据《建设工程消防监督管理规定》的规定，下列特殊建设工程中应当向公安机关消防机构申请消防设计审核的是（　　）。

A. 建筑总面积为 1 500 平方米的公共图书馆的阅览室

B. 国家标准规定的二类高层住宅建筑

C. 城市轨道交通、隧道工程

D. 建筑总面积为 10 000 平方米的体育场馆

16. 某企业拟建设 100 万吨/年乙烯生产项目。依据《建设项目安全设施“三同时”监督管理办法》的规定，下列说法中正确的是（　　）。

A. 该建设项目在进行可行性研究时，应进行安全预评价；在该建设项目安全设施设计完成后，应进行安全设施设计审查

B. 安全生产监督管理部门收到该建设项目设计审查申请后，对不属于本部门职责范围内的，不予受理

C. 建设项目的规模、生产工艺、原料、设备发生重大变更的，不必再次经安全生产监督管理部门审查同意

D. 该建设项目竣工后，应当在正式投入生产或者使用前进行不少于 30 日不超过 200 日的试运行

17. 某烟花爆竹建设项目被责令停止建设，或者停产停业整顿，限期改正；逾期未改正，处 60 万元以下的罚款。依据《建设项目安全设施“三同时”监督管理办法》的规定，该建设项目不属于（　　）。

A. 没有安全设施设计或者安全设施设计未按照规定报经安全生产监督管理部门审查同意，擅自开工的情形

B. 施工单位未按照批准的安全设施设计施工的情形

C. 安全设施设计未组织审查，并形成书面审查报告的情形

D. 投入生产或者使用前，安全设施未经验收合格的情形

18. 依据《煤矿企业安全生产许可证实施办法》的规定，下列关于煤矿企业办理安全生产许可证的说法中，错误的是（　　）。

A. 煤矿企业应申请办理安全使用许可证
B. 煤矿企业所属矿（井、露天坑）应当申请办理安全生产许可证，一矿（井、露天坑）一证
C. 煤矿企业实行多级管理的，其上级煤矿企业无须申请办理安全生产许可证
D. 煤矿安全生产许可证的颁发管理工作实行企业申请、两级发证、属地监管

19. 依据《煤矿企业安全生产许可证实施办法》的规定，下列关于安全生产许可证颁发管理机关对申请人提交的申请资料受理的说法中，正确的是（　　）。
A. 申请材料不齐全或者不符合要求的，应当当场或者在 3 个工作日内一次告知申请人需要补正的全部内容
B. 申请材料存在可以当场更正的错误的，要求申请人必须当场更正
C. 申请事项不属于本机关职权范围的，即时作出不予受理的决定，并告知申请人向有关行政机关申请
D. 申请材料不齐全或者不符合要求的，即时作出不予受理的决定

20. 依据《煤矿建设项目安全设施监察规定》的规定，煤矿建设项目安全设施的设计审查，实行分级负责。下列关于安全设施的设计审查的说法中，正确的是（　　）。
A. 新增的生产能力 200 万吨/年的井工煤矿建设项目，由国家煤矿安全监察局负责设计审查
B. 设计生产能力 3 000 万吨/年的露天煤矿建设项目，由国家煤矿安全监察局负责设计审查
C. 设计生产能力 350 万吨/年的井工煤矿建设项目，由省级煤矿安全监察局负责设计审查
D. 新增的生产能力 1 500 万吨/年的露天煤矿建设项目，由省级煤矿安全监察局负责设计审查

21. 依据《煤矿安全培训规定》的规定，煤矿企业其他从业人员的安全培训时间是（　　）。
A. 初次安全培训时间不得少于 48 学时，每年再培训的时间不得少于 16 学时
B. 初次安全培训时间不得少于 72 学时，每年再培训的时间不得少于 20 学时
C. 初次安全培训时间不得少于 72 学时，每年再培训的时间不得少于 24 学时
D. 初次安全培训时间不得少于 48 学时，每年再培训的时间不得少于 20 学时

22. 依据《非煤矿山外包工程安全管理暂行办法》的规定，下列关于发包单位的安全生产责任的说法中，正确的是（　　）。
A. 对合同约定以外发生的隐患排查治理和地下矿山通风、支护、防治水等所需的费用，发包单位应当提供合同价款以外的资金

B. 金属非金属矿山总发包单位对地下矿山一个生产系统进行分项发包的，承包单位原则上不得超过 2 家

C. 外包工程实行总发包的，由发包单位统一组织编制外包工程事故应急预案

D. 外包工程发生事故的，其事故数据不纳入发包单位的统计范围

23. 依据《尾矿库安全监督管理规定》的规定，下列关于尾矿库回采和闭库的说法中，不正确的是（　　）。

A. 尾矿库运行到设计最终标高或者不再进行排尾作业的，应当在 1 个月内完成闭库

B. 特殊情况不能按期完成闭库的，应当报经相应的安全生产监督管理部门同意后方可延期，但延长期限不得超过 6 个月

C. 尾矿库运行到设计最终标高的前 12 个月内，生产经营单位应当进行闭库前的安全现状评价和闭库设计

D. 尾矿回采再利用工程应当进行回采勘察、安全预评价和回采设计

24. 依据《冶金企业和有色金属企业安全生产规定》的规定，下列关于冶炼企业安全生产保障的说法中，正确的有（　　）。

A. 企业的操作室、会议室、活动室等场所不得设置在高温熔融金属吊运的影响范围内，休息室、更衣室可以设置在高温熔融金属吊运的影响范围内的边缘地带

B. 企业在进行高温熔融金属冶炼、保温、运输、吊运过程中，其影响区域不得有非生产性积水

C. 运输高温熔融金属的车辆在管道或者电缆下方，紧急状态下可临时暂停

D. 生产、储存、使用煤气的企业应当建立煤气防护站（组），配备必要的煤气防护人员、煤气检测报警装置及防护设施，并且每半年至少组织一次煤气事故应急演练

25. 依据《烟花爆竹生产企业安全生产许可证实施办法》的规定，下列烟花爆竹生产企业安全生产管理人员的配置中，正确的是（　　）。

A. 某礼花炮厂有 80 名员工，任命李某为安全生产主管，为其配备了 1 名专职和 5 名兼职安全生产管理人员

B. 某鞭炮厂有 35 名员工，未配备专职安全生产管理人员，配备了 6 名兼职安全生产管理人员

C. 某烟花爆竹厂有 60 名员工，配备了 3 名专职安全生产管理人员，但未配备兼职安全生产管理人员

D. 某烟花爆竹厂有 200 名员工，任命王某为安全生产主管，为其配备了 3 名专职和 12 名兼职安全生产管理人员

26. 依据《烟花爆竹生产企业安全生产许可证实施办法》的规定，下列关于烟花爆竹生产企业安全生产许可证的申请和颁发的说法中，正确的是（　　）。

A. 初审机关收到企业提交的安全审查申请后，应当自收到申请之日起 45 个工作日内提出初步审查意见

B. 企业安全主管发生变化，应当申请变更安全生产许可证

C. 企业在安全生产许可证有效期内满足不再审查可直接办理延期条件的，在许可证有效期届满时，经原发证机关同意，不再审查，直接办理延期手续

D. 企业在安全生产许可证有效期内未发生生产安全死亡事故，在许可证有效期届满时，不再审查，直接办理延期手续

27. 依据《烟花爆竹生产经营安全规定》的规定，下列关于烟花爆竹生产企业安全生产许可的说法中，正确的是（　　）。

A. 生产企业在原材料不足的情况下，可以少量从其他企业购买烟花爆竹含药半成品加工后销售

B. 生产企业在生产能力不足时，在保证质量的情况下，允许其购买其他企业烟花爆竹成品加贴本企业标签后销售

C. 批发企业向零售经营者或者个人销售专业燃放类烟花爆竹产品是违法行为

D. 生产企业在产能过剩时，可以将多余的生产线、生产设备设施分包、转包给其他生产经营单位使用

28. 依据《危险化学品安全使用许可证实施办法》的规定，下列关于使用危险化学品从事生产并且达到危险化学品使用量的数量标准的化工企业申请危险化学品安全使用许可证所应具备的条件的说法中，错误的是（　　）。

A. 依法设置安全生产管理机构，按照国家规定配备专职安全生产管理人员

B. 依法委托具备国家规定资质条件的安全评价机构进行安全评价

C. 按照国家有关规定编制危险化学品事故应急预案，并报送有关部门备案

D. 储存和使用氯气、氨气等对皮肤有强烈刺激的吸入性有毒有害气体的企业，应当配备至少 3 套以上全封闭防化服；构成重大危险源的，还应当设立应急救援组织

29. 某企业计划建设一条光气输送管道。依据《危险化学品管道输送安全管理规定》的规定，下列关于该管道敷设禁止穿越的说法中，正确的是（　　）。

A. 禁止穿越市区广场　　B. 禁止穿越地震活动断层

C. 禁止穿越可能发生洪水的区域　　D. 禁止穿越公路

30. 依据《危险化学品建设项目安全监督管理办法》的规定，下列关于危险化学品建设项目安全管理的说法中，不正确的是（　　）。

A. 涉及应急管理部公布的重点监管危险化工工艺的建设项目不得委托县级人民政府安全生产监督管理部门实施安全审查

B. 建设项目周边条件发生重大变化的，建设单位应当重新进行安全评价
C. 建设项目安全设施施工完成后，建设单位应当组织建设项目的设计、施工、监理等有关单位和专家，制定周密的试生产（使用）方案
D. 建设单位可以委托在可行性研究阶段进行安全评价的同一安全评价机构进行安全验收评价

31. 依据《危险化学品重大危险源监督管理暂行规定》的规定，下列关于重大危险源建立健全安全监测监控体系和完善控制措施的要求中，不符合规定的是（　　）。
A. 一级或者二级重大危险源，具备紧急停车功能，记录的电子数据的保存时间不少于 30 天
B. 重大危险源的化工生产装置装备满足安全生产要求的自动化控制系统，一级或者二级重大危险源，装备紧急停车系统
C. 一级或者二级重大危险源，配备独立的安全仪表系统
D. 重大危险源中储存剧毒物质的场所或者设施，设置视频监控系统

32. 2020 年 1 月 14 日 21 时 20 分，某省制药公司制炼车间副主任安排 4 名工人到五楼清洗 7、8 号化学品储罐。21 时 46 分，工人进入 7 号化学品储罐作业时晕倒，现场人员发现后用对讲机呼叫，附近作业工人相继进行施救，最终导致 4 人死亡、2 人中度中毒、6 人轻度中毒。依据《工贸企业有限空间作业安全管理与监督暂行规定》的规定，下列说法中正确的是（　　）。
A. 检测人员应当于作业开始前 30 分钟进行检测，并采取相应的安全防护措施
B. 作业中断超过 60 分钟，严禁任何人进入有限空间作业
C. 检测指标包括氧浓度、易燃易爆物质（可燃性气体、爆炸性粉尘）浓度、有毒有害气体浓度
D. 在有限空间作业过程中，工贸企业应当采取通风措施，保持空气流通，采用纯氧通风换气

二、多项选择题

（每题 2 分，每题的备选项中有 2 个或 2 个以上符合题意，至少有 1 个错项。错选，本题不得分；少选，所选的每个选项得 0.5 分。）

1. 依据《注册安全工程师分类管理办法》的规定，下列关于注册安全工程师执业范围的说法中，正确的有（　　）。
A. 矿山单位安全生产管理人员中的中级及以上注册安全工程师比例应自《注册安全工程师分类管理办法》施行之日起 2 年内达到 15%左右并逐步提高
B. 危险物品的生产、储存单位安全生产管理人员中的中级及以上注册安全工程师比

例应自《注册安全工程师分类管理办法》施行之日起 2 年内达到 15%左右并逐步提高

C. 建筑施工单位安全生产管理人员中的中级及以上注册安全工程师比例应自《注册安全工程师分类管理办法》施行之日起 2 年内达到 15%左右并逐步提高

D. 建筑施工单位安全生产管理人员中的中级及以上注册安全工程师比例应自《注册安全工程师分类管理办法》施行之日起 5 年内达到 15%左右并逐步提高

E. 金属冶炼单位安全生产管理人员中的中级及以上注册安全工程师比例应自《注册安全工程师分类管理办法》施行之日起 5 年内达到 15%左右并逐步提高

2. 依据《安全生产培训管理办法》的规定，下列关于安全培训的说法中，正确的有（ ）。

A. 从事注册安全工程师培训的安全培训机构，应当将教师、教学和实习实训设施等情况书面报告所在地安全生产监督管理部门

B. 生产经营单位发生造成人员死亡的生产安全事故的，其主要负责人和安全生产管理人员应当重新参加安全培训

C. 特种作业人员对生产安全事故负有直接责任的，应当按照规定重新参加安全培训

D. 职业院校毕业生从事与所学专业相关的作业，可以免予参加初次培训

E. 危险物品生产经营单位新招的危险工艺操作岗位人员，还应当在有经验的职工带领下实习满 4 个月后，方可独立上岗作业

3. 依据《危险化学品输送管道安全管理规定》的规定，施工单位应当在开工前履行通知程序，与管道单位共同制定应急预案并采取相应的安全防护措施，管道单位应当指派专人到现场进行管道安全保护指导，然后才能实施作业的有（ ）。

A. 穿越管道施工作业

B. 在管道附属设施下方埋设地下电缆

C. 在管道线路中心线左侧 30 米处扩建公路

D. 在管道附属设施右侧 150 米处设置避雷接地体

E. 在管道附属设施周边 300 米处爆破

4. 某企业是一家铝矾土矿采矿工程业务承包企业。依据《非煤矿山外包工程安全管理暂行办法》的规定，下列关于该企业应承担的安全生产职责的说法中，正确的有（ ）。

A. 依法取得非煤矿山安全生产许可证和相应等级的施工资质，并在其资质范围内承包工程

B. 对所属项目部每年至少进行一次安全生产检查，对项目部人员每半年至少进行一次安全生产教育培训

C. 项目部应当配备与工程施工作业相适应的专职工程技术人员，其中至少有 2 名注册安全工程师或者具有 7 年以上井下工作经验的安全生产管理人员

D. 项目部负责人应取得安全生产管理人员安全资格证，经发包单位同意，可兼任其他工程的项目部负责人

E. 依据建设工程施工的特点、范围以及施工现场容易发生事故的部位和环节，编制现场应急处置方案，并配合发包单位定期进行演练

5. 依据《危险化学品重大危险源监督管理暂行规定》的规定，下列关于危险化学品重大危险源安全管理的说法中，正确的有（　　）。

A. 重大危险源涉及剧毒气体，应当配备两套以上气密型化学防护服

B. 重大危险源的化工生产装置装备满足安全生产要求的自动化控制系统

C. 重大危险源中储存剧毒物质的场所或者设施设置视频监控系统

D. 重大危险源安全评估报告完成后，应当在 20 日内向地方安全生产监督管理部门报告

E. 重大危险源出现重大变化，危险化学品单位应当及时更新档案

6. 某铜矿冶炼企业年生产量为 500 万吨。依据《冶金企业和有色金属企业安全生产规定》的规定，下列关于该冶炼企业安全生产保障的说法中，正确的有（　　）。

A. 该冶炼企业有从业人员 120 人，应当至少配备 2 名专职安全生产管理人员

B. 该冶炼企业有从业人员 500 人，应当至少配备 3 名专职安全生产管理人员

C. 该冶炼企业有从业人员 69 人，应当至少配备 1 名专职安全生产管理人员

D. 该冶炼企业的主要负责人自任职之日起 6 个月内，必须接受相关部门对其进行考核

E. 该冶炼企业的主要负责人自任职之日起 3 个月内，必须接受相关部门对其进行考核

7. 依据《工贸企业有限空间作业安全管理与监督暂行规定》的规定，下列关于工贸企业在有限空间作业的安全保障的说法中，正确的有（　　）。

A. 工贸企业应当采取可靠的隔断（隔离）措施，将可能危及作业安全的设施设备、存在有毒有害物质的空间与作业地点隔开

B. 有限空间作业应当严格遵守“再检测、先通风、后作业”的原则

C. 有限空间内盛装或者残留的物料对作业存在危害时，作业人员应当在作业前对物料进行清洗、清空或者置换

D. 现场负责人、监护人员、作业人员、应急救援人员应进行专项安全培训

E. 有限空间作业时，监护人员不得离开作业现场，并与作业人员保持联系